Christian Lorenz

Groß genug für kleine Sünden

Eine Buben-Geschichte aus den 60er-Jahren

Christian Lorenz
Groß genug für kleine Sünden
Eine Buben-Geschichte aus den 60er-Jahren

1. Auflage
© 2012 Verlag Lorenz, 1190 Wien, Scheibengasse 22, cl@verlag-lorenz.at
Herstellung und Druck: Robitschek & Co Ges.m.b.H., 1050 Wien
Grafik und Umschlaggestaltung: atelier3000
Lektorat (deutsch/englisch): Mag. Ursula Buchheister
Lektorat (französisch): Sylvia Part, akad. Übersetzerin
Printed in Austria ISBN 978-3-200-02607-0

Vorwort

Wer in reiferem Alter über Erlebnisse aus seiner spätpubertären Jugend berichtet, dem erscheint in der Erinnerung wohl so manches anders, als er es seinerzeit erlebt hatte. Wenn also der heute 63-Jährige die Erlebnisse des damals 16-Jährigen wieder aufleben lässt, sieht er die Dinge vielleicht etwas verklärter oder auch romantischer, peinlicher oder auch lockerer, als sie tatsächlich waren.

Wie der Leser sicher weiß, steigt ja mit der zeitlichen Entfernung der Hang, Erlebtes je nach Bedarf beschönigend, dramatisierend oder belustigend darzustellen. Schulprobleme, Konflikte mit den Eltern, Ferienerlebnisse und erste Liebe eignen sich dabei besonders zur Legendenbildung.

Die vorliegende Geschichte ist der Versuch, eine wunderbar aufregende und schwierige Phase des Erwachsenwerdens noch einmal zu betrachten. Dabei habe ich wohl hin und wieder unscharfe Erinnerungen mit ein wenig Fantasie dargestellt. Und weil das Namengedächtnis nicht meine große Stärke ist, wurden die handelnden Personen alle neu benannt. Im Kern aber blieb alles erhalten, was den Feriensommer des Jahres 1964 zum ersten, großen, aufregenden Erlebnis meines Lebens machte.

Die Erzählung soll auch das wechselnde Lebensgefühl der 60er-Jahre einfangen, des Jahrzehnts, das in vielfacher Hinsicht eine Zeitenwende einläutete: angefangen von der verklemmten Spießbürgermoral über die Aufklärungswelle bis hin zur sogenannten sexuellen Revolution – von der autoritären zur liberaleren Erziehung, von Anstand und Disziplin zu Selbstständigkeit und Eigenverantwortung.

Dies zeigt sich besonders bei den Mädchen, wie sie in dieser Geschichte vorkommen. Zog man Anfang der 60er-Jahre noch vielfach die brave Gattin, Hausfrau und Mutter heran, standen an deren Ende doch deutlich selbstbewusstere junge Frauen und der Ruf nach Gleichstellung in Ausbildung, Partnerschaft und Beruf. Wurde den Mädchen für erste sexuelle Kontakte mit Burschen oft nur das Schlüsselwort „Aufpassen" mitgegeben, führte dann die Verbreitung von Pille und anderen Verhütungsmitteln zu Freiheit und Selbstbestimmung.

Wer in den Sechzigern aufwuchs, erlebte, wie kaum zuvor oder danach, innerhalb weniger Jahre eine ganz neue Jugendkultur. Rock-Idole wie Beatles oder Stones revolutionierten die Musik und lösten Schlagersänger ab, die romantische Sehnsüchte bedienten. Protestsongs traten an die Stelle von Country-Liedern, und je länger die Burschen ihre Haare trugen, desto kürzer trugen die Mädchen ihre Röcke. „Make love, not war" wurde auch in Europa zum Leitspruch der Friedensbewegung. Mit beginnendem Wohlstand hinterfragten immer mehr Kinder der Wirtschaftswunder-Generation die Leistungs- und Konsumgesellschaft und bewunderten Hippies und Gammler wegen ihres alternativen Lebensstils.

Natürlich haben wir das alles nicht wirklich so erlebt, wie es sich heute in vielen historischen Bewertungen der 60er-Jahre darstellt. Das Jahr 1964, in dem sich diese Geschichte hauptsächlich ereignet, war noch ziemlich weit entfernt von erzieherischen, gesellschaftlichen oder gar sexuellen Revolutionen. Wohl aber gab es die ersten, herrlichen, kleinen „Sünden", und das ausgerechnet in einem abgelegenen Schweizer Bergdorf namens Champéry.

Mein Dank gilt zuallererst meinen lieben, schon lange verstorbenen Eltern. Sie allein waren es, die mir Ferien ermöglicht haben, wie sie in der damaligen Zeit noch lange keine Selbstverständlichkeit waren. Dankbar bin ich natürlich auch den guten Freunden, die mit mir durch dick und dünn gegangen sind und ohne die es diese ganze Geschichte erst gar nicht gegeben hätte. Um Nachsicht bitte ich posthum jene Lehrer, die sicher schlechter wegkommen, als sie es in Wirklichkeit waren. Und wenn von den Menschen, die dafür gesorgt haben, dass dieser Feriensommer für mich so unvergesslich und schön in Erinnerung blieb, noch einige diese Geschichte zu lesen bekommen, würde mich das ganz besonders freuen.

Christian Lorenz
Wien im November 2011

Ein „Fleck" mit Folgen

Im Klassenzimmer brodelte es an jenem heißen Junitag des Jahres 1964, als der stets missgelaunte Französisch-Professor zuerst die Schularbeitshefte und dann sich selbst mit einem demonstrativen Seufzer auf den Schreibtisch fallen ließ. „Ihr wollt bei mir maturieren ?...", vernahm man leise hinter seinen vorgehaltenen Händen. „…Ihr seid doch die größten Nieten, die ich je erlebt habe." Er war nun wirklich kein Lehrer, der die positive Motivation übertrieb. Auch mein recht tief schlummerndes Sprachtalent hatte er noch nicht wirklich zur Entfaltung bringen können.

Nach einer quälend langen Minute stiller Verzweiflung richtete er sich langsam wieder auf. Das bange Warten hatte ein Ende. Mit steinerner Miene kam der Herr Professor schließlich auch auf mich zu und drückte mir das schicksalsschwere Heft in die schweißnasse Hand: „Das ist auch ein glatter Fleck!" Die Hoffnung stirbt ja bekanntlich zuletzt. Aber große Überraschung war das letztlich auch keine.

Meine schulischen Ziele waren auch in diesem Jahr alles andere als hoch gesteckt. Durchkommen ohne nennenswerten Verlust von außerschulischer Lebensqualität. Nach zwei Dreiern in den beiden ersten Trimestern hatte ich die Französisch-Aktivitäten nach den Osterferien eingestellt. Immerhin konnte der Notenschnitt ja nicht mehr unter die Vier rutschen. Ähnlich hielt ich es auch in den anderen Fächern. In den Monaten Mai und Juni kam ich zwar vormittags meiner Anwesenheitspflicht nach, war aber an den Nachmittagen vornehmlich am Fußballplatz, in städtischen Freibädern wie dem Krapfenwaldl-Bad oder dem Strandbad Gänsehäufel, bei einer Radpartie oder bei Schlechtwetter in den Spielhallen des Wiener Wurstlpraters zu finden. Mit dabei fast immer mein

Freund Alex, der mit der gleichen Strategie die Sommerferien vorzuziehen oder besser gesagt zu verlängern suchte.

Doch unsere Gelassenheit wich mit einem Mal einem sehr flauen Gefühl. „Jetzt'n langt's ma åba, es Owezara", stieß der Herr Professor aufgebracht hervor, der im Zustand der Erregung sein Schulfranzösisch stets gegen einen recht derben Wiener Dialekt auszutauschen pflegte. „In da next'n Sprechstund' kummt ma wer von eich." Damit hatte nun wirklich keiner von uns gerechnet, denn somit schienen die Ferien doch noch in Gefahr.

Derartige Schultermine wurden damals immer von den Müttern wahrgenommen, und so erfuhr ich nach einigen Tagen bangen Wartens von der lieben Frau Mama den Grund der eiligen Vorladung:

Mit solch einer Einstellung, ließ der Herr Professor ausrichten, würde ich es gewiss nie bis zur Matura schaffen. Versäumtes sei in den Ferien dringend nachzuholen, auch wenn er mich diesmal noch mit einem Vierer laufen lasse. Zunächst erleichtert, trafen mich aber dann die elterlich verordneten Konsequenzen mit voller Härte: Französisch-Nachhilfe in den Ferien. Molière und Balzac als Sommerlektüre. Und der Herr Vater, der bei jeder Gelegenheit mit seinem Sprachtalent brillieren wollte, legte noch nach: „Eh bien, mon cher, désormais nous allons parler français ensemble." Das saß – Französisch-Konversation mit dem Papa beim Mittagessen! Nur das nicht!

Tage des Grübelns folgten. Die möglicherweise rettende Idee lieferte mein Freund Alex oder genauer gesagt seine Eltern. Die hatten Alex, wie schon im Vorjahr, in einem Sprachcamp in der französischen Schweiz angemeldet. Der mir völlig unbekannte Ort hieß Champéry. Abfahrt Mitte Juli, Dauer sechs Wochen.

„Das wär's", dachte ich. „Mit Alex Ferien in der Schweiz. Die paar Unterrichtsstunden müssten da wohl auszuhalten sein. Und Schwimmen, Tennis und Fußball spielen könnten wir dort sicher auch. Und wer weiß, was sich sonst noch alles so ergibt … Das könnte doch ein richtig spannendes Abenteuer werden."

Wie aber sollte ich Champéry den Meinen klarmachen? Natürlich durften sie auch von Alex nichts erfahren.

„Mit dem lernst du alles, nur kein Französisch", hörte ich schon den mütterlichen Einwand. Sie kannte den sehr aufgeweckten Knaben nur zu gut. Ich wusste, es würde nicht leicht werden, die lieben Eltern für den gewagten Plan zu gewinnen.

Das verkannte Genie

Nun war ich gerade in meinem 16. Lebensjahr und damit in einem Alter, in dem die Eltern beginnen, schwierig zu werden. Das machte die Sache natürlich komplizierter. Unsere Beziehung war etwas gestört, nicht zuletzt deshalb, weil ich plötzlich nach rein privaten Dingen gefragt wurde, die nun wirklich nur mich persönlich etwas angingen. Wo ich am Abend gewesen sei, welchen Kinofilm ich gesehen hätte, wann ich denn nun endlich zum Friseur gehen würde, ob mir die Jeans nicht zu eng wären und warum sich in meiner Tasche ein Feuerzeug befände.

Um derart unangenehme Fragen gar nicht erst aufkommen zu lassen, änderte ich mein Kommunikationsverhalten grundlegend und stieg auf die bei Pubertierenden verbreitete Sprachform der Einsilbigkeit um. Dies verlangte den Eltern äußerste Geduld und große Ausdauer ab, wollten sie sich zumindest einige Aufschlüsse über mein schulisches Dasein oder meine sonstige psychische Befindlichkeit verschaffen.

Meine Hoffnung, sie würden sich diese Zeit und Mühe irgendwann gänzlich sparen, erfüllte sich allerdings nicht. Offenbar kannten sie ihren lieben Sohn zu gut, um seine Hochs und Tiefs nicht auch ohne viel Worte zu erkennen und ihn darauf anzusprechen.

Trotz meiner Absetzbewegungen versuchten die beiden auch weiterhin, mich in ihre Freizeit einzubinden. Immer öfter musste ich die für mich so öden Vorschläge wie zum Beispiel den sonntäglichen Waldspaziergang unter verschiedensten Vorwänden ablehnen. An manchen Sommerwochenenden muteten sie mir sogar einen gemeinsamen Badbesuch zu. Mit den Eltern ins Schwimmbad ?... Das wäre wohl das Peinlichste gewesen, was ich mir hätte vorstellen konnen. Dann schon besser die Jause mit der Verwandtschaft, da konnte man wenigstens keinen überraschend treffen.

In Anbetracht des zunehmend seltsamen Verhaltens der Eltern erschien ihre Zustimmung zu meinem Plan also höchst ungewiss. Bedenklich war aber auch die ungewohnt scharfe Reaktion auf mein leichtes Absacken in Französisch. Allem Anschein zweifelten sie doch etwas an meiner Sprachbegabung. Bislang war es mir doch ganz gut gelungen, das etwas schlampige Genie hervorzukehren, das trotz minimalen Aufwandes mit spielerischer Leichtigkeit das geforderte Lernziel erreichte. Von ein paar kleinen Ausrutschern einmal abgesehen.

Jedenfalls waren die Eltern in letzter Zeit in mich gedrungen und interessierten sich für meine Vorbereitungen auf Prüfungen und Schularbeiten. Immer unglaubwürdiger blieben die Versicherungen, durch meine konzentrierte Aufmerksamkeit in der Schule erübrige sich das quälende Gebüffel zu Hause. Immer unangenehmer gestalteten sich die Dialoge während des Frühstücks, das bei mir meist durch leichte Übelkeit beeinträchtigt war.

„Na, wie hat sich unser genialer Herr Sohn denn auf die heutige Mathe-Schularbeit vorbereitet?", wollte die Mutter dann mit einem Mal beantwortet wissen.

„Hoffentlich geht es dir nicht wie anderen Genies, die erst nach ihrem Tod gefeiert wurden", trieb es der Vater dann zu meinem Entsetzen auf die Spitze.

Und mir fiel darauf lediglich ein Spruch ein, der unter Schülern damals sehr beliebt war.

„Ja, ja: Einstein ist tot, Newton ist tot und mir ist auch schon ganz schlecht."

Wollte ich die Ferien irgendwie retten, musste ich meine Strategie total ändern. Keinesfalls mehr mit meinen begnadeten Talenten, nein, mit harter, konsequenter Arbeit galt es, die Eltern überzeugen. Und da erschien mein Vorschlag doch ziemlich perfekt: sechs Wochen strenges Internatsleben in der französischen Schweiz, allein in der Fremde, kein deutsches Wort, sechs Stunden täglich Unterricht, karge Freizeit. So ähnlich stand es ja auch in dem Prospekt, das Alex mir geliehen hatte. Nach zwei Tagen angemessener Reue rückte ich mit meinem Plan heraus.

„Und da willst du wirklich ganz alleine hin?", argwöhnte zunächst die Mama.

„Na klar!", versuchte ich sie zu überzeugen. „Das wird für mich bestimmt eine interessante und lehrreiche Erfahrung sein, da kommen Jugendliche aus der ganzen Welt. Und Angst brauchst du auch keine zu haben. Ich mach dort schon keinen Unsinn. Ich bin doch wohl schon groß genug."

„Ja, ja. Groß genug für kleine Sünden …", machte sich die liebe Mutter mit wissendem Lächeln über mich lustig.

Als aber dann der Vater nach ausführlichem Prospekt-Studium nur bemerkte: „Das ist aber ziemlich teuer", sah ich die Sache für mich schon fast gewonnen.

„Die Nachhilfe käme aber auch sehr teuer", beeilte ich mich sogleich einzuwenden. „Und überhaupt", versuchte ich angestrengt zu argumentieren, „stell dir nur vor, mein erster Auslandsaufenthalt. Ich müsste mich ganz allein mit Französisch durchschlagen. Wäre das nicht eine wertvolle Erfahrung?"

Na ja! Ganz so überzeugend fand ich mich zwar nicht, umso überraschender aber dann für mich, als sich die väterlichen Stirnfalten langsam entspannten und Papa kundgab: „Na, sehen wir einmal, ob noch etwas frei ist."

Reisevorbereitung

Sprachferien – heute bei Schülern gang und gäbe – hatten in den 60er-Jahren noch einen Hauch von Abenteuer. Man buchte sie nicht einfach im Reisebüro und auch von den Schulen gab es keine Empfehlungen. Besonders in französischsprachigen Ländern war wenig zu finden. So informierte man sich vornehmlich im Freundes- und Bekanntenkreis, wo denn minder erfolgreiche Schüler Versäumtes in den Ferien aufholen könnten.

Natürlich wollten auch die Meinen wissen, wie ich auf die „École nouvelle" in der französischen Schweiz gekommen sei. Unerwartete Hilfe kam von Thomas, einem Maturanten, der in unserem Haus wohnte. Thomas versicherte glaubhaft, dass im Vorjahr einer seiner Klassenkameraden nach Besuch eben dieses Ferienkurses eine fulminante Französisch-Matura hingelegt hätte.

Die liebe Mutter versuchte aber noch weitere Erkundigungen einzuziehen und wurde schließlich bei ihrer Freundin

Ilse fündig. Deren Tochter Sylvia konnte gleichfalls von einer Schulkollegin berichten, die bereits einen Sprachkurs in der französischen Schweiz besucht hatte. Auch Sylvia selbst sollte zu einem Sprachcamp aufbrechen. Ihre Reise ging allerdings an die Cote d'Azur, die damals wohl sündigste Urlaubsdestination. Natürlich tauschten sich die beiden Freundinnen intensiv über das bevorstehende Ferienabenteuer ihrer Kinder aus. Alle möglichen Risiken und Vorsichtsmaßnahmen wurden besprochen, gleichzeitig versuchte man, sich gegenseitig der Reife und Selbstständigkeit des Nachwuchses zu versichern.

Inzwischen hatte sich die Mutter schon um alles gekümmert. Warme Kleidung, feste Schuhe, neue Badehose, frische Wäsche. Die vorgeschriebene formelle Kleidung bestand aus grauer Hose und dunkelblauem Blazer, beides hatten wir bereits für die Tanzschule angeschafft. Auch ein blütenweißes Hemd und eine rote, vom Vater ausgeborgte Krawatte lagen neben dem riesigen Koffer bereit. Tennis- und Bergausrüstung mussten natürlich auch noch Platz finden. Immerhin ging der wohlbehütete Knabe das erste Mal allein auf Reisen, da sollte es ihm an nichts fehlen.

In den Tagen vor meiner Abreise wurde ich mehrmals Ohrenzeuge langer Telefonate: Wie viel Geld mitgeben, wie oft Lebenszeichen einfordern, wie im Notfall die Rückreise organisieren. Am Ende eines solchen nicht ganz zufällig mitgehörten Gesprächs wurde ich dann einmal hellhörig. Es war offenbar von einer mir Unbekannten die Rede, die aus irgendeinem Grund für meine Mutter wichtig war.

„… Aha, ich wusste gar nicht, dass Sylvia Französisch-Nachhilfe hat. ...“ „… Und jetzt macht sie einen Sommerjob? …“

„… Das ist aber ein interessanter Zufall. …" „… Und du meinst, ich könnte sie anrufen? …"

Es hörte sich an, als hätte Mama die gewünschte Antwort erhalten. Natürlich hätte ich gern gewusst, von wem die Rede war, aber ein Nachfragen schien mir nicht ratsam. Das hätte alles nur unnötig kompliziert.

Während ich noch immer über das Mitgehörte rätselte, betrat Vater das Zimmer. Wie immer wirkte er etwas angespannt, wenn er aus seiner Verlagsredaktion kam. Auf dem Heimweg hatte er noch rasch die Bahntickets besorgt und überreichte sie mir mit bedeutungsvollem Blick.

Mit dem Nachtexpress „Wiener Walzer" im Liegewagen bis Zürich. Dann mit dem Schnellzug nach Lausanne, dort umsteigen in den Personenzug Richtung Aigle und schließlich mit der Zahnradbahn hinauf nach Champéry. Wir gingen die Reiseroute so lange durch, bis der Vater überzeugt war, dass ich sie intus hatte.

Erstmals keine Sommerfrische

Die Reise nach Champéry war in jeder Hinsicht eine Premiere. Das erste Mal ohne Eltern, das erste Mal ins Ausland (wenn man von einem Caorle-Urlaub an der Adria absah), das erste Mal also keine Sommerfrische, wie man die Urlaube damals fast ausschließlich bezeichnete.

Ständig hustende Stadtkinder wie ich sollten den Sommer über frische Landluft atmen. Jede Menge davon gab es zum Beispiel in Oberösterreich, und so verbrachte ich die Sommer meiner frühen Kindheit stets im schönen Kremsmünster, wo ich zufälligerweise auch zur Welt gekommen bin. Meine Familie, die während des Zweiten Weltkrieges aus Siebenbürgen geflüchtet war, hatte dort ein erstes Zuhause gefunden.

Die Großeltern blieben noch länger in Oberösterreich und nahmen mich immer besonders liebevoll auf. Mit den Kindern einer benachbarten Landarbeiterin gab es darüber hinaus für den Buben aus der Großstadt viel Aufregendes zu erleben.

Noch frischer war der Sommer dann später im Salzkammergut. Hier blieb mir die kleine Frühstückspension unweit des Attersees in Erinnerung, die meinen Eltern und mir als bescheidener Unterstand im meist vorherrschenden Schnürlregen diente. Immerhin durfte ich aber den Vater zum Fischen an den See begleiten und lernte, mit einem Ruderboot umzugehen.

In den beiden Feriensommern vor Champéry wurde es dann aber bereits vornehmer. Diese verbrachte ich im international bekannten Nobelkurort Bad Schallerbach. Diesen musste meine Mutter, die ständig an Gelenkproblemen litt, immer wieder aufsuchen. Der Rest der Familie leistete ihr dabei Gesellschaft, auch Verwandte und Freunde kamen zu Besuch. Ansonsten beschränkte sich das Unterhaltungsangebot auf das Federballspiel mit der Wirtstochter, das Minigolfen mit den Nachbarbuben oder hin und wieder ein Fußballmatch im Freibad.

Bis zu meiner ersten Auslandsreise in die ferne Schweiz war also Oberösterreich meine mehr oder weniger bevorzugte Urlaubsdestination. Alles, was über die „Sommerfrische" und über Oberösterreich hinausging, war in den frühen 60er-Jahren noch Luxus. Sowohl vom Urlaubsbudget als auch von der zur Verfügung stehenden Zeit ging es wesentlich knapper zu als heute. Wer nicht gerade Lehrer war, musste sich schnell erholen. Bis 1964 war der Urlaubsanspruch noch auf zwei Wochen beschränkt, erst danach erhöhte er sich auf drei Wochen.

Doch wenigstens die schmalbrüstigen, blassgesichtigen Sprösslinge sollten ausreichend frische Luft und Sonne tanken, und so war man bestrebt, sie bei Verwandten auf dem Lande oder irgendwo in einem Ferienlager unterzubringen. Dass ich damals in die Schweiz fahren durfte, war natürlich eine besondere Bevorzugung, die mir aber erst später bewusst wurde.

Fahrt ins Ungewisse

Da rüttelte ich nun tatsächlich im Sechs-Bett-Abteil des „Wiener Walzer"-Liegewagens durch die Nacht und an Schlaf war natürlich nicht zu denken – meine Gedanken überschlugen sich förmlich: Dreimal umsteigen – Zürich, Lausanne, Aigle –, wird das klappen? Wird mein Französisch reichen? Wird mein Geld reichen? Bleibt unentdeckt, dass Alex sich am gleichen Ort aufhält? Immerhin ist er ja schon eine Woche früher gefahren und wird auch früher wieder zurückkommen. Es wird also kein Versteckspiel am Bahnhof geben, wenn uns die Eltern wieder abholen. Es war jedenfalls ganz klar abgemacht, den Eltern nicht zu verraten, dass wir in Champéry zusammen sein würden. Sonst hätten wir wohl nie die Zustimmung bekommen.

Als wir am frühen Morgen dann endlich in Zürich einfahren, überfällt mich tierischer Hunger. Jedoch sollten die großen Franken-Scheine, die gut versteckt im kleinen Reiserucksack schlummerten, vorerst unangetastet bleiben. Ich fingere zwanzig Schilling aus der Hosentasche, gehe zum

Bahnhofsgeldwechsler und will sie hoffnungsfroh gegen ein paar Rappen für den Erwerb von Nahrung eintauschen. Was ich erhalte, ist eine ausführliche Belehrung in Schwyzerdütsch, dass so kleine Beträge aufgrund der zu hohen Spesen nicht getauscht werden können. Also greife ich doch auf den 50-Franken-Schein im Rucksack zurück, in der Absicht, am Kiosk zwei Käse-Schinken-Sandwiches zu ordern. Dort erfahre ich allerdings, dass für so große Scheine das Wechselgeld fehle – und unwillkürlich fällt mir der alte Witz über Zürich ein: … doppelt so groß wie der Wiener Zentralfriedhof, aber nur halb so lustig.

Zwei mitgeführte Müsli-Riegel sichern schließlich mein Überleben bis Lausanne, danach bleibt ohnehin keine Zeit mehr für eine vernünftige Nahrungsaufnahme.

Nun sitze ich also in einem SBB/CFS-Waggon, wie die zweisprachige Kurzform der Schweizer Bundesbahn heißt. Um mich herum natürlich lauter Schweizer, die auf mich so fremd gar nicht wirken – jedenfalls solange sie nicht sprechen. Das tun sie scheinbar nicht sehr oft, nur hin und wieder nehme ich Gespräche von Mitreisenden wahr. Ich staune nur so, wie bedächtig und wohlüberlegt die Schweizer ihre Worte aussprechen und wie am Ende eines Satzes der Ton dann immer leicht ansteigt. Für mich hört sich das an, als würde eine Frage gestellt, auf die aber nie eine Antwort folgt. Aufhorchen lässt mich auch das häufig angefügte „odrr?" am Satzende, das den Schweizern offenbar nur zur Bekräftigung ihrer Aussage dient.

Weiter fällt mir auf, dass viele Worte auf „li" enden. Das ist, wie ich später erst herausfinde, eine gern verwendete Verkleinerungsform. Scheinbar sind die Schweizer sehr bescheidene Menschen, die alles kleinreden.

Überraschend für mich ebenfalls, dass auch immer wieder französische Worte auftauchen. So verlangt der Schaffner die „Billette" und reicht sie mit „Merci vielmals" wieder zurück. Mein Ticket studiert er etwas länger, bevor er es mir schließlich freundlich lächelnd wieder zurückgibt und dabei bemerkt: „Wien –'s isch en wiiter Wäg." Diese Feststellung zieht dann auch die Blicke anderer Reisender auf mich, und nach einer Weile höre ich, wie der schräg vor mir sitzende ältere Herr zu seiner Frau, die gerade in ihre Zeitung vertieft ist, mit gedämpfter Stimme sagt: „Luag Vreni, en Öschtricha." Ganz offenkundig also eine seltene Erscheinung in Schweizer Zügen. Vreni blickt kurz auf, mustert mich wohlwollend und meint dann nur: „Härzigs Büebli", was für mich dann doch etwas respektlos anmutet.

Bald drängt sich mir der Eindruck auf, dass die Eisenbahn der Schweizer liebster Aufenthaltsort ist. Die gut besetzten Züge sind für ein Gebirgsland sehr schnell, überaus sauber, komfortabel und natürlich pünktlich. Wie ich dem bereitliegenden Fahrplanheftchen entnehme, werden Ankunfts- und Abfahrtszeiten mit der Präzision einer Schweizer Uhr eingehalten, sodass meine Sorge, einen der zwei folgenden knappen Anschlüsse zu verpassen, rasch verfliegt.

Da für die Eidgenossen offenbar kaum ein anderes Verkehrsmittel infrage kommt, verfügt fast jeder der Zuginsassen über eine Jahreskarte, auch Halbpreis-Abo genannt. Der entsprechende Ausweis ist immer griffbereit und wird mit sichtbarem Stolz präsentiert. Als Inhaber eines sündteuren Vollpreistickets erwecke ich ganz offensichtlich das Interesse der Mitreisenden. Vielleicht halten sie mich für einen Ahnungslosen, der zum ersten Mal mit der SBB/CFS unterwegs ist. Vielleicht sehen sie darin auch eine leichtsinnige

Verschwendung, wie sie dem Schweizer Wesen wohl völlig fremd ist.

Sämtliche Bahnreisenden wirken überaus routiniert und gelassen. Kein Drängen beim Einsteigen, ein freundliches „Wieaderluaga" bei der Verabschiedung im Abteil, kein Aufkommen von Hektik beim Umsteigen. Bei der herrschenden Pünktlichkeit gibt es ja auch keinen Grund zur Unruhe.

Bei mir aber läuft das doch etwas anders. Der Zugwechsel in Lausanne erfordert meine volle Konzentration, vor allem weil Aufschriften, Ansagen und Auskünfte ab jetzt in Französisch gehalten werden. Immerhin aber ist bis jetzt alles ganz gut gegangen. Die letzte Etappe von Aigle mit der Gebirgsbahn nach Champéry führt mich in eine großartige Landschaft.

Mit der Höhe steigt aber auch meine Nervosität. Wer wird mich am Bahnhof erwarten? Jemand vom Internat, der mich gleich in Obhut nehmen wird? Wird Alex da sein oder werde ich den Weg allein finden müssen?

Meine rechte Sitznachbarin, eine schlanke, blondgelockte junge Frau mit ausgesprochen sanften Zügen, merkt offenbar meine Unruhe und beginnt ein Gespräch mit mir. Ich bin überrascht, dass ich sie so gut verstehe, und ich hoffe, dass alle hier ein so langsames und deutliches Französisch sprechen. Sie beglückwünscht mich zu meinem Reiseziel. Champéry sei einer der schönsten Orte im Valais, wie der Kanton Wallis französisch heißt. Sie arbeite

Auf dem Weg von Aigle nach Champéry
Foto ancienne

ebendort in einer Raclette-Stube, teilt sie mir mit. Ich solle sie doch einmal besuchen. Ich lasse es bei einem „peut être" bewenden, nicht wissend, was das für ein Lokal ist, und nicht ahnend, sie schon bald wiederzusehen.

Mit dem nahenden Ende meiner Reise spürte ich auch so etwas wie Stolz aufkommen. Alles war plangemäß verlaufen, ich hatte mich nirgendwo verirrt, nichts verloren, keinen Anschluss verpasst und auch die sprachlichen Anforderungen halbwegs erfüllt. Ja mehr noch, ich saß im Abteil neben einer recht charmanten, jungen Schweizerin, fand es gar nicht so peinlich, mit ihr französisch zu sprechen, und bildete mir sogar ein, für sie interessant zu sein.

Irgendwie überraschte mich plötzlich die Leichtigkeit und Selbstverständlichkeit, mit der ich in einem fremden Land mit einer fremden Frau in einer fremden Sprache zurechtkam. Es schien, als hätte ich tatsächlich einen ersten Schritt vom behüteten ins wirkliche Leben geschafft, als stünde weiteren großen Abenteuern eigentlich nichts mehr im Wege.

Inzwischen wurde die Strecke so steil, dass der Zug als Zahnradbahn weiterfuhr und sich nur unter kräftigem Rattern und Schütteln dem Zielbahnhof nähern konnte. Ich öffnete das Fenster, sog die frische Bergluft ein und betrachtete fasziniert die Bergspitzen, die an mir wie eine Girlande vorbeizogen. „Die Dents du Midi", kam die blonde Frau meiner Frage zuvor. Tatsächlich ragten einige Felsgipfel wie riesige Zähne in den Himmel.

Das Val d'Illez, durch das sich die Gebirgsbahn hochschlängelte, schien kaum besiedelt. An den steilen Hängen waren nur wenige Bauernhöfe zu sehen. Tief unten am Talboden rauschten zwischen sattgrünen Wiesen die wilden Wasser eines Flusses, der, wie ich erfuhr, den Namen Vièze trug. Irgendwie konnte ich mir gar nicht vorstellen, dass es in dieser abgeschiedenen Bergregion eine internationale Sprachschule geben sollte.

Meine Reisebekanntschaft, die inzwischen mir gegenüber Platz genommen hatte, schien meine Zweifel zu bemerken. Offensichtlich kannte sie mein Ziel, die „École nouvelle", und stellte mir „aventures et éxperiences exceptionelles" in Aussicht. Sie sollte recht behalten.

Mit einem etwas unsanften Ruck kam die Gebirgsbahn zum Stehen. Vor dem schmucklosen Bahnhofsgebäude standen genau drei Personen. Alex, mit dabei ein junges dunkelhaariges Mädchen und ein blonder ziemlich großer, junger Bursch, dem seine Beatles-Frisur so gar nicht passte. Als ich näher hinsah, bemerkte ich, dass Alex die Hüfte des Mädchens umfasst hielt und der „Beatle" eine Gitarre bei sich trug.

Unerwartete Begrüßung

Die Begrüßung war so ganz anders, als ich mir das vorgestellt hatte. „C'est mon ami Christian", stellte mich ein bestens gelaunter Alex seiner Begleiterin vor, die zugegebenermaßen von einer geradezu verwirrenden Schönheit war.

Mit ihrem dunklen Teint, den vollen Lippen, dem pechschwarzen Haar, das ein rotes Stirnband zierte, und dem Feuer in den Augen hätte sie durchaus auch als Indianermädchen in einem Winnetou-Film eine gute Figur gemacht. Die machte sie allemal in ihren hautengen Jeans und ihrem knappen Lederjäckchen. Dass sie Mexikanerin ist und Rosita heißt, bekam ich in meiner Fassungslosigkeit kaum mit.

„Enchanté", hauchte sie mit bezauberndem Lächeln. Nachdem mir nun absolut nichts Passendes einfiel – und schon gar nicht auf Französisch –, beließ ich es bei einem verlegenen Grinsen.

Der blonde Pilzkopf griff zu seiner Gitarre und spielte als Willkommensgruß ein paar Takte eines mir völlig unbekannten Songs.

„Das ist der Johnny, auch ein Wiener, totaler Beatle-Fan, mit ihm kann man viel Spaß haben", ließ Alex mich wissen. Auch das sollte stimmen.

Zu viert steuerten wir das schon weithin sichtbare Internat an. Es bestand aus zwei zwar mächtigen, aber recht alt wirkenden Holzbauten, die durch einen Sportplatz voneinander getrennt waren. Auf dem Weg dorthin wurde ich sogleich auch auf die Attraktionen von Champéry aufmerksam gemacht: ein Tennisplatz, ein Schwimmbad, das Dorf-Café, ein Sport- und ein Minigolfplatz und eben diese Raclette-Stube, von der ich ja schon von meiner Zugbekanntschaft gehört hatte.

Die Schöne an Alex' Seite lächelte unentwegt, sagte aber kein Wort. Auch Alex selbst sah sich vorerst wohl zu keiner Erklärung veranlasst. „Ist doch ohnehin schon alles klar", würde er sich denken. „Ich habe ein hübsches Mädchen gefunden, mit dem ich möglichst oft beisammen sein möchte."

Was das für mich bedeutete, war wohl klar: Ich würde ihn nur selten sehen und hätte mich also gefälligst selbst um meine Freizeitgestaltung zu kümmern. Ein Hinweis dazu kam auch gleich von Johnny. Auf meine Frage, welches der beiden Gebäude für uns bestimmt sei, meinte er laut lachend: „Rechts sind wir, links sind die Hasen. Da geht einiges ab, wirst schon sehen …"

Johnny hieß übrigens nicht wirklich Johnny. Er trug den altgermanischen Vornamen Rainulf, mit dem er anscheinend nicht sehr glücklich war. Zu seiner blonden Mähne und seiner hellen Haut hätte dieser zwar gepasst, ansonsten hatte er als Ur-Wiener natürlich nichts Germanisches an sich.

Im Gegensatz zu heute sprach man damals im Freundeskreis kaum jemanden mit seinem richtigen Vornamen an, fast jeder hatte einen Spitznamen. Dieser sagte dann auch meist etwas über seinen Träger aus, wie eben der „Mecki", den ich wegen meiner Stoppelglatze führte. Oft aber blieb der Grund der Zuweisung rätselhaft, wie zum Beispiel der „Hugo", der mir dann in späteren Jahren zuteil wurde.

In meiner Klasse kann ich mich nur an wenige Mitschüler erinnern, die nicht umbenannt wurden. Anton, Franz oder Josef, die damals noch gebräuchlichen Vornamen, waren einfach nicht kennzeichnend genug, es musste etwas Passenderes oder auch etwas Spaßigeres gefunden werden.

So wurde etwa der beste Turner der Klasse zu Fipps, wie Wilhem Busch seine Affen-Figur nannte.

Die Spitznamen rührten aber auch von Theaterstücken her, die mit verteilten Leserollen im Deutschunterricht dargebracht wurden. Wie zum Beispiel der Spitzname für jenen Klassenkamerad, der den stotternden Galomir aus Grillparzers „Weh dem, der lügt" so überzeugend wiedergab, dass ihm der Name ein Schulleben lang blieb.

„Johnny" hatte für mich etwas Kumpelhaftes an sich, er stand für einen Typ, mit dem man die sprichwörtlichen Pferde stehlen konnte. Ich sollte mich nicht täuschen.

Offenbar war mir die Freude über die Ankunft in Champéry noch nicht wirklich anzusehen, denn Alex und Johnny sahen sich veranlasst, sofort alle Vorzüge des Ortes und der Schule aufzuzählen. Was es hier nicht alles zu erleben gebe. Angefangen von spannenden Sportwettkämpfen über großartige Bergtouren bis hin zu aufregenden Tanzabenden im

Mädcheninternat. Wie entspannt und so gar nicht schulmäßig der Unterricht ablaufe, wie lässig die meisten Lehrer und wie spaßig die meisten Mitschüler seien.

All das war für den Anfang freilich zu viel. Die erste Reise, ganz allein, die ersten Ferien im fremdsprachigen Ausland, ganz ohne die Eltern …, die großartige, aber fast ein wenig bedrohliche wilde Berglandschaft …, die Ungewissheit, wie ich mit Internat und Unterricht zurechtkommen würde …, mit den vielen neuen, fremden Menschen …, mit dem ausnehmend hübschen Mädchen, mit dem Alex am Bahnhof erschienen war. Mit all dem kam ich im Kopf einfach noch nicht ganz klar. Eher verwirrend und verunsichernd waren die vielen Eindrücke. Noch war ich in Champéry nicht wirklich angekommen.

Vor allen anderen Sehenswürdigkeiten des Ortes besuchte ich zunächst einmal die Telefonzelle und meldete meine unfallfreie Ankunft nach Hause.

„So ein braver Bua, so kenn ich dich ja gar nicht",bemerkte Alex mit leisem Spott, um aber dann gleich und mit ernstem Gesichtsausdruck nachzufragen: „Von mir hast du doch hoffentlich nichts gesagt?"

„Natürlich nicht!", versicherte ich ihm mit ebenso ernster Miene. „Kein einziges Wort, das war doch auch so ausgemacht."

Die Aufnahme

Die Atmosphäre bei der Anmeldung im düsteren, holzgetäfelten Internatsbüro wirkt etwas bedrückend, insbesondere durch die zahlreichen Porträts in Öl verblichener Schulleiter. Die Schule war 1906 gegründet worden und hatte sich seitdem kaum verändert. Als Erstes wurden gleich einmal meine Französisch-Kenntnisse getestet, und danach wurde die Klassenzuteilung vorgenommen. Diese erfolgte zunächst nach Altersgruppen, die von 12 bis 18 Jahren reichten, und danach dem Können entsprechend. Nach einer mehr als holprigen Konversation mit der ausnehmend ungeduldigen, überheblichen und nicht mehr ganz jungen Aufnahme-Madame fand ich mich unter den „Mäßig Fortgeschrittenen" wieder, was mich persönlich dann auch nur mäßig freute. Immerhin zählten Alex und Johnny bereits zu den „Fortgeschrittenen".

Was mich aber noch weniger freute, war die überraschende Mitteilung, dass für mich nur ein 2-Wochen-Kurs gebucht worden sei. Das war doch so nicht ausgemacht. Auf dem Prospekt, den ich meinem Vater gezeigt hatte, war der 6-Wochen-Kurs aufgeführt, da war ich mir ganz sicher.

„Madame, c'est certainement un erreur", wandte ich ein.

Madame aber lächelte nur süffisant und präsentierte mir die Buchung. Dazu erläuterte sie auf Deutsch: „Fix gebucht für zwei Wochen, danach bei gutem Erfolg Option auf Verlängerung."

„Sehr clever vom Herrn Papa", dachte ich. „Wenn ich nicht spure, muss ich nach zwei Wochen wieder zurück. Das hätte er mir aber auch wirklich vorher sagen können. Für Alex und Johnny wurden sechs Wochen gebucht. Und ich sollte womöglich früher nach Hause fahren?"

Das aber würde es auf keinen Fall geben. Dazu würde mir schon noch etwas einfallen.

Die ausführliche Belehrung über die Verhaltensregeln in der „École nouvelle de la Suisse romande", die stante pede der Anmeldung folgte, bekam ich kaum mit. Zu sehr war ich verärgert und dazu von Madames erlesenem Vokabular mehr als überfordert. Dies schien auch Madame nicht entgangen zu sein, wie ihrer abschließenden Frage mit deutlich drohendem Unterton zu entnehmen war: „Tout compris?"

„J'espère", entgegnete ich resignierend.

Was ich aber wirklich hoffte – von dieser Zange künftig verschont zu bleiben. Diese Hoffnung sollte sich allerdings nicht erfüllen.

Sprachkultur in den Schweizer Bergen

Champéry liegt im französischsprachigen Teil des Schweizer Kantons Wallis (Valais), in einem auch heute noch recht abgeschiedenen Gebirgstal auf 1050m Höhe. Man sagt der Bevölkerung des Valais nach, ein besonders schönes und deutliches Französisch zu sprechen, und das mit einer gewissen Schweizer Bedächtigkeit. Die Bewohner sind sich dieses Rufes offenbar bewusst und wahren ihn.

Anders als etwa in einem Tiroler Bergdorf ist man überall um korrekte Hochsprache bemüht. Kaum jemandem würde es einfallen, fremden Gästen gegenüber in derbe Mundart zu verfallen. Aber natürlich gibt es die auch. Es ist eine Art „Alpen-Französisch", wie es in der Suisse Romande, in Savoyen und im italienischen Aosta-Tal gesprochen wird.

Die großartige Berglandschaft, die Bemühungen der Bevölkerung um die Sprachpflege und die für Schweizer Begriffe nahezu herzliche Gastfreundschaft haben wohl dazu geführt, dass sich Champéry zu einem beliebten Ferienort entwickelt hat, der mit seinen Sprachcamps Jugendliche aus aller Welt anzieht. So tummelten sich auch in der „École nouvelle de la Suisse romande" die verschiedensten Nationalitäten.

Die Mehrzahl der Schüler bildeten US-Amerikaner, Briten, Kanadier und Mexikaner, aber auch Deutsche, Spanier und Italiener waren vertreten. Wir Österreicher wurden immer wieder als Deutsche angesehen, vielen war der Unterschied nicht klar. „Autrichiens" tauchten wohl nur sehr selten hier auf. Als wir das einmal richtigstellten, bekamen wir von einem wenig sensiblen Heimaufseher zu hören:

„Ah, les autres chiens" – die anderen Hunde. Darüber belustigt, nannten uns kurzzeitig auch zwei andere Aufseher so, bis es von der Internatsleitung ausdrücklich untersagte wurde.

Neben dem Internat gab es in Champéry noch zwei andere, aber kleinere Sprachschulen. Diese besuchten vor allem Jugendliche, die bei Gastfamilien wohnten. Für Studenten wurden auch Ferienjobs angeboten, meist in der Gastronomie und der Landwirtschaft. Trotz der schweren Arbeit waren diese Jobs sehr begehrt. Zwar selten, aber doch kamen vor allem der guten Bezahlung wegen auch Sprachstudenten aus Österreich nach Champéry.

Im Ort selbst ist alles sehr traditionell gehalten: die Ferienchalets mit ihren holzgeschnitzten Balkonen und steilen Dächern, die blitzsaubere Dorfstraße, das schlichte Amtshaus, von dessen Giebel die Fahne mit dem Schweizer Kreuz herabhängt, der von Holzbänken umgebene, blumengeschmückte Dorfbrunnen.

Etwas eigenartig wirkt die (katholische) Kirche. Sie bildet nicht den Mittelpunkt des Dorfplatzes, sondern ist seitlich versetzt in einen Abhang gebaut. Über dem viereckigen klobigen Kirchturm befindet sich eine Metallkrone mit aufgesetzter Kuppel, die das Kreuz trägt. In der Straße,

Kirche mit Mont Ruan, Foto ancienne

die zum Bahnhof führt, finden sich mehrere recht schmucke kleine Geschäfte, in denen hauptsächlich Käse, Schokolade und Uhren angeboten werden. Überall wehen die Fahnen des Wallis. Sie sind senkrecht in eine weiße und eine rote Hälfte geteilt und zeigen 13 fünfeckige Sterne, die für die 13 Distrikte des Kantons stehen.

Die Hauptattraktion des Ortes aber ist seine Umgebung. Auf der westlichen Seite des Tales erhebt sich das wilde und zerklüftete Kalksteinmassiv der Dents du Midi bis zu 3200m hoch, das von zahlreichen Alpinwegen und Klettersteigen durchzogen wird. Über dem Bergrücken am Südende des Tales leuchtet die über 3000m hohe schneebedeckte Pyramide des Mont Ruan. Im Osten liegen die sanfteren Formationen des rund 2000m hohen Planachaux mit zahlreichen Almwiesen und Bergseen. Von hier aus kann man großartige Ausblicke bis zum Genfer See genießen.

Bekannt ist Champéry natürlich auch als Skigebiet. Es ist grenzüberschreitend mit dem nur wenige Kilometer entfernten französischen Skiort Avoriaz über mehrere Lifte verbunden.

Eintritt in eine neue Welt

Die Aufnahme-Madame hatte es bis jetzt nicht für nötig gehalten, ihren Namen zu nennen. Sie geleitete mich über die steile schmale Treppe zu meiner Unterkunft im obersten Stockwerk. Auf dem Weg dorthin erfuhr ich alles Notwendige über Zimmerreinigung, Körperhygiene, Wäschetausch und die verschiedenen Räumlichkeiten des Internats.

Was der Neuankömmling dann aber beim späteren Inspizieren der Räumlichkeiten zuallererst wahrnahm, waren die sehr speziellen Gerüche. Aus den Freizeiträumen im Kellergeschoss drang das Aroma herber Männlichkeit. Im Erdgeschoss dominierte die charakteristische Geruchsmischung einer Großküche. Die Unterrichtsräume im 1. Stock rochen so, wie in jeder Schule: nach Schweiß, Angst und Tränen. Und schließlich verströmten die dunklen Wände der höheren Stockwerke den rustikalen Geruch gebeizten Holzes, gewürzt mit einem Schuss dumpfer Modrigkeit.

Das Zimmer war allerdings sehr geräumig und von einem großen Balkon umgeben. An der Längsseite standen hintereinander zwei nicht ganz stabil wirkende Betten; auf einem davon lag zwischen einer Unzahl von Schallplatten und englischsprachigen Zeitschriften ein schmächtiger junger Bursche, der mir zunächst nur ein kurzes „High" widmete.

Sommer-Camp der Ecole Nouvelle (2011)

Der große Bauernschrank, der massive Holztisch, die zwei Sessel mit den gezwirbelten Beinen, der Hirschgeweih-Luster und das bemalte Nachtkästchen mit Häkeldecke und Leselampe sollten wohl ländliches Wohlbehagen vermitteln. Sonst war meine neue Bleibe aber eher schmucklos, sah man vom Stillleben in Öl und dem holzgeschnitzten Kruzifix ab.

Die Einrichtung im Internat repräsentierte ganz den Stil der Zeit. Bevorzugt waren damals Vollholzmöbel in dunkler Eichenoptik. Wer es sich leisten konnte, war rustikal eingerichtet oder zeigte sich mit altdeutschen Möbeln auf dem neuesten Stand. Bett- und Tischwäsche, Polster und Vorhangstoffe liebte man rot oder blau kariert, und auch der Esstisch war rustikal dekoriert. Die modische Entsprechung in der Bekleidung waren Dirndl und Trachtenanzug, für viele sowohl Alltags- als auch Festkleidung erster Wahl.

Worauf mich Madame nur wortlos hinwies, war der bei der Tür bereitstehende Besen samt Kübel und Wischmopp. Damit war klargestellt, von wem diese exquisite Behausung zu pflegen sei. Sauberkeit hatte, wie in der Schweiz nicht anders zu erwarten, oberste Priorität. Keinen Zweifel ließ sie dann am strikten Alkohol- und Zigarettenverbot und sprach mit erhobenen Zeigefingern und Augenbrauen von „Lourdes conséquences" bei Nichtbeachtung. Eine Drohung, die ich hier öfter noch hören sollte.

So gar nicht ins Bild peinlicher Ordnung passte mein Zimmerkollege Howard, ein 17-jähriger Engländer aus der Gegend von Manchester. Mit seinen schwarzen Strähnen, die ihm wirr ins Gesicht hingen, und seiner abgetragenen Kleidung wirkte er betont nachlässig. Die deutlich zu große Baseballkappe hing schief auf dem schmalen Kopf, um die dünnen Beine schlotterten rot karierte Shorts, das ausgebleichte grüne Leibchen hing schlapp am leicht gebeugten Oberkörper. Das einzig kräftige an ihm war die Kette um seinen Hals, an der ein Peace-Zeichen baumelte. Dieses kreisrunde Symbol mit einer aufwärts und drei abwärts gerichteten Linien war damals bei den Jugendlichen sehr beliebt und stand für die nach Ausbruch des Vietnamkrieges einsetzende Friedensbewegung. Das Symbol war aber, wie sich bald zeigen sollte, kein Garant für die Friedfertigkeit seines Trägers.

Howard schien nicht unbedingt auf mich gewartet zu haben, dennoch begrüßte er mich schließlich mit aufmunterndem Schulterklopfen und wies mir meinen Schlafplatz am etwas zugigen Fenster zu. Da er vorerst nur Englisch sprach, stellte ich mich als „Austrian" vor, was ihn sichtlich nicht beeindruckte. Er zuckte die Achseln, nickte dann wohlwollend und beließ es bei einem „Okay, welcome".

Der große Schrank war mit einer Sporttasche, einer Gitarre, zahlreichen „Rolling Stones"-Platten und mehreren geöffneten Packungen Chips und Popcorn weitgehend belegt. Auch das bunte Durcheinander der wahllos verteilten Kleidungsstücke im Schrank zeugte nicht unbedingt von Ordnungssinn meines Mitbewohners. Howard machte auch keinerlei Anstalten, an diesem Durcheinander irgendetwas zu ändern, und so zog ich es vor, meine Sportsachen auf den Kasten zu legen und meine Ausgehklamotten an die außen befindlichen Haken zu hängen. Toilettenutensilien und Unterwäsche verschwanden im Nachtkästchen, der Rest blieb vorerst im Koffer.

Als ich aber kurz darauf auf den Balkon hinaustrat, wurde ich für den doch sehr gedämpft herzlichen Empfang entschädigt. Vor mir die imposante Bergkette der Dents du Midi, die mit Abstand höchsten Berge, die ich bisher gesehen hatte. Zahlreiche, bizarre Felsspitzen, umgeben von kleinen, weißen Wölkchen ragten in den Sommerhimmel. Die dunklen, aus dem Tal aufsteigenden Wälder, das satte Grün der Almen, gewaltige, mit Schnee durchzogene Steinfelder unter fast senkrechten Wänden, in mehreren Stufen herabstürzende Wasserfälle und dazu fernes Kuhglocken-Geläute – das alles war für mich als Kind der Stadt ein bislang nicht gekanntes Naturschauspiel. Am liebsten hätte ich mich sofort aufgemacht, um diese für mich neue Welt des Hochgebirges zu erkunden. Ich begnügte mich vorerst aber damit, den Verlauf der steilen Flanken, Grate und Schneefelder zu studieren und anhand der Tourenkarte mögliche Anstiegswege ausfindig zu machen. Der über 3200m hohe Hauptgipfel zeigte sich aber so schroff und abweisend, dass es mir nahezu unmöglich schien, ihn jemals zu erreichen.

Ein erster kleiner Spaziergang ließ mich das Internat und seine Umgebung näher erkunden, bevor ich Alex und Johnny nochmals ausführlich über ihre bisherigen Erlebnisse und Erfahrungen in der „École nouvelle" befragte. Alex, bereits zum zweiten Mal hier, wusste natürlich genau „was da so läuft", wer die „klassen Burschen" und wer die „Unsympathler" waren. Zu Letzteren zählte er eine englische Rocker-Gang, eine Bezeichnung, mit der ich zu diesem Zeitpunkt jedoch noch nichts anfangen konnte. Das sollte sich aber sehr rasch ändern.

Ansonsten genoss Alex den Aufenthalt in Champéry sichtlich, wozu die schöne Mexikanerin wohl nicht unwesentlich beitrug. Auch Alex' freundlicher, amerikanischer Zimmerkollege Mike schien eine unkomplizierte Frohnatur zu sein.

Nicht so begeistert von Champéry gab sich der sensibel wirkende Johnny. Er klagte über die rauen Umgangsformen einiger Mitbewohner, auch der ständige Zwang zur französischen Sprache behagte ihm sichtlich nicht. Am liebsten bediente er sich einer gepflegten Wiener Mundart mit leicht raunzendem Unterton. Sein gleichaltriger Zimmerkollege Miguel war Spanier und schien ein recht sympathischer, gefälliger Bursche zu sein, denn gleich bot er mir an, mir beim Ausfüllen des Meldeformulars behilflich zu sein.

Schnapstaufe

Die erste Nacht in der „École nouvelle de la Suisse romande", wie sich das Internat stolz nannte, bot bereits eine gehörige Überraschung. In drei Gruppen wurden wir nacheinander in einen feuchtdumpfen Waschraum gescheucht, wo die abendliche Körperpflege zu erfolgen hatte. Duschen gab es nur zwei, statt Waschbecken eine lange Wasserrinne. Es war etwas gewöhnungsbedürftig, wie so die Reste von Zahncremen, Seifen und andere Produkten der Mund- und Körperhygiene vor meinen Augen vorbeiflossen und einem verstopften Abfluss zustrebten. Auch die mit

Wenig verändert: Waschraum der Ecole Nouvelle 2011

grauen Fliesen versehenen Wände und die flimmernden Neonröhren über den zerkratzen Spiegeln machten den Waschraum nicht gerade zu einer Wohlfühl-Oase des Hauses. Dennoch – er war ein beliebter Treffpunkt, wie ich später noch erfahren sollte.

Als ich wieder zurück in mein Zimmer kam, fand ich Howard nicht vor, glaubte aber vom Balkon her Stimmen zu hören und eigenartigerweise Schritte, die sich eilig entfernten; gleichzeitig verkündete der Abend-Gong die beginnende Nachtruhe. Eine Zeit lang wartete ich noch auf meinen Zimmerkollegen, dann machte ich finster, ließ mich auf mein Bett sinken und fand mich gleich und total erschreckt einen halben Meter tiefer als erwartet auf dem Boden liegend. Während ich verzweifelt versuchte, wieder hochzukommen, ging das Licht an und durch die Balkontür drangen – unter Howards Führung – vier britische Boys ins Zimmer ein. „Welcome, welcome", johlten sie, kamen an mein Bett und begossen mich mit einer Flüssigkeit, die ich später als Whiskey identifizieren konnte. Die Hüften schwingend führten sie noch kurz einen Tanz vor meinem Bett auf, dann verschwanden sie so schnell, wie sie gekommen waren, durch die Balkontür.

„Up the Stones!", rief einer noch zum Abschied. Es klang wie ein Gruß.

„Up the Stones!", bekräftigte Howard, der mit mir zurückblieb.

Jetzt erst sah ich, dass die Halterungen des Betteinsatzes gelockert worden waren und am Boden lagen. Das ohnehin wackelige Gestell hatte unter meinem Gewicht sofort nachgegeben und war nach unten gekracht.

„Den Neuankömmlingen solche Streiche zu spielen, ist hier vielleicht Brauch", dachte ich. „Vielleicht wird man erst durch die Schnapstaufe zum anerkannten Internatsbewohner." Zumindest half mir Howard, das Bettgestell wieder einzusetzen.

Der Schock stand mir wohl noch im Gesicht geschrieben, als Howard grinsend meinte: „Don't mind, just a little welcome-joke." Es klang fast wie eine Drohung, dass diesem üblen Scherz noch weitere folgen würden. Die Alkoholwolke, die von meinem Pyjama ausging, schien mich einigermaßen benebelt zu haben, sodass ich trotz des Schreckens bald einschlief und eine ruhige erste Nacht verbrachte.

Whiskeygeruch und Whiskeyflecken aber waren am nächsten Morgen dermaßen unappetitlich, dass ich kurzerhand beschloss, mich von meinem Schlafanzug zu trennen und fortan des Nachts die ohnehin viel schickere Sportbekleidung zu tragen.

Freilich, der Streich, den sie mir zum Empfang gespielt haben, beschäftigte mich weiter. So etwas hatte ich noch nicht erlebt. Bisher war ich doch immer auf der Seite derjenigen, die anderen dumme Streiche spielten. Nun sollte ich auf einmal zu den Opfern zählen? Zu diesen Bedauernswerten, die wegen ihres vielleicht etwas von der Norm abweichenden

Verhaltens oder Aussehens, vielleicht auch nur wegen eines kleinen Sprach- oder Augenfehlers Zielscheibe von Bosheitsakten wurden. Beispiele für dergleichen Schandtaten fielen mir plötzlich einige ein – Kinder und Jugendliche sind da ja nicht gerade zimperlich. Aber dass sich so etwas auch einmal gegen mich richten könnte, damit hatte ich nun wirklich nicht gerechnet.

Als ich im Laufe des Tages dann mit Johnny darüber sprach, konnte er mich etwas beruhigen. Ihm sei es ähnlich ergangen, teilte er mir mit. Ihm hätten sie den Whiskey in die Schuhe geschüttet. Der englischen Bande gehe es nur darum, Neuankömmlinge einzuschüchtern und ihnen zu zeigen, wer hier das Sagen hätte, nämlich die Stones-Gang.

„Einen wie mich", meinte Johnny dann abschließend, „der für die Beatles schwärmt, versuchen sie ständig zu sekkieren. Aber wirklich ernst darf man das nicht nehmen." Er sollte sich irren.

Alles unter Kontrolle

Zu den unangenehmsten Erlebnissen der ersten Tage zählten wohl die Zimmerkontrollen, die ohne jede Vorwarnung zu jeder Tages- und Nachtzeit möglich waren. Das erste Mal passierte es kurz nach der Morgendämmerung, als uns zwei Aufseher, ausgerüstet mit Gummihandschuhen und Taschenlampen, aufforderten, im Schlafanzug im Gang Aufstellung zu nehmen. Zwei verdächtig scheinende Zimmer von älteren Schülern wurden kontrolliert.

Gefunden wurde zunächst ein angebissener verschimmelter Käse-Sandwich und zwei Schachteln Marlboro. Dann kamen auch drei „Playboy"-Hefte und einige bei Betrachtung derselben benutzte Taschentücher zum Vorschein. Das damals als sündig geltende Magazin erfreute sich unter den Internatsbewohnern großer Nachfrage. Zwei amerikanische Mitschüler waren mit einem größeren Vorrat angereist und hatten, wie sich später herausstellte, einen regelrechten Handel damit aufgezogen. Das brachte natürlich gehörige Unruhe ins Bubeninternat. Gab es doch plötzlich in der US-Ausgabe all das zu sehen, worüber zuvor nur geredet wurde. Freilich blieb dies auch den Lehrern nicht verborgen.

Die Erotik-Stars der Sechziger wie die legendäre Marylin Monroe, die Busenwunder Jayne Mansfield und Elke Sommer oder das Bond-Girl Ursula Andress, das Sex-Idol aus der sittenstrengen Schweiz, waren zwar noch nicht ganz textilfrei zu bewundern, dafür ließen die Klappmädchen in der Heftmitte keine Buben-Wünsche mehr offen. Besitz und Weitergabe der unzensurierten englischsprachigen Magazine waren natürlich ein schwerer Verstoß gegen die Anstandsregeln und zog höchst peinliche Befragungen im Direktionsbüro nach sich.

Was auch besonders an die Nerven ging, war die ständige Überwachung von An- und Abwesenheit.

Vor dem Frühstück wurden alle Namen verlesen, um sicherzustellen, dass keiner über Nacht abhanden gekommen war. Mit der obligaten Eintragung ins Kursprotokoll musste die Teilnahme am Unterricht bestätigt werden. Auch der Besuch der Sportplätze hatte in der „feuille de présence" am Eingangstor vermerkt zu werden. Besonders überprüft wurde natürlich der abendliche Ausgang. Der obligate Nacht-Gong erklang wochentags um zehn, am Wochenende um elf.

Erlebnisse auf der Dorfstraße

Gleich am zweiten Tag kam ein Schüler auf mich zu, der etwas älter und erfahrener wirkte als die anderen. Er erkannte wohl meine Unsicherheit, begrüßte mich mit freundlichem Schulterklopfen und stellte sich als Bruno Zoller vor. Offenbar legte er Wert darauf, immer mit Vor- und Zunahmen angesprochen zu werden.

„Du bist neu hier! Das merkt man", stellte er kurz fest und schaute mich aufmunternd an.

„Ja", erwiderte ich etwas zögernd. „Christian ist mein Name. Bin gestern erst angekommen."

„Mach dir keine Sorgen, Christian. Champéry ist super. Ich bin schon das dritte Jahr hier", teilte er mir freundlich lächelnd und in bemühtem Deutsch mit, dessen Schweizer Ursprung aber nicht zu überhören war. Einladend fügte er noch hinzu: „Du wirst hier viel Spaß haben. Am besten, du kommst gleich heute Abend mit. Ich geh mit ein paar Kumpels ins Dorf und kann dir dann alles zeigen."

Gern nahm ich die Einladung an. Bruno Zoller war einer jener Menschen, die sofort Sicherheit und Vertrauen ausstrahlten, was ich gewiss nicht von allen mir bisher begegneten Schülern sagen konnte. Mit seinem frech-fröhlichen Gesicht und seiner entspannten Art schien er ein recht munterer Geselle zu sein, mit dem man sicherlich so einiges erleben konnte.

Die von Bruno Zoller geleitete Erkundung von Champéry, an der noch zwei andere Neuankömmlinge teilnahmen, beschränkte sich im Wesentlichen auf die leicht ansteigende, enge Dorfstraße, deren Geschäfte und Lokale. Hier veranstalteten die jugendlichen Feriengäste allabendlich einen Corso. Immer wieder schlenderte man die etwa 300 Meter hinauf und wieder hinunter. Dabei warf man einen kurzen Blick ins Dorf-Café oder in die Raclette-Stube, um vielleicht bekannte Gesichter zu erspähen, informierte sich in der Konditorei über die angebotenen Eissorten, studierte beim Tourismusbüro das Ausflugsprogramm oder vor dem vornehmen Restaurant des Hotel de la Suisse die Speisekarte mit den Raubmörder-Preisen.

Das Hauptinteresse aber galt natürlich den Entgegenkommenden. Gab es dabei anregende Blickkontakte oder gar ein ermunterndes Lächeln, suchte man das Entgegenkommen so lange zu wiederholen, bis sich dann zum Beispiel beim Eisautomaten oder beim Dorfbrunnen die Gelegenheit zur gezielten Ansprache ergab.

Von den wenigen Geschäften der Dorfstraße fielen zwei mit sehr speziellem Angebot auf. In einem wurden neben Trachtenmode vor allem Kuhglocken in allen Größen verkauft. Im anderen waren ausschließlich aufgeklappte rote Taschenmesser ausgestellt. Bruno Zoller lenkte meine Aufmerksamkeit sofort auf das Messergeschäft. Das weltberühmte Schweizer Messer sei ein absolutes „Muss", ließ er mich wissen. Wer in der Schweiz als vollwertiger Mann gelten wolle, habe das rote Klappmesser stets mit sich zu führen.

Sei es die ratlose Sitznachbarin im Zug mit ihrer ungeschälten Orange, die charmante Gastgeberin, die den Korkenzieher nicht findet, die Liebste, die beim Ausflug nach einem schön zurechtgeschnittenen Wanderstock verlangt: Sie alle würden auf Männer setzen, die ihr Werkzeug stets einsatzbereit haben. Doch nicht nur als galante Helfer würden die Träger des roten Messers geschätzt. So richtig könnten sie sich erst beweisen, wenn es um Leben und Tod geht. Wie etwa beim Luftröhrenschnitt nach der verschluckten Wespe oder der Nabelschnur-Durchtrennung nach der Notgeburt. Hier würde der wahre Schweizer Mann sein Messer furchtlos und mit sicherer Hand führen. Wie einst Wilhelm Tell die Armbrust …

44

Trotz dieser beeindruckenden Argumente kam ich aber nicht auf Bruno Zollers Kaufempfehlung zurück, obwohl das gute Stück in der angebotenen Basisversion schon um wohlfeile 85 Schweizer Franken zu haben gewesen wäre. Das sollte sich allerdings noch als Fehlentscheidung herausstellen.

Anders verhielt sich das bei den Kuhglocken. Eine solche zu erwerben schien mir tatsächlich unerlässlich. Zum einen stand in Champéry die Bundesfeier am 1. August unmittelbar bevor. An diesem einmaligen Ereignis ohne Kuhglocken teilzunehmen war schlicht unmöglich. Zum anderen war in der Woche darauf das große Fußballmatch zwischen Einheimischen und Feriengästen angesetzt. Dort ohne Kuhglocke aufzukreuzen hieße, den völkerverbindenden Sinn der Veranstaltung nicht verstanden zu haben.

Tatsächlich hat das Schweizer Kultgerät eine Bedeutung, die weit über die Almwirtschaft hinausgeht. Es wird zum Geisteraustreiben ebenso eingesetzt wie bei Demonstrationen, Konzerten, Skirennen, Hochzeiten oder Dorffesten.

Doch der entscheidende Hinweis zum Kauf der Kuhglocke war folgender: Eine Kuhglocke sei gerade in Champéry ein vorzügliches Mittel der nonverbalen Kontaktaufnahme mit den Schönen der Dorfstraße, würden doch auch viele Mädchen eine bei sich tragen.

„Das ist 'ne super Anmache", belehrte mich Bruno Zoller. „Wenn du nicht weißt, welche Sprache sie spricht, einfach nur bimmeln und auf Antwort warten. Klappt fast immer!"

Das schien mir bei einem Anschaffungspreis von 5 Franken einen Versuch wert, und in gespannter Erwartung versenkte ich eine faustgroße Glocke samt Blumenband in der Hosentasche.

Natürlich wollte ich die Wirkung meiner Neuanschaffung sofort überprüfen und reihte mich unverzüglich in den Dorfstraßen-Corso ein. Schon die erste herannahende Mädchengruppe schien mir für einen Test geeignet, schnatterte sie doch in einer mir unbekannten Sprache. Also fixierte ich die mir am hübschesten Erscheinende mit einem Blick, dem sie unmöglich ausweichen konnte, und fasste dann in meine Hosentasche.

Dies schien die Schöne zunächst zu erschrecken, dann aber erkannte sie erleichtert die Kuhglocke und lächelte. Das war der Moment, in dem der Zauberklang dann seine Wirkung tun musste, und ich bimmelte sie erwartungsfroh an. Die Antwort kam prompt, fiel aber unerwartet aus:

„Muuuh!"

Da sich aus dieser Rückmeldung weder auf die Sprache der Angebimmelten noch auf eine allfällige Zuneigung schließen ließ, verzichtete ich vorerst auf weitere Versuche. Für Unterhaltung hatte ich allemal gesorgt, das ausgelassene Gegacker der Mädchen hallte noch minutenlang durch die Dorfstraße.

Enttäuschte Erwartung

Es war ein Tag mit schönem, warmem Sommerwetter und so konnte ich die gesamte eindrucksvolle Bergkulisse bestaunen, die Champéry umgab. Alles überragten die schroffen und abweisenden Dents du Midi. Einmal nur auf einen solch hohen Berg zu steigen, das wäre ein Traum. Obwohl ich ja aus einem Alpenland kam, war ich noch nie auf einem wirklich hohen Gipfel gestanden.

„Tolle Berge da rundherum", schwärmte ich Alex auf dem Weg ins Schwimmbad vor. „Wie gern würde ich da mal hinauf."

„Kein Problem", ließ er mich wissen. „Da gibt es vom Internat aus jedes Wochenende eine geführte Tour." Und ganz beiläufig erwähnte er: „Ich war voriges Wochenende schon oben."

Ganz offensichtlich genoss er meine Verblüffung, als ich mich erstaunt erkundigte, ob denn der Aufstieg nicht zu gefährlich sei.

„Halb so wild", schwächte er ab. „Von der Rückseite her ist der Berg viel flacher."

Ja, da hatte ich es wieder. In allem war Alex früher dran als ich. Mit den Mädchen sowieso, dazu aber konnte er auch besser schwimmen, Schach spielen, Ski fahren, und jetzt war er mit sechzehn auch schon auf einem 3000er.

Klar wollte ich da auch hinauf und hoffnungsfroh stellte ich Alex die Frage, ob er denn nächstes Wochenende die Tour dann mit mir noch einmal machen würde.

„Nein", erwiderte Alex. „Ich war ja schon oben."

Dann teilte er mir seinen Plan für das nächste Wochenende mit: Ausflug an den Genfer See mit Rosita. Bruno Zoller, 19 Jahre, Deutschschweizer und mit eigenem Auto, würde sie beide mitnehmen.

„Na dann", dachte ich, „dann bin ich natürlich völlig uninteressant und werde mich wohl selbst um mein Wochenendprogramm kümmern müssen."

Alex blieb meine Enttäuschung wohl nicht verborgen, denn gleich hatte er einen Ratschlag parat: „Musst dir halt auch einen Hasen suchen, gibt eh so viele da! Sonntagnachmittag ist immer Tanz, drüben im Mädcheninternat, da schnappst du dir halt auch eine."

Erste Partys

Na ja! Meine diesbezüglichen, vor dem Champéry-Abenteuer gesammelten Erfahrungen und Fertigkeiten hielten sich doch sehr in Grenzen. Was ich bisher so erlebt hatte, bewegte sich im Rahmen der Anstandslehre sogenannter gutbürgerlichen Familien. Die raren Höhepunkte pubertärer Schwärmerei waren die großspurig als Party bezeichneten Treffen mit etwa gleichaltrigen Schülerinnen eines Wiener Mädchengymnasiums, zu denen ich hin und wieder schon mal eingeladen war. Und dies auch nur deshalb, weil ein im gleichen Haus wohnendes Mädchen sich an mich erinnerte, wenn es galt, Geburtstagsfeiern oder Faschingsfeste ihrer Freundinnen mit ein paar halbwegs männlichen Figuren zu dekorieren.

Diese mir bis dato bekannten Partys begannen üblicherweise am späten Nachmittag und endeten am frühen Abend. Wegen der damals meist noch recht beengten Wohnverhältnisse wurden diese Partys nur von „höheren Töchtern" veranstaltet, die aus wohlhabenderen Familien stammten, über größere Räumlichkeiten und vielleicht sogar über den Luxus eines Stereo-Plattenspielers verfügten. Meist waren die Eltern während der gesamten Dauer der Party in der Wohnung anwesend, intervenierten bei zu großem Lärm oder bei verdächtiger Stille und versorgten die jugendlichen Gäste mit Orangenjuice.

Wer Wert darauf legte, ein zweites Mal eingeladen zu werden, hatte selbstverständlich der Mutter und der Tochter des Hauses eine kleine Aufmerksamkeit zu überreichen. Artiges Auftreten und einwandfreies Deutsch waren weitere Voraussetzungen. Die jungen Damen zeigten sich mit toupierten Haaren auf der Höhe der Zeit. Weit schwingende Röcke und taillierte Kleider reichten bis knapp übers Knie. Trotz deutlich erkennbarer Probleme beim Laufen wollten viele nicht auf die fragilen Stöckelschuhe verzichten.

Es waren dies die letzten Jahre der Vor-Jeans-Ära, eine Zeit, in der es noch keine eigene Jugendmode gab. Die Töchter unterschieden sich in der Kleidung nur wenig von den Müttern und abgesehen von den Lederhosen traf dies meist auch auf Söhne und Väter zu. Wichtig war vor allem die Haltbarkeit. Daher setzte man noch vielfach auf solide Handarbeit. Pullover, Röcke, Schals, Kappen und Handschuhe wurden vorzugsweise selbst gestrickt. Der modische Wettstreit mit Gleichaltrigen hielt sich somit in Grenzen.

Kofferradio und Kofferplattenspieler, 1960

Umso größere Beachtung bei der Jungdamenwelt fanden aber die smarten Typen, die sich durch Kleidung und Auftreten zumindest ein wenig von den anderen abhoben. Sie standen bei den ersten Partys, wie sie mir aus den frühen 60er-Jahren in Erinnerung sind, eindeutig im Blickpunkt.

Die modische Langhaarfrisur, der lässige, etwas halsfern getragene Rollkragenpullover und die ausgebeulte Schnürlsamthose vermittelten entspannte Selbstsicherheit. Ihre männliche Ausstrahlung unterstrich mitunter ein Totenkopf-Ring aus dem Kaugummi-Automaten, die hörbar mit Metallabsatz versehenen spitzen Schuhe oder die provokant hinter dem Ohr getragene Zigarette, natürlich der Marke „Smart".

Sie verkehrten in den angesagten Eis-Salons, waren gern gesehene Gäste bei heißen Geburtstagsjausen und kannten somit die hübschesten Töchter des ganzen Bezirks. Der Neid hätte einen fressen können, wenn sie von der Leichtigkeit berichteten, mit der sie alle schulischen Probleme ohne nennenswerten Zeitaufwand meisterten, Lehrer ebenso wie Eltern austricksten und Entschuldigungen selbst schrieben, um sich schöne Tage zu machen. Natürlich hatten sie längst den neuesten James-Dean-Film gesehen oder die aktuelle Cliff-Richard-LP gehört. Wer solches zu bieten hatte, war Star jeder Party.

Meist blieben die männlichen Gäste jedoch im Hintergrund. Bei den Partygesprächen übernahmen die als Schulkolleginnen gut miteinander befreundeten und wesentlich reiferen Mädchen sofort die Themenführerschaft. Mit Mickey-Mouse-Humor oder anderen infantilen Beiträgen fand man keine Beachtung. So begnügten sich unreife Knaben wie ich mit belanglosen Einwürfen oder harmlosen Witzchen.

Verließen die Eltern für einige Zeit die Wohnung, so begab man sich zur „Happy Hour" an die Bar. Dieser entnahm man zumeist das Modegetränk Eierlikör. War das Absinken des Flüssigkeitsspiegels in den Flaschen zu auffällig, wurde einfach Wasser nachgefüllt.

Harte Drinks waren strikt tabu. Wurden skrupellose Knaben dabei erwischt, Wodka in die Fruchtsäfte der Mädchen zu schummeln, führte dies zum sofortigen Rausschmiss. Der übermäßige Konsum von Alkohol war verpönt, an betrunkene Partygäste kann ich mich nicht erinnern.

Wer hauptsächlich wegen des Büffets kam, ging oft leer aus. Die wenigsten der stets hungrigen jungen Herren verfügten über die nötige Schnelligkeit und Dreistigkeit, sich ausreichend mit den meist winzigen Häppchen zu versorgen. Stars der Partybüffets waren die mit Mixed Pickels verfeinerten Käsespießchen, die Fliegenpilzeier und die mit Gervais gefüllten Schinkenröllchen.

Wurde dann getanzt, hielten die jungen Damen bei Shake, Boogie, Rock 'n' Roll oder Twist meist körperliche Distanz. Auf Szenen wie im späteren Kultfilm „Dirty Dancing" wartete man vergebens. Auch der enge Tanz galt vielerorts noch als anstößig, nur wenige Mutige wagten sich in den Clinch. Ich jedenfalls durfte Körperkontakte mit der holden Weiblichkeit vorerst nur aus der Zuschauerrolle erleben. Im Allgemeinen also blieben Mädchen trotz einiger Partybesuche weitgehend unangetastet.

Straßenkinder am Beginn des Medienzeitalters

Das Schöne an diesen Jahren war die viele Zeit, die man gemeinsam mit Gleichaltrigen verbrachte. Waren Schule und Nachhilfestunde einmal vorbei, hatte man eigentlich immer für alles Zeit. So gut wie jeder Vorschlag zu Schwimmbad-, Prater-, Sportplatzbesuch, zu einer Radtour, einer sogenannten Party, einem Kinobesuch oder einfach zu irgendeiner Blödelei wurde sofort angenommen. Die Zeit, die man zu Hause verbrachte, galt eigentlich als verloren. Die räumliche Enge der Wohnungen tat ein Übriges dazu. Das eigene Zimmer blieb für die meisten von uns noch ein unerreichbarer Luxus.

Es waren wohl die letzten Jahre, in denen die Unterhaltungselektronik bei Jugendlichen noch keine Rolle spielte. Den einzigen Schwarz-Weiß-Fernseher in der Familie besaß die Großmutter. Bei den sportlichen Großereignissen des Jahres 1964 wie den Olympischen Winterspielen in Innsbruck und den Sommerspielen in Tokio hatte ich mich bei ihr einquartiert. Das waren aber seltene Ausnahmen. Normalerweise wäre es undenkbar gewesen, die Freizeit vor dem Bildschirm zu verbringen. Dafür hätte das Gebotene auch nicht gereicht. Es gab nur einen Sender und auch den nur wenige Stunden am Tag. Höhepunkt der Fernsehwoche war der Samstagabend, wenn Kuhlenkampf lief, oder Pierre Brice in die Herzen der Mädchen galoppierte. Viele Eltern sahen im aufkommenden Fernsehen eine gefährliche Verlockung, der man mit aller Strenge entgegentreten musste.

Mit noch größerem Argwohn betrachtete man das freizügiger werdende Filmangebot. Es brach die Zeit der sogenannten Aufklärungsfilme an. Diese erhoben so etwas wie einen wissenschaftlichen Anspruch und brachten auf diese Weise von der Zensur ansonsten verbotene erotische Darstellungen in die Kinos. Natürlich waren die dahinterstehenden Ziele weniger aufklärerische als kommerzielle. Die „Sex-sells"-Welle hielt langsam auch in Medien und Werbung Einzug.

Als Kultfilm des Jahres 1964 etablierte sich Ingmar Bergmanns mehrfach ausgezeichneter und heftig diskutierter Film „Das Schweigen", in dem erstmals und für wenige Sekunden körperliche Liebe auf der Leinwand zu sehen war.

Mit den sogenannten Sex-Komödien entstand in den frühen 60er-Jahren ein weiteres neues Filmprodukt. Zwar waren die Zensur-Schrauben noch kaum gelockert worden, mit jeder Menge Doppeldeutigkeiten und Anspielungen suchte man dies aber auszugleichen. Meist ging es, wie der Name schon sagt, nur um Sex. Männer wollten es ohne, Frauen mit Eheschließung. Daraus machten die Produzenten einen Kampf der Geschlechter um Klischees, Lügen und Intrigen. Der männliche Part, meist ein Playboy-Macho mit gleich mehreren Beziehungen, versuchte die wohlerzogene weibliche Hauptdarstellerin mit allen Mitteln ins Bett zu bekommen und schreckte dabei vor keiner Täuschung zurück.

Rock Hudson und Doris Day galten als Paradepaar dieses Genres.

Unbestrittener Kinoheld aber war der James-Bond-Darsteller Sean Connery, der zu dieser Zeit gerade „Dr. No" und „Goldfinger" jagte – der Actionfilm war geboren. Und das mit einem unglaublich hohen technischen Aufwand. Fernab jedes Anspruchs auf realistische Darstellung lockte Bond die Jugend nahezu in Scharen an die Kinokassen und bescherte den Produzenten Rekordeinnahmen. Die moralische Wertung durch die ältere Generation fiel klarerweise vernichtend aus.

Als neues Filmgenre hatte sich auch der Psycho- und Horrorfilm etabliert. Alfred Hitchcock drehte Anfang der 60er-Jahre einige Filme, von denen zwei als Meisterwerke des Thrillers Berühmtheit erlangten: jener um einen schizophrenen Serienmörder mit dem Titel „Psycho" sowie der mit zahlreichen Schockeffekten aufwartende, äußerst wirkungsvoll inszenierte Klassiker „Die Vögel". Für Gruselvergnügen sorgten dann die Dracula- und Vampirfilme, deren Fans ebenso voll auf ihre Kosten kamen.

Erzieherische Bedenken wurden auch gegen die übermäßige Lektüre von Comic-Heften geäußert. Einzig das Radio galt als Medium, das auch Jugendliche uneingeschränkt nutzen durften – die dort gebotene Unterhaltung galt wohl als unbedenklich. Der Österreichische Rundfunk als einziger Anbieter bot zwei Programme ohne eigenen Sendernamen und strahlte vornehmlich Klassik, Schlager-, Volks- und Operettenmusik aus. Der Radio-Höhepunkt der Woche war für jugendliche Hörer die „Hitparade" am Samstagabend. Der älteren Generation erzählte Heinz Conrads dann am Sonntagmorgen, was es Neues gab.

Für viele von uns jedenfalls waren ein Sonntagsausflug, ein Schwimmbad- oder Sportplatzbesuch ohne Kofferradio undenkbar, obwohl die frühen Modelle tatsächlich noch kofferähnliche Ausmaße hatten. Sich trendig und überall hörbar als Anhänger moderner Rock- und Beatmusik präsentieren zu können war für viele Sechziger-Jugendliche ein absolutes Muss. Die damals noch sehr teuren Geräte waren sozusagen Statussymbole und erlangten ähnliche Bedeutung wie Jahrzehnte später die Mobiltelefone.

Verglichen mit den TV- und Computer-Kids von heute waren wir noch richtige Strawanzer. Die Geheimpfade rund um den Vienna-Sportplatz, das als Jugendtreff berühmt-berüchtigte Sieveringer Platzl oder die raue Wildnis des Donau-Überschwemmungsgebietes hatten für uns ausreichend hohen Unterhaltungswert.

Manchmal blieb es auch nur bei einer „Glöckerl-Partie", deren Reiz darin bestand, bei den Bewohnern der umliegenden Häuser sämtliche Klingeln zu betätigen und den spätmöglichsten Zeitpunkt abzuwarten, um dann noch rechtzeitig und in allerletzter Sekunde abzuhauen, ohne erwischt zu werden.

Eine zweite beliebte Form der „Glöckerl-Partie" war ein Geschicklichkeitswettbewerb, der vorzugsweise in Innenhöfen stattfand. Dabei wurde eine auf den Boden platzierte Fahrradklingel von zwei Teams mit dem vorderen Fahrradreifen derart angefahren werde, dass sie klangvoll abwechselnd auf die rechte oder linke Seite kollerte. Das geschah so lange, bis ein Rand des Hofes erreicht war oder bis uns die lärmgeplagten Bewohner des Hauses mit verschiedenen Wurfgegenständen zum Abbruch des Spieles veranlassten.

Freilich machten Mädchen bei Belustigungen dieser Art nur selten mit, für so „infantile" Spielchen hatten sie nur wenig übrig. Vielleicht fürchteten sie aber auch nach dem Grundsatz „mitgegangen, mitgefangen" für die Dummheiten ihrer männlichen Altersgenossen herhalten zu müssen. Überhaupt gab es für Mädchen strengere Ausgangsregeln und weniger Freizeit. Oft mussten sie noch im Haushalt mithelfen oder ihre Handarbeit zu Ende bringen, während sich unsereins schon den Vergnügungen hingab.

Nun wurde dergleichen oberflächliche Zerstreuung in den traditionsreichen Internaten von Champéry natürlich nicht goutiert. Sport hatte auf den dafür vorgesehenen Plätzen mit passender Ausrüstung und Kleidung, Begegnungen mit weiblichen Wesen unter entsprechender Aufsicht und zu vorgegebenen Zeiten zu erfolgen. Bei Belustigungen wie Tanzabenden oder Quizspielen achtete man besonders auf den erzieherischen und sprachfördernden Effekt. Ausgelassene Blödeleien ohne pädagogischen Hintergrund hatten keinen Platz im genau festgelegten Unterhaltungsprogramm.

Erstmals Ferienstimmung

Von Alex hatte ich die ersten drei Tage nur wenig gesehen. Zum einen war er in einer anderen Lerngruppe als ich, zum andern verbrachte er die Freizeit vorzugsweise im Dorf, immer in der Hoffnung, Rosita zu treffen. Am vierten Tag nach meiner Ankunft aber hatte sich seine Erwartung nicht erfüllt und so verbrachten wir den ganzen Nachmittag gemeinsam im Schwimmbad. Beim Fußballspiel, zu dem sich einige Badbesucher zusammenfanden, konnte ich mich als Neuling erstmals bemerkbar machen. Unsere Gegner waren eher kraftlos wirkende Amerikaner, die mit einem Fußball nicht viel anzufangen wussten, aber Spaß machte es allemal, sich einmal so richtig austoben zu können. Besser seien sie im Tennis, ließen uns zwei US-Boys nach Spielende wissen. Den Beweis wollten sie am nächsten Tag liefern und luden Alex und mich zu einem Doppel ein.

„Na, also", dachte ich, „langsam werden das doch noch richtige Ferien."

Der bestandene Vokabeltest hob meine Stimmung. Vor allem auch deshalb, weil Alex vorschlug, den Abend der eintönigen Heim-Kost zu entgehen und die nahe Raclette-Stube aufzusuchen. Er kannte sie natürlich schon und schwärmte von dem so herrlichen Schweizer Käse. Johnny – obwohl kein Käseliebhaber – wollte auch mitkommen. Über Rositas Verbleib war nichts zu erfahren.

Die rustikale Stube verströmte einen sehr eigenen Geruch, ein Gemisch aus Holz, Rauch, Käse und Schnaps. Wie auch immer, wir waren eben 16 Jahre alt und hatten einen Bärenhunger. „Jung, dumm und gefräßig", wie meine Mutter diesen Dauerzustand zu bezeichnen pflegte.

Wir wurden von einer schlanken, blondgelockten Kellnerin empfangen, die uns vermutlich wegen unseres Alters zunächst kritisch musterte. Dann wies sie uns Plätze direkt neben dem offenen Feuerplatz zu. Ich erkannte sie sofort: meine Sitznachbarin in der Gebirgsbahn. Auch sie erinnerte sich an mich und begrüßte uns daraufhin betont freundlich: „Bienvenue, mes amies."

Ich klärte Alex und Johnny kurz auf, woher wir einander kannten. Anschließend erhielten wir ein „offre exceptionnelle". Für acht Schweizer Franken Raclette-Käse, so viel wir wollen, dazu Baguette, ungeschälte Kartoffeln und saures Gemüse.

Die so ausgesprochen sympathische Kellnerin teilte für uns einen riesigen Käselaib und hielt ihn mit einer Metallzange über das offene Feuer, bis er leicht angeschmolzen war. Sobald die Käseoberfläche goldbraun verfärbt und die Rinde knusprig war, schabte sie die zähe Masse mit einem Holzmesser langsam auf die Teller. Das charmante „Bon appétit" wurde von einem sanften, engelhaften Lächeln begleitet.

Dabei schien es, als würde sie gerade mir besonders viel Aufmerksamkeit schenken. Ich schätzte sie auf gut Mitte zwanzig und überlegte, was sie wohl mit einem 16-Jährigen anfangen sollte. „Undenkbar ...", sinnierte ich weiter, während ich sie eingehend beobachtete:

„... eigentlich ist sie eher ein mütterlicher Typ, der bestimmt Freude daran hat, die Mäuler hungriger Knaben zu stopfen."

Irgendwie verwirrte mich diese Frau. Ich wusste aber nicht recht, warum.

Ansonsten verlief der Abend, wie zu erwarten war: Johnny wurde bereits schlecht, bevor er überhaupt nur einen Bissen Käse zu sich nahm. Er konnte den intensiven Käsegeruch einfach nicht vertragen und ergriff schon nach wenigen Minuten die Flucht. Alex und ich verschlangen etwa zehn Portionen des überaus fetten Schmelzkäses der bekannten Marke Gruyère. Als auch ich anschließend über leichte Übelkeit klagte, orderte Alex im Stil des erfahrenen Gourmets noch zwei doppelte Pastis.

Der reichliche Konsum an Schnaps hatte die Rechnung letztlich stark anwachsen lassen, sodass ich bei meinem blonden Engel das gesamtes Wochenbudget von 20 Franken loswurde. Auf weitere kulinarische Abenteuer musste ich also den Rest der Woche verzichten. Ich hatte wieder mit der Internatsverpflegung vorliebzunehmen.

Die Leiden eines Verwöhnten

Das Mittagessen in der „École nouvelle" war nicht mehr als ein Akt der Selbsterhaltung.

Das Ambiente im schmucklosen Speisesaal mit seinen langen Holztischen und unbequemen Bänken lockte nicht zu einem längeren Verweilen. Auch die ständige Präsenz der Lehrer, die über den ordnungsgemäßen Ablauf der Mahlzeiten wachten, war nicht gerade entspannend. Die Tisch- und Tafelkultur beschränkte sich auf napfartige Teller, klobiges Metallbesteck und je einen Trinkbecher.

Nach dem obligaten Tischgebet wurden die Gerichte von den zum Küchendienst abkommandierten Schulkameraden in großen Kesseln serviert. Deren Inhalt wurde dann mit riesigen Schöpfern in die hingehaltenen Teller gefüllt. Die auf dem Speiseplan aufscheinenden Bezeichnungen für das Gebotene waren dabei ziemlich hochtrabend. Fand sich zum Beispiel klein geschnittenes Fleisch auf dem Teller, galt das bereits als „Boef Stroganoff", die Gemüsebeilage wurde zum „Ratatouille" erhoben, die Bratkartoffeln zum „Gratin dauphinois". Die vorgeschriebene Konversationssprache am Mittagstisch war natürlich Französisch, weshalb die Nahrungsaufnahme dann auch meist wortlos erfolgte.

Für den verwöhnten Jüngling war dies eine harte Schule, die so einige Kilos kostete. Speziell Eintopfgerichte zählten nicht zu meinen Favoriten, zumal ich immer genau sehen wollte, was ich esse. In meiner Kindheit und frühen Jugend begnügte ich mich mit ein paar Grundnahrungsmitteln, die kulinarische Neugier hielt sich in Grenzen. Erst später, als ich selbst für mein Überleben zu sorgen hatte, wurde ich zum Fast-alles-Fresser.

Noch entbehrungsreicher gestaltete sich das Frühstück. Eine gezuckerte, mit Malz bräunlich gefärbte Milchbrühe wurde als Kaffe angeboten. Alex, schon damals begeisterter Chemiker, vermutete nach eingehender Analyse der Brühe die Libido senkende Zugabe von Brom. Er behielt die Vermutung nicht für sich, und so verzichteten immer mehr Kollegen auf den Morgentrunk. Auch die naturbelassene Alternative, nämlich frische Schweizer Alpenmilch, lockte nicht wirklich, und so blieb es meist bei klarem Quellwasser und zwei Croissants. Meist versöhnte aber das Abendbrot, zu dem es häufig Schweizer Käse und Walliser Trockenfleisch gab. Zwar selten serviert, jedoch absoluter Höhepunkt war das Schweizer Nationalgericht: die Kalbsbratwurst mit Rösti und Zwiebelsauce.

Die Internatsleitung haushaltete sehr kostenbewusst und festigte den Ruf der Schweizer als sparsame Ökonomen. Selbst die Hausreinigung wurde, mit Ausnahme der Gemeinschaftsräume, den Heiminsassen übertragen. So konnte ich meine bisher kaum vorhandenen Fertigkeiten im Umgang mit Besen, Schaufel und Wischmopp wesentlich erweitern. Auch in die Kunst des Bettenmachens wurde ich eingewiesen, lernte das faltenfreie Leintuchspannen ebenso wie die Techniken beim Wechseln der Deckenüberzüge.

Nach einer Woche wurden alle Neuankömmlinge angehalten, nach Hause zu schreiben. In meinem Brief war von den bisherigen Erlebnissen natürlich keine Rede. Ich meldete nur – natürlich in Französisch – meine glückliche Ankunft und die gute Aufnahme. Das umfangreiche Schulprogramm und das strenge Internatsleben, das kaum Freizeit ließ, durften natürlich auch nicht fehlen. Schließlich war Champéry als hartes Lerntraining für mich gedacht, und nicht als ein Ort, an dem man unbeschwert Ferien verbringen konnte. Genau das Richtige eben für faule und nachlässige Schüler. Kritik an der kargen Verpflegung, den übertriebenen Kontrollen und dem eintönigen Unterricht unterließ ich aber, denn der Brief musste der Internatsleitung zum Versand übergeben werden, da konnte man ja nie wissen … Was mich aber wirklich bewegte, blieb unerwähnt. Das wollte ich den Meinen lieber telefonisch mitteilen.

Im Reinen

Da pubertierende Jugendliche bekanntlich dazu neigen, die Körperpflege zu vernachlässigen, war für die Internatsleitung das Thema Sauberkeit von größter Bedeutung.

Der Aufenthalt in Champéry mit den vielen neuen und beeindruckenden Erlebnissen war ja für die meisten von uns eine aufregende Zeit, was natürlich eine vermehrte Transpiration zur Folge hatte. Dies machte sich vor allem in den Gemeinschaftsräumen mitunter unangenehm bemerkbar. Nicht selten kam es daher auch vor, dass beim Morgen-Appell Geruchsauffällige zur sofortigen Körperreinigung samt Wäschewechsel abkommandiert wurden. Mit auf den Weg gab es dann auch detaillierte Anweisungen, was zum Beispiel Nagel- oder Haarpflege betraf.

Besonders schwer hatten es jene, die altersgemäß mit Gesichtspickel behaftet waren. Diese von vornherein als Hygienemangel zu diagnostizieren war zwar ungerecht, kam aber bei weniger feinfühligen Aufsehern und Mitschülern durchaus vor.

Ein eigenes Kapitel stellte der Bartwuchs dar. Wer immer noch über einen eher hellen Flaum verfügte, kam meist ungeschoren davon. Sobald aber, wie bei mir, schon dunkle

Stoppeln sichtbar waren, erwarteten die Hygienewächter die umgehende Entfernung derselben.

Die damals noch recht teure und wenig verbreitete Technik der Trockenrasur war mir noch nicht zugänglich, und so begann für mich in Champéry der lebenslange, mit scharfer Klinge geführte Kampf gegen die Gesichtsbehaarung. Dieser ging in der ersten Zeit dann auch meist zu meinen Ungunsten aus. Die sichtbar davongetragenen Verletzungen lösten je nach eigener Erfahrung meiner Altersgenossen Mitgefühl oder Heiterkeit aus.

Anders natürlich bei den Mädchen. Da konnte man gleich doppelt punkten. Glatt rasiert, verrieten die schlecht verheilten Gesichtsnarben den mutigen Kämpfer, der vor keinem Duell zurückschreckt. Ließ man hingegen dem Bartwuchs seinen zögerlichen Lauf, gewann man zusätzlich noch an maskuliner Ausstrahlung. Zumindest in der unteren Gesichtshälfte.

Für hartgesottene Sauberkeitsmuffel konnte es auch durchaus unangenehm werden. Dann nämlich, wenn vom Hygiene-Beauftragten eine Zwangswaschung angeordnet wurde. Diese galt als Höchststrafe und hatte unter Aufsicht zu erfolgen. Da sich dieser Peinlichkeit nur ganz wenige aussetzen wollten, besserte sich das Reinlichkeitsempfinden der Heiminsassen schon nach kurzer Zeit.

Was der jugendlichen Belegschaft nicht überlassen wurde, war die Wäschereinigung, und das aus gutem Grund: In der technisch fortschrittlichen und vergleichsweise wohlhabenden Schweiz gehörten Waschvollautomaten vielfach schon zum Haushaltsstandard. Einige davon standen auch in der „École nouvelle" bereit. Den meisten von uns aber waren solche Geräte noch unbekannt, zumal für viele Familien auch noch unerschwinglich. Die kostbaren Maschinen durften daher nur von einer ausgebildeten Waschexpertin bedient werden. Diese nahm mit erstaunlicher Gelassenheit allwöchentlich die mittels Stift gekennzeichneten Schmutzwäscheberge des gesamten Buben-Internats entgegen und stellte die Wäsche gesäubert und gebügelt zurück. Der einzig echte Luxus, der uns zu Teil wurde.

Die neue Musik

Abends war ans Einschlafen oft lange nicht zu denken. Die Hardrock-Gang brauchte immer wieder mal ihren Gute-Nacht-Trunk. Ich hätte nur gern gewusst, woher die den vielen Schnaps bezogen.

Der angrenzende Gemeinschaftsraum war fest in britischer Hand, die Rolling Stones röhrten vom Plattenteller: „Up the Stones, Up the Stones!" Dazwischen hörte ich die rhythmischen Laute meines Zimmerkollegen Howard, der offenbar vorhatte, die Nacht nebenan mit seinen Freunden zu verbringen.

Howard und Johnny waren übrigens Intimfeinde. Johnny wurde als softer Beatle-Fan belächelt und hatte gegen die englische Hard-Rock-Bande nichts zu melden.

Die Rivalität zwischen den Fans beider Bands war so alt wie die Bands selbst und spiegelte Spannungen und Konflikte wider, die weit über die Musik hinausgingen. Die Stones waren für die einen die „böse Buben", für die anderen stellten sie die viel bewunderten „Revoluzzer" dar, die frech und betont ungepflegt auftraten – der personifizierte Widerstand gegen herrschende gesellschaftliche und moralische Schranken.

Die „Beatles" galten für ihre Gegner als angepasst. Sie waren die braven, sauberen Buben, immer nett und adrett gekleidet. In ihrem Publikum fanden sich weniger hartgesot-

tene Rocker als vielmehr kreischende
Teenies.

So standen sich die Fan-Gruppen
auch kompromisslos gegenüber. Wer
als Beatle-Fan beim Kauf einer Stones-
Platte erwischt wurde, oder umgekehrt,
galt als Verräter und wurde geächtet.
Gut gegen Böse, Soft gegen Hard, kon-
ventionell gegen progressiv, blieben
unversöhnliche Gegensätze. Den Bands
selbst wurde allerdings schon damals
nachgesagt, ein konfliktfreies, ja nahezu
freundschaftliches Verhältnis zueinander gehabt zu haben.

*Durchbruch in Deutschland und
Österreich: Die Beatles auf der
Titelseite der Jugendzeitschrift
BRAVO im Mai 1964.*

Wie auch immer, Johnny blieb bevorzugte Zielscheibe für
Attacken der Stones-Fans. So schnappte sich Howard eines
Abends im Gemeinschaftsraum Johnnys Gitarre und stülpte
sich einen vom Besenstil abgeschraubten Mopp über. Er sah
damit wirklich aus wie ein Pilzkopf. Dann parodierte er John-
ny zum Gaudium aller anderen. Mit dünner, mädchenhafter
Stimme und lieblichem Lächeln trällerte er „A Hard Day's
Night", was wirklich sehr komisch klang. Seither war Eiszeit
zwischen den beiden, was natürlich auch mein Verhältnis zu
Howard trübte.

Der Spott der englischen Gang hielt Johnny aber nicht davon ab, fast jeden Abend im Gemeinschaftsraum oder auf der
großen Terrasse Gitarre zu spielen und zu singen. Seine recht
hohe Stimme war weithin vernehmbar und schnell fanden
sich immer wieder einige Gleichgesinnte. Alle Sprachbarrie-
ren fielen hier weg, waren doch die Texte der großen Beatles-
Hits bereits rund um die Welt gegangen. Auch wenn Johnny

natürlich nicht annähernd an seine großen Vorbilder heran-
kam, der Faszination der Beatles-Musik konnte sich auch
ein Klassik-Liebhaber wie ich nicht ganz entziehen. Dass die
Beatles Musikgeschichte schreiben und selbst zu Klassikern
werden sollten, konnte sich damals wohl noch keiner vorstellen. Eine erste Ahnung davon vermittelte aber ein Song,
den ich erstmals in Champéry hörte: „Roll Over Beethoven".
Hier schien es, als würde die kleine Fan-Gemeinde rund um
Johnny tatsächlich einen musikalischen Generationswechsel
einklatschen.

Die Anfang der 60er-Jahre aufgetauchte Rockmusik wurde in der konservativ geführten „École nouvelle" größtenteils abgelehnt. Sie traf bei manchen Schülern und bei den
meisten Lehrern noch auf Unverständnis und Missbilligung.
Bezeichnungen wie „terrible" und „scandaleuse" waren nicht
selten zu hören. Die Rockmusik war eben lauter, härter und
ungezogener als alles bisher Dagewesene. Sie traf vor allem
bei älteren Menschen auf Ablehnung. Für die meisten von
ihnen galten Rockmusiker als verwahrloste junge Menschen,
die meist unter Drogeneinfluss spielten und in irgendwelchen
Kommunen die freie Liebe praktizierten.

Tatsächlich führten auch zahlreiche Rock-Größen der
Zeit ihr Leben ohne Rücksicht auf gesundheitliche Folgen.
Intensive Musik schien nur an der Schwelle des Todes, im-
mer wieder aufgeputscht durch gefährliche Drogen, möglich.
Auch die Fans wurden nicht selten animiert, es ihren Idolen
gleichzutun.

Das düstere Bonmot: „Wer sich an die 60er-Jahre erinnern
kann, hat sie nicht erlebt", scheint aber dennoch weit über-
zogen. Für meinen Klassenjahrgang, und das kann ich mit
Sicherheit sagen, waren Drogen noch überhaupt kein Thema.

Ganz anders verlief das Musikgeschehen in den vorange-gangenen Jahren der Nachkriegsära: Die „brave", nicht wohl-standsverwöhnte Jugend war noch recht anspruchslos, auch was die musikalische Unterhaltung betraf. Das fand seine Entsprechung in der Schlagermusik. Die Stars der Zeit träum-ten im Mondschein und mit der Gitarre in der Hand unter fremden Sternen von der Heimat. Sie bedienten die romanti-schen Sehnsüchte nach Reisen in ferne Länder, nach Liebe, Treue und trauter Zweisamkeit. Beispielsweise beherrschte Freddy Quinn mit „Junge, komm bald wieder" jahrelang die Hitparaden und wurde zum ersten deutschsprachigen Schall-plattenmillionär. Unter den französischsprachigen Schlager-stars, wie sie auch in Champéry gerne gehört wurden, blieb Adamo in Erinnerung, der mit schmachtender Stimme Mäd-chenherzen wie auch den Schnee am Kilimandscharo zum Schmelzen brachte.

Die nachkommenden Jahrgänge begegneten der Herz-Schmerz-Musik aber zunehmend mit Ablehnung oder Spott. Der neue, moderne, harte 4/4-Rhythmus der E-Gitarren er-oberte die Radios und Musikboxen. Der Gesang wurde mehr-stimmig, die englische Sprache beherrschte fast ausnahmslos die eher schlichten Texte.

Mahner und Idole

Dazu etablierte sich Anfang der 60er-Jahre – ausgehend von den Vereinigten Staaten – eine ganz neue Musikrich-tung: der Protestsong. Dieser hatte sich aus der Folkmusik entwickelt. Ganz im Gegensatz zu Beat und Rock stand hier die politische Botschaft im Vordergrund. Die Lieder über-zeugten von ihren Inhalten, waren bedacht vorgetragen und einprägsam. Die instrumentale Begleitung erfolgte meist nur

Das Musik-Traumpaar der 60er Jahre: Joan Baez und Bob Dylan.

durch Gitarre oder Mundharmonika. Als Leitfiguren wurden Bob Dylan und Joan Baez international bekannt. Die beiden traten 1963 beim „Civil Rights-Marsch" auf Washington für die Bürgerrechtsbewegung ein und engagierten sich politisch wie musikalisch besonders gegen den Vietnamkrieg.

Mit „Blowin' in the Wind" schuf Bob Dylan seinen bekanntesten Song, der als Hymne der Folk-Rock-Bewegung galt. Auch Joan Baez sang jenes berühmte Lied, das als Aufruf gegen Krieg und Unterdrückung in die ganze Welt getragen und von zahlreichen anderen Interpreten aufgegriffen wurde.

Und wer waren die anderen Idole der 60er-Jahre, abseits der Showbühnen? Diese Frage ist schwer zu beantworten, es gab wohl nicht all zu viele. Die Botschaften der großen Kämpfer für Menschlichkeit, Frieden und Bürgerrechte wie Albert Schweizer oder Martin Luther King beeindruckten zwar das Nobelpreiskomitee und die Elterngeneration, bei der Jugend aber waren sie noch nicht wirklich angekommen.

Wenig Ausstrahlung ging von den Politikern der Zeit aus. Betagte, erzkonservative Kanzler wie Konrad Adenauer in Deutschland oder Alfons Gorbach in Österreich waren kaum Leitbilder und an Jugendthemen auch nur wenig interessiert. Das einzig große politische Idol, das auch die heimische Jugend begeistern konnte, blieb noch lange nach seiner Ermordung im Jahr 1963 John F. Kennedy. Seine Popularität ging weit über jene der großen Rockstars hinaus.

Sportbegeisterte schwärmten von Pele und den anderen brasilianischen Weltmeistern. Das 10er-Leiberl des ebenso großen wie sympathischen Fußballkünstlers wurde in den 60er-Jahren als Kultgegenstand gehandelt.

Mein besonderes Interesse aber galt den großen Entdeckern und Abenteurern der Zeit, deren Leben mich immer schon fasziniert hatte. Die Bücher des Kärntner Abenteurers und Entdeckers Heinrich Harrer, des norwegischen Forschers Thor Heyerdahl oder des mir persönlich bekannten Wiener Reisejournalisten und Bergsteigers Herbert Tichy zählten zu den wenigen, die ich wirklich mit Begeisterung las.

Teenager und Aussteiger

Mit dem Aufkommen der neuen Musik in den 60er-Jahren bekam auch der Begriff des „Teenagers" eine neue Bedeutung. Die sogenannten „Backfische" wurden altbacken, viele Jugendliche suchten neue Vorbilder, die nicht mehr der Konsum- und Leistungsgesellschaft entsprachen. Beatjünger und Rockfans erhielten immer mehr Zulauf. Gammler und Hippies beeindruckten mit ihrem alternativen Lebensstil.

Diese Entwicklung hat wohl auch auf mich etwas abgefärbt, und so versuchte ich wiederholt, dem schulischen Leistungsdruck zu entgehen. Besonders freute ich mich immer über einen Schularbeits-„Vierer", der ohne nennenswerten Lernaufwand zustande kam, weil man zum Beispiel den zu übersetzenden Lateintext schon vorher aufgespürt hatte oder im Zuge der Aktion „Nachbar in Not" die entscheidende Hilfe beim Wurzelziehen bekam.

Die auf diese Art und Weise gewonnene Zeit im Aussteigermilieu auf den Stufen des Theseustempels im Volksgarten zu verbringen hatte schon einen ganz besonderen Reiz. Auch den einschläfernden Vortrag des betagten Geschichtsprofessors über den Zweiten Punischen Krieg sinnvoll für die Erledigung der Hausaufgaben zu nutzen, verhalf mitunter zu einem entspannten Nachmittag mit Gleichgesinnten an den Gestaden der Alten Donau.

Als wenig ruhmreich galten in solchen Kreisen jene „Angestreberten", die zur Erreichung von Vorzugszeugnissen der Aussteigerszene fernblieben und total leistungsorientiert die Nachmittage dem schulischen Fortkommen widmeten. Gute Noten, für die unverhältnismäßig viel Freizeit geopfert wurde, fanden nie jene Anerkennung wie das äußerst knappe „Genügend" mit äußerst knappem Lernaufwand.

Die völlige Abkehr von der schulischen Leistungsgesellschaft gelang freilich nicht. Eine drohende Beeinträchtigung der Sommerferien zu verhindern hatte dann doch meist Priorität vor kurzfristigen Ausstiegsversuchen. Im Fall meines Französisch-Vierers sah ich die Sache zwiespältig. Einerseits gelang es gerade noch, eine Nachprüfung abzuwehren, andererseits hatte ich mich auf das Wagnis eines Sommersprachkurses eingelassen, von dem ich noch nicht genau wusste, was er mir an kostbarer Ferienzeit rauben würde.

Der Love-Letter

Der 1. August ist ein besonderer Tag in der Schweiz. Der eidgenössische Nationalfeiertag wird landesweit mit Trachtenumzügen, Alphornblasen und sportlichen Wettkämpfen begangen.

Auch in Champéry war die gesamte Dorfbevölkerung auf den Beinen. Die Fähnchen mit dem Schweizerkreuz in der einen, die Kuhglocken in der anderen Hand zogen Kinder wie Erwachsene durch die Dorfstraße, bevor man sich zur großen Feier auf dem Kirchplatz versammelte. Eine zünftige Blasmusikkapelle sowie eine Volkstanzgruppe hatten sich angesagt.

Diesem Ereignis beizuwohnen wurde uns Internatsschülern dringend anempfohlen. So machten sich auch Johnny und ich auf den Weg. Alex zog es vor, sich seiner mexikanischen Freundin zu widmen, was wir neiderfüllt zur Kenntnis nehmen mussten.

Als wir am Dorfplatz ankamen, drückte uns ein Ordner einen Programmzettel in die Hand. Wir erhielten die Jugendplätze zugewiesen und waren angenehm überrascht, uns inmitten einer größeren Mädchengruppe zu finden. Diese kam – was auch unschwer zu erraten war – aus dem Nachbarinternat.

Natürlich galt unser Interesse nicht der Rede des Bürgermeisters oder der Tanzgruppe, unsere Aufmerksamkeit galt einzig und allein der vor uns gruppierten Weiblichkeit.

Champéry, Bundesfeier am 1. August

Leider setzte, wie so oft an den Nachmittagen, Gewitterregen ein, sodass wir fast nur Anoraks und Schirme zu sehen bekamen. Was wir aber noch mehr bedauerten, war: Die Mädchen wurden von zwei stattlichen Aufseherinnen begleitet, die ständig ihre prüfenden Blicke kreisen ließen.

„Die zwei hier schräg vor uns …", raunte Johnny mir ins Ohr und tippte mir in die Seite, „… gar nicht so unhübsch, wie die aussehen. Was meinst du?"

Neugierig wandte ich den Blick in Richtung der Mädchen. Die Kleinere von den beiden, mit einer eher zierlichen Figur, ließ uns kurz in ein fröhliches Gesicht mit Sommersprossen blicken. Die andere, groß gewachsen und schon recht fraulich wirkend, verbarg nicht nur ihr Haar, sondern auch ihre Augen unter einer großen Kapuze. Die zwei wirkten sehr vertraut miteinander. Offenbar machten sie sich gerade über einen strammen, rotgesichtigen Alphornbläser lustig. „So wie der sich anstrengt", hörten wir die Kleinere kichern, „da hat man ja Angst, dass der Ton auf der falschen Seite rauskommt."

„Jetzt sei mal nicht so albern!", bemühte sich die Größere vergeblich, ernst zu bleiben, und zog sich von heftigem Lachen geschüttelt die Kapuze dann auch gleich vor das ganze Gesicht.

„Die sprechen ja Deutsch", stellte ich hoffnungsfroh fest. Johnny nickte.

„Aber wie, Johnny? Wie sollen wir sie anquatschen? Mit solch einer Oberaufsicht dürfte nicht zu spaßen sein."

„Aber …", entgegnete Johnny.

„Und die Musik ist auch zu laut, die können uns ja gar nicht hören", unterbrach ich Johnny, um meine aufkommende Mutlosigkeit zu entschuldigen. „Aber probieren sollten wir es doch … Warten wir noch eine Weile", meinte Johnny und rückte ein paar Schritte auf, bis wir genau hinter den beiden standen.

Kurz überlegte ich, die mitgeführte Kuhglocke zur Kontaktaufnahme einzusetzen. Nach dem Reinfall auf der Dorfstraße kam ich aber schnell wieder davon ab.

Die Musik machte Pause, der Regen auch. Die beiden Mädchen klappten ihre Kapuzen zurück. Rote und dunkelbraune Haare wurden sichtbar. In diesem Augenblick kam mir eine Idee. Das wäre doch die Gelegenheit, eine Nachricht zu hinterlassen. Die Kapuze als „Briefkasten" für eine Liebesbotschaft. Na, wenn das nicht romantisch ist! ... Und außerdem: Im Schreiben bin ich sowieso besser als im Anquatschen.

„Hast du was zum Schreiben dabei? ... So für einen kleinen Love-Letter?", fragte ich Johnny und deutete auf die Kapuzen vor uns. Er verstand sofort, nickte zustimmend und fingerte einen ungespitzten Bleistift-Stummel aus seinem Anorak.

„Aber schreiben musst du, mir fällt nichts ein", meinte Johnny und gab mir den Stift.

Der Programmzettel war glücklicherweise nur einseitig bedruckt und ließ auf der Rückseite genug Platz für die Nachricht, die ich auf Johnnys Rücken verfasste:

„Wir sind zwei nette Jungs aus Wien und würden Euch gerne kennenlernen. Erwarten Euch Freitagabend um acht an der Scheune hinter dem Sportplatz."

Na, wenn das nicht lockt! Hoffentlich können sie die Kritzelei auch lesen. Soll ich vielleicht noch ein Herz dazumalen? Nein, das hätte sicher kein Niveau. Ein schneller Blick noch auf die Aufpasserinnen. Sie schienen gerade in ein Gespräch vertieft zu sein. Dann versenkte ich das Schriftstück dreimal gefaltet in der Kapuze vor mir, die zu der Größeren gehörte. Johnny und ich grinsten uns an, als wäre uns eben ein ganz toller Streich gelungen.

Zum Abschluss intonierte die Blasmusik den River Kwai-Marsch, der uns zum lauten Pfeifen und die Mädchen vor uns zum Swingen animierte. Dabei begegneten sich erstmals unsere Blicke. Ein verschmitztes Lächeln huschte über das Gesicht der Rothaarigen, die näher bei Johnny stand. Die Dunkle musterte mich nur prüfend, vielleicht auch ein wenig neugierig. Ich brachte keinen Ton heraus, dafür aber schoss mir das Blut ins Gesicht. Johnny hingegen blieb gelassen und ließ sich sogar zu einem „Na, ihr zwei ..." hinreißen. Kaum aber dass die Musik verklungen war, mahnten die Aufseherinnen zum Aufbruch und unterbanden somit jeden weiteren Kontakt.

„Na, hoffentlich erkennen die beiden uns wieder", meinte ich voller Zweifel auf dem Heimweg zu Johnny.

„Das werden sie ganz bestimmt", versicherte mir Johnny.

„Du wirst schon sehen, das klappt", fügte er verheißungsvoll hinzu und klopfte mir auf die Schulter: „War 'ne super Idee."

Lernfaulheit und Heimweh

Die Französisch-Grammatik am darauf folgenden Vormittag kostet Überwindung. Der Internatsleiter selbst, er kommt aus Genf und lässt sich „Monsieur le directeur" nennen, quält sich mit uns durch „Passé composé" und „Plus-que-parfait". Er ist sehr nervös, streicht sich immer wieder durch sein wirres Haar und verliert leicht die Geduld. Was aber nicht im Geringsten wundert, denn sein angekündigtes Ziel, uns in wenigen Wochen ein passables Französisch beizubringen, scheint noch in weiter Ferne. Auch meine Gedanken sind weit weg, nämlich bei unserem Treffen mit den zwei Mädchen vom Dorfplatz. Ganz will ich es noch nicht glauben, dass daraus etwas werden kann.

Meine verträumte Entrücktheit vom Unterricht sollte leider auch Folgen haben. Der obligate Wochentest brachte ein klar negatives Ergebnis. Na ja! Was soll's, wen wird das schon kümmern. Vielleicht kommt ja eine kleine Ermahnung oder Aufmunterung, aber einen Fleck im Zeugnis gibt's hier ja nicht. Weit gefehlt ...

Noch am gleichen Tag nahm mich Thimothé zur Seite. Thimothé war ein groß gewachsener, kräftig gebauter, dunkelhäutiger Junglehrer, der an einem internationalen Gymnasium in Genf Biologie unterrichtete. In den Sommerferien machte er einen Job als Internatsbetreuer und war in erster Linie für die Sport- und Freizeitgestaltung zuständig. Mit seiner heiteren und verständnisvollen Art war er wohl der beliebteste Lehrer in der „École nouvelle" – nie verlor er die Ruhe, stand für jede Frage bereit. Es schien ihm wichtig, dass alle Schüler sich wohlfühlten. Er setzte nicht so sehr auf Strenge und Disziplin, zeigte sich bei kleineren Regelverstößen meist tolerant und behandelte uns als das, was wir im Grunde noch nicht waren: vernünftige, eigenverantwortliche, lernbereite junge Männer. Auch wenn er mit seiner Strategie nicht bei allen Erfolg hatte, wusste er doch Sympathie und Vertrauen der meisten Schüler zu gewinnen.

Irgendwie war er einer von uns. Einer, der mit uns spielte, scherzte und auch Unsinn machte, dennoch aber voll respektiert wurde. Ein solcher Lehrertyp wäre an unserem Wiener Gymnasium wohl unvorstellbar gewesen – leider konnten wir ihn nicht mitnehmen.

Was Thimothé mir vertraulich mitteilte, war nicht als Drohung, sondern als gut gemeinter Rat zu verstehen: Mein mangelnder Lerneifer und meine ständige Nähe zu meinen deutschsprachigen Freunden sei bereits aufgefallen. Sollte sich das nicht ändern, könnte eine schriftliche Benachrichtigung an die Eltern erfolgen.

Trotz seines freundschaftlichen Tons schien er das durchaus ernst zu meinen. Oder wollte er mir nur einen Schuss vor den Bug geben? Wollte er mich auf diese Weise zu größerem Eifer aufstacheln? Der Minimalismus, den ich als Schüler stets gepflegt hatte, kam hier offenbar gar nicht gut an. Tatsächlich hatte ich ja bisher keine Zeile mehr geschrieben und auch kein Wort mehr Französisch gesprochen, als unbedingt nötig.

„Dazu hättest du nicht herkommen brauchen", rief Thimothé mir mit Nachdruck ins Gedächtnis. „Ein wenig mehr, könntest du dich schon anstrengen, du bist hier nicht nur auf Ferien."

Das saß. Nicht auszudenken, sollten meine Eltern tatsächlich so ein Schreiben bekommen. Und womöglich auch noch die deutschsprachigen Freunde, mit denen ich immer zusammensteckte, namentlich erwähnt werden ...

Na, mehr brauch ich nicht! – dann bin ich bald wieder zu Hause.

Es ist schon sehr spät und aus einem Zimmer dringt immer noch laute Musik. Die beiden diensthabenden Heimaufseher sollten sich eigentlich um die Einhaltung der Nachtruhe kümmern. Entweder sind die taub oder trotz des hohen Lärmpegels bereits eingeschlafen.

Und während ich so daliege, befällt mich plötzlich ein wenig Heimweh. Die ungewohnte Internatsatmosphäre, das Mobbing der englischen Rocker, der übernervöse Direktor und seine arrogante Aufnahme-Madame, der eintönige Unterricht, eigentlich hatte ich mir das alles doch anders vorgestellt. Auf die wirklichen Erlebnisse warte ich noch, da war noch nichts Aufregendes dabei. Wieder vertraute Umgebung, vertraute Menschen, vertraute Sprache ... Eigentlich freue ich mich schon auf zu Hause.

Einfach mit Freunden weggehen, ohne fragen zu müssen, wieder reden, wie man will, wieder essen, was schmeckt, wieder ungestört schlafen.

Schul-Gedanken

Aber da gibt es natürlich noch die Sache mit meinem miesen Französisch. Wie wird unser grantiger Herr Professor im Herbst wieder drauf sein, wird er meine Fortschritte überhaupt bemerken? Meinen Wortschatz habe ich jedenfalls deutlich erweitert, und das nicht nur um Schimpfworte. Meine Aussprache? Fast akzentfrei, würde ich sagen. Ich spreche eigentlich schon fließend Französisch. Gut, man versteht mich nicht immer, vor allem die Einheimischen nicht. Aber die nehmen sich halt auch nicht immer die Zeit, die bei meinem Sprechtempo nötig wäre. In der Grammatik jedenfalls bin ich absolut sattelfest. Und der Stil war ohnehin schon immer meine Stärke, wenn man über die unbedeutenden Schreibfehler einmal hinwegsieht.

Die Schule war nun einmal nie mein bevorzugter Aufenthaltsort. Sie erscheint in der Erinnerung als ein Ort des Zwanges und der wehrlosen Abhängigkeit von unterschiedlich berufenen Lehrern.

In der Ableitung eines Logarithmus, der Oberflächenberechnung eines Ellipsoids oder im Deklamieren altrömischer Verse war für mich nie auch nur der geringste Nutzen zu erkennen, und so reagierte ich auf Anforderungen dieser Art stets mit Ablehnung. Auch die Lektüre germanischer Göttersagen oder mittelhochdeutscher Minnelieder erschöpfte sich in … lähmender Langeweile. Im Gedächtnis blieb so gut wie nichts davon hängen, und wahrscheinlich hatte Albert Einstein recht, wenn er einmal meinte:

„Bildung ist das, was übrig bleibt, wenn man alles, was man in der Schule lernte, vergessen hat."

Aber wirklich geschadet hat mir die Schulbildung dann doch nicht. Schließlich habe ich mir ja danach auch noch die Mühe gemacht, etwas Sinnvolles zu lernen.

Bei der Beurteilung meiner schulischen Leistung fühlte ich mich natürlich immer ungerecht behandelt. Neben

Kenntnissen und Fähigkeiten in den einzelnen Schulfächern, die ja mitunter ausreichend waren, legten die meisten Lehrer besonderen Wert auf Fleiß, Aufmerksamkeit und Ordnung. Damit konnte ich freilich nur selten punkten. Unter den ständigen Fehlleistungen in den schwerwiegenden Disziplinen Mitarbeit und Betragen hatte mein Notenschnitt empfindlich zu leiden. Ein „Sehr gut" in Betragen hätte bei meinesgleichen allerdings auch als blamabel gegolten, sofort wäre man als Weichling verschrien gewesen. Gleiches galt übrigens auch für ein „Gut" in Turnen.

Großen Wert legte man auch auf die Handschrift. Ein fahriges, ungeordnetes Schriftbild, wie auch es in meinen Heften zu finden war, wurde als Charakterschwäche ausgelegt. Um dieser abzuhelfen, musste in den ersten Schuljahren noch ein Schönschreibheft geführt werden, dessen Seiten mittels Feder in Schönschrift zu befüllen waren. Die Handschrift wurde bis zum letzten Schuljahr benotet. Die besondere Aufmerksamkeit galt aber der Rechtschreibung. Sie war nicht nur für die Beurteilung der Diktate ausschlaggebend, auch die Note eines Aufsatzes setzte sich aus Inhalt, Rechtschreibung und Handschrift zusammen. Dadurch wurde mein literarischer Genius viele Jahre hindurch völlig verkannt.

Generell legte man das Gewicht eher aufs reine „Pauken". Hier fiel die Beurteilung ja auch leichter. Das Auswendiglernen von Balladen, des großen Einmaleins, der amerikanischen Bundesstaaten, historischer Jahreszahlen oder grammatikalischer Regeln galten anscheinend als Gedächtnisübungen mit hohem pädagogischem Wert. Als Merkhilfe benutzte man die sogenannten „Eselsbrücken", womit klargestellt war, welcher Tiergattung die hirnlos Auswendiglernenden zuzurechnen waren. Manche dieser geistreichen

Merksätze wie zum Beispiel „333 – bei Issos Keilerei" habe ich jedoch bis heute behalten.

Der Schulalltag begann fast jeden Morgen mit psychosomatisch bedingter Übelkeit. Noch im Bett liegend, ging ich in Gedanken das schulische Tagesprogramm durch und versuchte abzuschätzen, in welchen Fächern und bei welchen Lehrern die größten Gefahren lauerten. Mit der nötigen Eile galt es, Frühstück und Schulweg zu absolvieren, um rechtzeitig Einlass ins Klassenzimmer zu finden.

Dies nicht etwa, weil ich den Unterrichtsbeginn nicht erwarten konnte, sondern um die mehr oder weniger unvollständigen Hausaufgaben von fleißigeren und begabteren Mitschülern zu kopieren. Das war nicht nur der knappen Zeit wegen stressig, sondern musste auch den Blicken der Gangaufsicht verborgen bleiben.

Den Heimweg beherrschten dann taktische Überlegungen. Sollte der Mathe-Fünfer gleich vermeldet werden, was den sicheren Hausarrest nach sich gezogen hätte, oder wäre es vorteilhafter, damit noch zu warten, um den mit Freunden vereinbarten Kinoabend nicht zu gefährden. Natürlich mussten auch die Argumente zu meiner Entlastung vorbereitet werden: totale Überforderung, unfähige Lehrer, ungerechte Benotung oder einfach das Pech mit dem simplen Rechenfehler. So fand ich auch häufig nicht gleich den Weg nach Hause, sondern übte meinen bevorstehenden Auftritt zuvor noch auf einer abgelegenen Parkbank.

Was die Fadesse manchmal milderte, waren die kleineren und größeren, mehr oder weniger dummen Scherze, die man mit den Lehrern trieb. Hier fehlte es nie an Motivation und Kreativität. In Ermangelung des nötigen Humors sahen das aber viele Pädagogen als Untergrabung ihrer Autorität, gegen die sie sich nur mit Strafen zu wehren wussten. Die sofortige „Strafprüfung" mit bereits feststehendem Ergebnis, die Schulhaft samt Strafarbeit am Nachmittag, von manchen Lehrern noch als „Karzer" bezeichnet, oder die strafweise Vorladung in die Direktion nebst Verständigung der Eltern waren damals noch gängige Mittel zur Aufrechterhaltung der Disziplin.

Der Französisch-Professor war, wie bereits erwähnt, zwar immer schlecht gelaunt, strafte aber nicht rigoros, sondern beließ es meist bei lautstarken Beschimpfungen. Von diesen emotionalen Ausbrüchen einmal abgesehen, herrschte im Unterricht ermüdende Eintönigkeit. In vorgeschriebener Folge wurde die literarische Pflichtlektüre absolviert, streng nach Lehrbuch die Grammatik abgearbeitet.

So wunderte es auch nicht, dass es den meisten seiner Schüler an französischer Eloquenz fehlte.

„Er schreibt zwar hin und wieder einen passablen Aufsatz, in der Konversation ist er aber eine Null", musste meine Mutter bei der letzten Vorladung erfahren. Dazu erhielt sie vom Professor noch den Hinweis: „Das sollte dringend mehr geübt werden!" Diese Aufforderung war natürlich nicht an die eigene Adresse gerichtet, sondern an jene der Eltern. Und gerade die Eltern wollte ich nicht enttäuschen. Hatten sie doch einiges in meinen Aufenthalt in Champéry investiert und erwarteten sich ein entsprechendes Ergebnis.

Doch das hat ja alles noch viel Zeit, versuchte ich die Schul-Gedanken wieder wegzuschieben.

Trotzdem würde er unaufhaltsam wieder auf mich zukommen, der furchtbarste Tag des Jahres: der erste Schultag. Warum waren die Ferien immer nur so schrecklich kurz? Bald sollte es wieder losgehen mit Hausaufgaben, Schularbeiten und Strafen. Würde es wieder so lästig und beschwerlich werden wie im Vorjahr? Das hatte ja, wie ich mich erinnerte, gleich mit einer Strafe begonnen. Einer völlig ungerechtfertigten natürlich. Es war doch nur eine versuchte Aktion zur Ferienverlängerung, die der Lehrergewerkschaft alle Ehre gemacht hätte. Was schrieb da ein Unbekannter am ersten Schultag an die Tafel? Das war ja gar nichts Unanständiges:

„Wir fordern mehr Ferien für die Lehrer!"

Unsere Frau Klassenvorstand konnte sich dieser Forderung unverständlicherweise nicht anschließen. Der Schreiber meldete sich nicht und es gab konsequentermaßen die erste Strafarbeit des Jahres. Was würde dieses Mal wohl der Leitspruch zu Schulbeginn sein? Vielleicht:

„Es gibt keine Kreide mehr, unsere Tafel muss sauber bleiben!"

Nein, so weit will ich noch nicht denken. Versuche, die noch verbleibenden Ferien so gut es geht zu genießen, spreche mir selbst Mut zu: „Du wirst sehen, das Beste kommt noch ..."

Platzwahl

Das Klassenzimmer in Champéry erinnerte mich sofort an jenes am Wiener Gymnasium, in dem ich bereits endlos lange Jahre zugebracht habe.

Für die 14 Schüler standen in dem engen Raum vier hintereinander stehende Vierertische bereit. Gegenüber die grüne Tafel mit Kreide und Schwamm. Seitlich davor der als Katheder bezeichnete Lehrertisch. Vor diesem verlief die Frontlinie. Das Überschreiten derselben war dem Lehrer jederzeit, den Schülern nur nach Aufforderung gestattet. Den einzigen

Wandschmuck bildete eine große Uhr, die sich während der Unterrichtsstunden aber kaum zu bewegen schien. Wie nahezu alles in der „École nouvelle" waren auch die Bänke, Vorhänge und Lampen in rustikalem Stil gehalten. Leider befanden sich unter den massiven Tischplatten keine Fächer, in denen man je nach Bedarf Comics, Schummelzettel oder Kaugummis verschwinden lassen konnte.

Nun gut, in Champéry waren ja nur sechs Wochen abzusitzen und nicht ein ganzes Schuljahr.

Dementsprechend spielte auch die Platzwahl nicht die Rolle, wie dies am ersten Unterrichtstag am Wiener Gymnasium immer der Fall war und ich stets die verschiedensten taktischen Überlegungen anzustellen hatte.

Ein Platz in der letzten Reihe bot zwar dahindämmernden Schülern einen gewissen Sichtschutz, ließ aber auch Zweifel an deren Wissbegierde aufkommen. Diesem Verdacht setzte man sich in der ersten Reihe weniger aus, war aber unter ständiger Beobachtung. Es sei denn, man konnte den „toten Winkel" nutzen, wenn der Lehrer stehend seine Blicke in die Klasse schweifen ließ. Sich neben den besten Freund zu setzen war wenig aussichtsreich, freundschaftliche Bande wurden von der Lehrerschaft meist schon im Ansatz getrennt. Den Platz neben dem Klassenbesten einzunehmen ermöglichte zwar aufschlussreiche Einblicke in seine Niederschriften, passte aber nicht zum eigenen Persönlichkeitsbild. Die Nähe eines Spaßmachers zu suchen brachte stimmungsmäßig zwar Vorteile, konnte aber für den Lernerfolg längerfristig ernste Folgen haben. Die richtige Platzwahl war in jedem Fall sehr schwierig. Oft wurde sie mir aber auch von den Lehrern abgenommen, und ich fand mich allein auf einer Zweierbank wieder, wo ich die anderen am wenigsten stören konnte.

Dies war letztlich auch in Champéry der Fall. Da ich meine Klassenkameraden aber ohnehin nicht kannte, sah ich darin keinen Nachteil. Viel wichtiger war mir, dass der Platz am Fenster lag, wodurch ich ungehindert den Schwenk von Tafel und Lehrbuch auf die herrliche Berglandschaft vollziehen konnte. Das war dann doch ein sehr willkommener Unterschied zum Wiener Klassenzimmer. Hob ich dort den Blick nach oben, reichte der Schwenk nur vom Bild des Bundespräsidenten bis zum Abzugsrohr des Blechofens.

Rendezvous im Nebel

Das abendliche Gewitter war abgezogen, die Wiesen im Talgrund dampften aber noch in der feuchtwarmen Luft, als Johnny und ich das Internat verließen. Es war halb acht und wir steuerten die Scheune hinter dem Sportplatz an. Kurz blickten wir einander an und nickten uns zu, um uns gegenseitig der Ernsthaftigkeit unseres Vorhabens zu versichern. Johnny wirkte irgendwie zappelig und war noch blasser als sonst. Auf halbem Weg gestand er mir: „Du, ich glaube, ich muss noch mal. War wohl zu viel Obst heute oder was weiß ich …"

„Okay", sagte ich und schüttelte verwundert den Kopf. „Aber bitte mach schnell, wir wollen doch nicht zu spät kommen."

Natürlich war auch ich nervös, bei Johnny aber hätte ich das nicht gedacht. Gab er sich doch immer als lässiger Typ und war für jeden Unsinn zu haben. Während er ins Internat zurückeilte, wurde ich   plötzlich unsicher. Würde er überhaupt wiederkommen? Allein, das wusste ich, würde ich das nie schaffen – allein mit zwei fremden Mädchen …

Je länger ich so dastand und auf Johnnys Rückkehr wartete, desto unruhiger wurde ich. War der Zettel auch in der

Kapuze geblieben? War er überhaupt lesbar? Wenn ja, haben die beiden die Botschaft auch ernst genommen? Würde es ihnen denn auch gelingen, sich heimlich aus dem Internat zu entfernen?

Weiterhin war es unangenehm dunstig und feucht, über den Wiesen lag mittlerweile eine dünne Nebelschicht. Immer noch bedrängten mich Zweifel.

Wohin überhaupt sollten wir mit den beiden gehen? Einfach in die Scheune einladen? Offen wäre die doch bestimmt und drinnen wäre es trocken und warm. Aber was, was bloß sollten wir mit den beiden machen, wenn sie ja sagen?!

Weiter konnte ich nicht denken. Johnny war wieder aufgetaucht, mit einem Ausdruck der Erleichterung im Gesicht. Ja, er hatte sogar noch Zeit gefunden, seine Gitarre mitzunehmen. „Mit Musik geht alles leichter", vermeldete er mit gespielter Lockerheit.

Es war schon zehn nach acht und es wurde immer nebeliger. Das Mädcheninternat konnten wir kaum noch erkennen. Mein Gott, war das alles aufregend! Das erste Rendezvous … Oder vielleicht doch nicht? Die Scheune war jedenfalls nicht versperrt und gut mit frisch gemähtem Heu gefüllt.

„Hoffentlich bekomme ich keinen Nießanfall, da ist dann die ganze Romantik beim Teufel", denke ich. Johnny zupft nervös an seiner Gitarre und durch die geöffnete Scheunentür huscht eine Katze ins Freie. Immer wieder der Blick auf die Uhr, kein Mensch weit und breit zu sehen.

Dann plötzlich ein entferntes leises Quietschen. Es kommt aus der Richtung des Mädchenheims. So als würde eine selten benutzte Tür geöffnet. Kurze Stille, dann wird die Tür offenbar wieder geschlossen. Kein Zweifel, da kommt jemand. Zwei Gestalten sind erkennbar, die sich langsam und vorsichtig nähern. Das sind doch die beiden – wer sonst sollte es sein? Ihr Gang wirkt etwas schwer, nicht gerade grazil. Wird wohl an der nassen Wiese liegen. Das Herz schlägt mir bis zum Hals.

„Gehen wir ihnen entgegen", wispert Johnny. „Du begrüßt die Dunkle, ich die Rothaarige, okay?"

„Na gut", denke ich, „aber wie?"

Die hohe Hecke, die den Sportplatz umgibt, verdeckt uns noch kurz die Sicht, doch dann stehen sie vor uns.

„Allô mes chéries, les deux jeunes filles pour vous."

Wir sind vor Schreck wie gelähmt. Zwei große, kräftige Frauen stehen vor uns – die so unsympathischen Auseherinnen vom Dorfplatz! Eine von beiden kommt mit ausgebreiteten Armen und wogendem Busen auf mich zu. Ich versuche auszuweichen, doch zu spät. Gut 80 Kilo pralle Weiblichkeit stürzen auf mich ein und umfassen mich.

„C'est une surprise, pas vrai?", stößt sie mit drohendem Lachen hervor.

Von Panik erfasst, versuche ich mich zu befreien.

„Pas d'amour? Nous sommes prêtes!", höhnt die andere Schwergewichtige. Sie hält mittlerweile den angsterstarrten Johnny eng umfasst, drückt dann ihren dicken Kopf an seine Schulter und streicht mit ihren Wurstfingern über seine blonden Locken.

Resigniert lässt Johnny seine Gitarre fallen und steht zunächst regungslos da. Dann versucht er irgendwie mitzuspielen. „Oh là là, c'est chaud", bringt er hervor und erwidert, wenn auch leicht gequält, die Umarmung. Na ja, dass er diese Peinlichkeit „heiß" finden soll, ist ihm wirklich nicht anzusehen. Im Gegenteil, er wirkt dabei so komisch, dass sein Gegenüber bald laut lachend von ihm ablässt. Vom Lachen angesteckt, lockert auch meine schwergewichtige Madame ihre Umarmung. Noch ganz verwirrt von so massiver weiblicher Nähe, schwanke ich zwischen Flucht und Fortsetzung des Spieles.

„Je suis Lucie", stellt sie sich unvermittelt vor und streckt mir die Hand entgegen. Auch ich nenne meinen Namen. Der darauf folgende Händedruck wirkt nicht unbedingt herzlich, trotzdem schon ein wenig versöhnlich.

Das mit dem Rendezvous hier an der Scheune wäre ja eine nette Idee gewesen, erfahre ich.

„Très romantique", nickt Lucie anerkennend.

Aber dann ist auch gleich Schluss mit charmant. Ernste und klare Worte folgen. Für uns zwar nicht ganz so klar, denn sie kommen auf Französisch und dazu noch sehr schnell. Aber so viel verstehen wir dann doch:

„Finger weg von den Mädchen, ihr seid noch viel zu jung!" – „Seid froh, dass nichts daraus wurde! Das hätte sonst schlimm für euch enden können!" – „Versucht so etwas ja nicht wieder!"

Wortlos drehen wir uns um und wollen gehen.

Da klopft mir Lucie auf die Schulter, lächelt und versucht mich mit einem achselzuckenden „C'est la vie!" zu trösten.

Ihre Begleiterin wirkt mittlerweile auch nicht mehr so unsympathisch und lässt uns zum Abschluss noch eine leise Hoffnung: „Dimanche soir on va danser chez nous, vous êtes les bienvenus."

Na bitte, eine Einladung zum Tanzabend, das klingt doch schon ganz versöhnlich.

Schweigend und mit hängenden Köpfen traten wir den Rückzug an. Der Schreck stand Johnny noch deutlich ins Gesicht geschrieben, was bei mir wohl auch nicht anders war. Dass unser so schön geplantes Rendezvous mit einer solchen

Peinlichkeit enden würde, hätten wir nicht gedacht. Na gut, vielleicht hätten wir mit den Mädchen ohnehin nichts anzufangen gewusst oder besser gesagt sie nicht mit uns. Aber uns noch nicht einmal eine Chance zu geben, fand ich von den beiden Aufseherinnen ausgesprochen gemein.

Wieder an unserem Internat angekommen, heben wir langsam die Köpfe und blicken uns an. Keiner findet die passenden Worte, das Debakel zu beschönigen. Schließlich zuckt Johnny die Achseln: „Blöd gelaufen."

„Na immerhin, die Umarmung war ja auch nicht ohne", versuche ich zu scherzen. „So jedenfalls hätten uns die Mädchen sicher nicht begrüßt."

Und mit einem Mal löste sich unsere ganze Unsicherheit und Verlegenheit in befreites Lachen auf.

Plötzlich schien uns das Erlebte nicht mehr peinlich, sondern urkomisch. Irgendwie waren wir schon ganze Kerle. Was wir uns da getraut hatten, macht uns so schnell keiner nach. Und von zwei wohlbestückten Frauen umschlungen zu werden, das erlebt man auch nicht alle Tage …

Gestörte Freundschaft

Es war ein warmer Sommernachmittag und der Aufenthalt in Champéry ging in die zweite Woche. Alex und ich hatten das Tennis-Doppel gegen die beiden US-Boys gespielt, das wegen der Grammatik-Sonderschicht verschoben worden war.

Unsere Gegner zeigten sich im Tennis tatsächlich wesentlich besser als im Fußball. Alex beherrschte nur die Vorhand, ich nur die Rückhand. Das merkten unsere Gegner sehr bald und spielten den Ball bevorzugt in die Mitte, sodass unsere Schläger mehrmals aneinanderkrachten. Schließlich traute sich keiner mehr, so richtig durchzuziehen, und wir ließen die Bälle immer wieder passieren. Beim Tennis waren Alex und ich nicht wirklich ehrgeizig und so nahmen wir die Niederlage eher gelassen hin.

Anders war das beim Fußball. Ich erinnere mich an Spiele, bei denen wir oft heftig zusammenstießen. Fußball spielten wir bevorzugt gegeneinander, Alex als Tormann, ich als Stürmer. Manchmal spielten wir auch nur zu zweit auf kleine Tore. Besonders liebten wir aber das „Köpfelmatch", ein heute zu Recht vergessenes Ballspiel. Es hatte jedoch den Vorteil, dass man es fast überall spielen konnte, man brauchte nicht viel Platz dafür. Dabei versuchte man, aus geringer Entfernung und ausschließlich per Kopf ins gegnerische Tor zu treffen. Die beiden Tore wurden zumeist durch Kleidungsstücke, Getränkedosen oder größere Steine markiert. Damit war es meist unmöglich festzustellen, ob der Ball neben, über oder doch im gedachten Tor gelandet war. Gelang es einem Spieler, den Ball per Kopf abzuwehren, durfte er danach aus halber Distanz köpfeln.

Auf Uneingeweihte wirkte so ein „Köpfelmatch" sicher befremdend. Die Heftigkeit der Kopfstöße, die Eintönigkeit des Spieles und die zunehmende Ausdruckslosigkeit der Gesichter ließ wohl die Befürchtung zerebraler Schädigungen aufkommen.

Nachdem wir den nur mäßigen Ärger über das verlorene Tennismatch mit einem Bier hinuntergespült hatten, saßen Alex und ich noch eine Weile an der Theke der Sportplatz-Kantine.

Mit keinem Wort waren wir bisher auf die etwas gespannte Situation eingegangen. Rosita stand zwischen uns, das wussten wir beide, aber keiner sprach es aus. Natürlich wollten wir die Ferien hier gemeinsam verbringen, hatten uns viel vorgenommen. Erstmals ohne Eltern auf Urlaub, das müsste doch

ausgenutzt werden: Tennis, Fußball, Schwimmen, Bergstei-
gen, Ausflüge machen, selbstständig Lokale besuchen. Wir
hatten doch auch bisher alles zu zweit gemacht.

Na ja, nur mit Mädchen war halt noch nicht viel dabei.

Aber was sollte da auf einem Bubengymnasium schon
groß passieren.

Der Tanzkurs, zu dem meine Mutter mich zwang, war mehr
als Benimm-Unterricht zu bezeichnen, der kaum Gelegenheit
bot, meine erotische Ausstrahlung zu testen. Die Garderobe
eines gemeinsam mit Mädchen benutzten Sportplatzes war
bestenfalls Schauplatz (neu)gieriger Blicke, auf welche die
hantige Turnlehrerin aber sofort mit erniedrigenden Verdächtigungen reagierte.

Die ersten aufregenden Körperkontakte gab es dann im
überfüllten Wellenbad des „Gänsehäufels". Die Wellen der
Leidenschaft spülten uns ungebremst auf die am Beckenrand
hängenden jungen Mädchen. Ihr erregtes Kreischen animierte uns zu immer neuen, immer mutigeren Annäherungen. Jedoch nur so lange, bis der Bademeister die Wellen abstellte
und dem sündigen Treiben ein Ende setzte. Die vielverspre-
chenden Kontakte dann außerhalb des Wassers fortzuführen,
trauten wir uns freilich nicht.

„Hat nicht ganz geklappt mit eurem Treffen?", brach Alex
beim zweiten Bier an der Theke das Schweigen. „Ihr solltet
es wieder versuchen, die warten doch auf euch."

„Oh, Johnny hat dir alles erzählt?", fragte ich Alex überrascht.

„Ja", war eine gute Idee, halt Pech dabei", sagte Alex. Es
klang nach ehrlichem Bedauern.

Natürlich hätte mir Alex auch gern so eine aufregende Bekanntschaft gegönnt, wie er sie gemacht hatte. Dann müsste

er sich auch keine Gedanken mehr um meine Ferienstimmung machen und könnte sich ohne schlechtes Gewissen seiner Rosita widmen.

„Na ja", meinte ich und wollte mir vermutlich selbst Mut zusprechen. „Ich kann es ja nochmals versuchen. Vielleicht ist sie ja Sonntagabend dabei, beim Tanz drüben im Mädcheninternat."

„Auf welche von beiden stehst du eigentlich?", wollte Alex wissen.

„Auf die Dunkle."

„Weißt du, wie sie heißt?", bohrte Alex weiter.

„Keine Ahnung, aber ich erkenne sie sicher wieder."

Alex klopfte mir auf die Schulter: „Das wird schon, du wirst sehen ..."

Alex war gar nicht so unsensibel, wie es manchmal den Anschein hatte. Wer ihn nicht näher kannte, war oft irritiert von seiner offenen, angriffslustigen Art. Zart besaitete Gemüter fühlten sich da auch bald einmal unangenehm berührt. Für Gags, Lacherfolge und Pointen stellte er manchmal auch gute Freundschaften ernsthaft auf die Probe. Das alles passierte aber nur in größeren Runden und ausschließlich zum Zweck der Unterhaltung. Im kleinen Kreis hingegen erwies er sich immer wieder als guter und echter Freund, und wenn es um die Probleme anderer ging, war er stets ein verständnisvoller Zuhörer und Ratgeber.

So auch diesmal, wo es galt, mir den Frust über das danebengegangene Treffen auszutreiben. Ich hatte ja auch wirklich keinen Grund, ihm böse zu sein. Er hatte ein bildhübsches Mädchen gefunden, mit dem er so viel Zeit wie möglich verbringen wollte. Ist doch völlig verständlich, ich würde es doch auch nicht anders machen.

Trotzdem, ein bisschen Neid darf schon erlaubt sein. Und dazu auch die ein oder andere Frage: Wie macht er das? Was hat er, was ich nicht habe? Was kann er, was ich nicht kann?

Mutig preschte ich vor: „Wie hast du Rosita eigentlich aufgerissen? Wie kommst du zu so einem hübschen Hasen."

„Ganz einfach", legte Alex los und lächelte mich vielsagend an. „Gleich am ersten Tanzabend hab ich mir Rosita geschnappt. Sie war die Hübscheste und ich war der Schnellste. Ich habe sie einfach nicht mehr losgelassen und ihr schon nach dem zweiten Tanz gesagt, dass ich sie sehr sympathisch finde. Zu mehr hätte mein Französisch ohnehin nicht gereicht. Dann habe ich sie für den nächsten Abend ins Dorf-Café eingeladen, und – sie ist gekommen. Zwar nicht allein, zwei Freundinnen kamen mit. Die konnten aber nur Spanisch und haben unsere Unterhaltung nicht gestört. Unterhaltung war es eigentlich gar keine, im Grunde nur ein dummes Gekicher. Wir haben ständig gelacht, und wussten eigentlich nicht, worüber. Eben typisch Liebe auf den ersten Blick."

„Aha!", staunte ich nur kurz und wollte ohne Umschweife in Erfahrung bringen: „Und was ist sonst noch passiert?"

„Na ja, wir gingen dann noch ein paar Mal die Dorfstraße auf und ab – Hand in Hand. Viel haben wir auch da nicht gesprochen, haben uns nur immer wieder angesehen. Und als wir später dann zusammen mit ihren Freundinnen vor dem Internat ankamen, dachte ich, ich fall um – gab sie mir doch ein Küsschen auf die Wange! ‚Au revoir, mon chérie', flüsterte sie mir zu – und weg war sie." Genussvoll lehrte Alex sein Glas, mit sich und der Welt sichtlich zufrieden.

„Jetzt wird's aber spannend", bemerkte ich und ließ nicht locker: „Und wann habt ihr einander wiedergesehen?"

„Den nächsten Tag beim Tennisplatz – übrigens eine tolle Tennisspielerin! – und dann noch einmal im Café, da aber nur wir zwei. Ich erzählte ihr, dass du in zwei Tagen kommen würdest. Sie bestand geradezu darauf, dich mit vom Bahnhof abzuholen. Sie wollte dich unbedingt kennenlernen."

„Reizend von ihr", bemerkte ich ironisch. „Im Grunde wollte sie ja nur sehen, wem sie die Ferien verdirbt", dachte ich leicht verstimmt, musste mich dann aber gleich selbst korrigieren: „Nein, das ist ungerecht, sie ist sicher ein nettes Mädchen, hat mich ja auch mit einem liebenswürdigen Lächeln begrüßt."

Beharrlich fuhr ich fort: „Und was redet ihr eigentlich die ganze Zeit mit eurem bisschen Französisch?"

Alex schmunzelte: „Das geht schon irgendwie, ein wenig Englisch versteht sie auch. Sie hat mich übrigens nach Mexico eingeladen. Ihr Vater ist dort irgendein großes Tier im Ölgeschäft. Vielleicht flieg ich wirklich hin. 1968 finden dort ja die Olympischen Spiele statt. Wäre das nicht ein Hammer?"

Na gut, große Ansagen war ich bei Alex immer schon gewohnt. Das habe ich ihm auch nie übel genommen. Aber um seine Selbstsicherheit beneidete ich ihn. Wie auch immer, nach diesem ungewohnt offenen Gespräch fühlten wir uns beide besser – das Unbehagen der letzten Tage war wieder wettgemacht.

Überraschungen im Waschraum

Am schulfreien Samstag trafen Johnny und ich im Waschraum aufeinander. Er war dort sehr oft anzutreffen, denn seine blonde Mähne bedurfte der ständigen Pflege. Auch seinen hellen Teint versuchte er mit einer Spezialcreme pickelfrei zu halten. Johnny war, soweit man das von einem 17-Jährigen sagen kann, eine gepflegte Erscheinung. Gleichermaßen widmete er auch der Körperreinigung viel Zeit, duschte aber nur dann, wenn sonst niemand duschte. Auffallend war, dass er im Waschraum stets mit Boxershorts und einem Basketball-Leibchen erschien.

„Übrigens, Ingrid lässt dich grüßen", warf er mir zu, während er sich das Haar trocknete.

„Wer ist Ingrid?", fragte ich erstaunt und unterbrach das Zähneputzen.

Johnny grinste mich vieldeutig an: „Na, wer schon, die Dunkle vom Dorfplatzfest!"

„Aber …", erwiderte ich zögernd, „… die kennt mich doch gar nicht."

„Denkst du, …die wartet morgen auf dich."

Johnny scheint meine Verblüffung zu genießen und lässt mich noch eine Weile zappeln. Ich versuche, gelassen zu bleiben, und fahre mit dem Zähneputzen fort. Ich vermute ernsthaft, dass der Kerl mich auf den Arm nehmen will. Woher will er überhaupt wissen, wie sie heißt?

Nachdem ich meine ausgiebige Zahnpflege dann zu Ende gebracht hatte, wartete Johnny gleich mit der nächsten Meldung auf: „Rat mal, wen ich gestern Nachmittag am Kiosk getroffen habe? Du wirst es nicht glauben: die Rothaarige mit den Sommersprossen vom Dorfplatz."

„Dann wirst du mir sicher auch gleich sagen können, wie sie heißt", entgegnete ich in leicht gereiztem Ton.

„Sie heißt Judith", sagte Johnny und lachte amüsiert.

„Sie hatte gerade Ansichtskarten gekauft, zusammen mit zwei Freundinnen. Eine davon war Ingrid. Hab sie dann auch gleich angequatscht und gefragt, ob sie Sonntagabend zum Tanzen kommt."

„Und?", frage ich neugierig. „Was hat sie gesagt?"

„Dass sie nicht so sehr auf Tanzmusik steht, würde lieber Beatles-Songs hören", verkündete Johnny und setzte dabei eine Art Siegerlächeln auf.

„Das kannst du haben, Kleines", war meine Antwort. „Ich spiele für dich Beatles-Songs, so viel du willst."

Sorgfältig trug Johnny seine Gesichtscreme auf und betrachtet sich eingehend im Spiegel. „Schätze, die steht auf mich. Sonntagabend werden wir uns treffen, am Grillplatz, unten am Fluss. Ich nehme meine Gitarre mit. Und diesmal sind garantiert keine Aufpasserinnen mit dabei."

„Und was ist mit Ingrid", fragte ich vorsichtig.

„Na, die kommt zum Tanz und hofft, dass du auch da bist. Das hat sie zwar nicht gesagt, aber das ist doch klar!"

„Danke Johnny!" Mehr bringe ich nicht heraus. Mit völlig wirren, ungeordneten Gedanken im Kopf beende ich die Körperpflege und ziehe mich auf mein Zimmer zurück.

Als ich Johnny das erste Mal am Bahnhof sah, hätte ich nicht gedacht, dass wir gute Freunde werden könnten. Er wirkte wie ein etwas weltfremder Träumer, der ganz seiner Musik verfallen war. Mit seiner blondgelockten Beatle-Frisur und seiner schlaksigen Figur sah er zwar interessant aus, aber nicht wirklich ansprechend, schien zunächst eher unsicher und scheu zu sein.

Doch der erste Eindruck hatte getäuscht. Sobald er mit jemandem vertrauter wurde, sich in einer Runde akzeptiert und wohlfühlte, konnte er sehr unterhaltsam sein, verstand jeden Spaß, auch wenn er auf seine Kosten ging. Meist blieb er die erste Zeit zurückhaltend, überraschte dann aber umso mehr als schlagfertiger Pointen-Schleuderer und begabter Erzähler. Allerdings ging hin und wieder auch die Fantasie mit ihm durch. Beim Wahrheitsgehalt seiner launigen Schilderungen konnte man ruhig ein paar Abstriche machen, was den Unterhaltungswert aber keineswegs schmälerte. Jedenfalls war es mit ihm selten langweilig. Beim Ausdenken von kleinen Gags und Blödeleien bot er auch für mich immer wieder Neues und Überraschendes.

Mit seiner täglichen, ausgiebigen Gesichts- und Haarpflege sowie der Verwendung von Deos und Rasierwasser war Johnny ein Außenseiter unter den meist nur mäßig reinlichen Internatsbewohnern – und damit auch ständigen Hänseleien ausgesetzt. Eines Tages legte man ihm Lippenstift, Lidschatten-Creme und Wimperndusche für die Morgentoilette bereit. Howard und noch zwei Typen von der englischen Gang johlten gnadenlos, als Johnny zur Körperpflege erschien und ganz entgeistert auf seinen Waschplatz starrte. Schnell aber hatte er sich wieder gefasst, und zur Überraschung aller griff er tatsächlich zum Lippenstift.

„Okay guys … You can have your show!", verkündete er völlig unerwartet und seine trotzige Miene ließ erkennen: „Die sollen nur sehen, was ich mich traue!" So als würde das Schminken zu seinem täglichen Ritual gehören, öffnete er seine Lippen weit und bemalte sie mit kräftigen Strichen, dann drückte er sich je einen Tupfen der silberfarbenen Lidschatten-Creme auf die Zeigefinger und verteilte sie auf den Augenlidern. Abschließend trug er noch die Wimperntusche auf, was ihm auch ganz zielsicher gelang.

Das Gejohle der Engländer war je verstummt. Sie alle zeigten sich geradezu fasziniert von Johnnys Schminkkünsten.

Irgendwie sprach aber auch die Enttäuschung aus den Gesichtern, Johnny mit ihrem ausgeheckten Streich nicht wirklich geärgert zu haben. Er hatte einfach mitgespielt und ganz offensichtlich auch noch seinen Spaß dabei gehabt.

Eine Weile betrachtete er sich selbstgefällig im Spiegel, dann warf er den Kopf zurück und fragte provokant:

„Johnny became a girl … Are you happy now?"

Sein blasses Gesicht, das dick aufgetragene Lippenrot, der Glimmer um seine Augen und dazu der Lockenkopf – Johnny wirkte wie ein billiges, junges Flittchen. Einige Augenblicke genoss er noch die verdutzten Gesichter, bevor er eine Hand neckisch um den Nacken, die andere an die Taille legte und mit weit ausschwingenden Hüftbewegungen den Waschraum verließ.

Das anfängliche Gebrüll der Hard-Rocker-Bande war einem unsicheren Kichern gewichen. Hatte er wirklich einen Hang zu weiblichen Rollen oder wollte er nur provozieren? Eine Frage, die Johnny nicht mehr los wurde.

Howard beschäftigte Johnnys Auftritt im Waschraum offenbar noch länger. Sichtlich verunsichert fragte er mich noch am selben Abend vor dem Zubettgehen, ob ich etwa auch die gleiche Neigung hätte wie mein Freund Johnny.

Weder hatte ich Lust, noch reichten meine Fremdsprachenkenntnisse aus, um auf diese Frage näher einzugehen. „Lasst Johnny in Ruhe, ihr Schweine!", machte ich mir schließlich auf Deutsch Luft. Und das schien Howard irgendwie verstanden zu haben. Unsere Konversation beschränkte sich künftig nur auf das Notwendigste und jeder bediente sich dabei vorzugsweise der Muttersprache.

Der Waschraum war als Ort ständiger Anpöbelungen, Hänseleien und derber Scherze nichts für Zartbesaitete. Scheuen Naturen ließ er so gut wie keinen Platz für Rückzug. Die Körperpflege entbehrte jeder Intimität. Nichts blieb unbeobachtet, nahezu alles wurde kommentiert.

Der Füllige, der seine Körbchengröße bekannt geben soll, der Spindeldürre, dem geraten wird, sich vom Abfluss fernzuhalten, der als Pumuckl verspottete Rothaarige, das Pickelgesicht, dem man gnädig den Spiegel verhängt. Auch wer sich wo schon rasiert, deodoriert oder desinfiziert, scheint von öffentlichem Interesse. Jeder, der irgendwie auffällig ist, bekommt das Seine ab. Jeder noch so derbe, dumme und tiefe Witz findet seine Abnehmer.

Beiderseits der Gürtellinie

Nicht unbedingt originell, geistreich oder hintergründig musste er sein. Der Witz, mit dem einem im Kreis der gleichaltrigen Freunde Lacherfolge sicher waren, hatte handfeste Verbalerotik zu bieten. Nicht versteckte, raffinierte Anzüglichkeiten oder Umschreibungen, die Dinge mussten beim Namen genannt werden, auch wenn dieser nicht immer zutreffend war. Waschraum und Gemeinschaftsräume eigneten sich hervorragend, das diesbezügliche Repertoire zu erweitern. Gleichzeitig konnte man seinen Ruf als Kenner aller Seiten des Liebeslebens festigen, konnte vorweisen, mit all seinen Überraschungen, Pannen und Problemen vertraut zu sein.

Interessant erschien mir dabei immer, dass Witze dieser Art bevorzugt von sehr unreifen, aber auch sehr reifen Knaben zum Besten gegeben wurden, was den Verdacht nährte, dies könnte ein humoristisch verschleierter Ausgleich für eigene Unzulänglichkeiten sein.

Nun waren damals wahrscheinlich noch die meisten meiner Altersgenossen deutlich mehr mit dem eigenen männlichen Körper befasst als mit der Entdeckung des weiblichen. Die Witzeerzähler verfügten allerdings schon über erstaunlich genaue Kenntnisse bezüglich Lage, Form, Funktion und

Empfindsamkeit spezifisch weiblicher Körperteile und deren Handhabung durch den geübten Liebhaber. Sie kannten sämtliche Praktiken der Fortpflanzung und auch jene, die ihr nicht dienten. Dass die Anatomie dabei mitunter auf der Strecke blieb, tat der Heiterkeit keinen Abbruch, schöpften doch auch die Zuhörer ihr Wissen darüber eher aus einschlägigen Witzen als aus eigener Kenntnis.

Da gab es die schlichteren Witze, die verstand sowohl der Erzähler als auch der Zuhörer, dann gab es jene, die nur der Erzähler verstand, mitunter wussten aber auch beide nicht, wovon wirklich die Rede war. Kritisch wurde es, wenn sich der Zuhörer die Blöße gab, eine Erklärung einzufordern, die dann den Erzähler in Verlegenheit bringen konnte. In so einem Fall rettete sich der unbedarfte Witzeschleuderer nicht selten in eine patzige Ausflucht: „Ach, was erzähl ich dir da! Du hast ja keine Ahnung ..."

Ahnungslos wollte natürlich keiner erscheinen. Je tiefer der Witz unter die Gürtellinie ging, desto lauter das Lachen. Auch wenn so mancher Schenkelklopfer den Eindruck erweckte, als würde er die unverstandene Pointe angestrengt herbeiklatschen.

Natürlich konnte auch ich im Waschraum von Champéry bei deutschsprachigen Zuhörern mit etlichen Witzen aufwarten, die ich im Pausenhof des Wiener Gymnasiums aufgeschnappt hatte, musste aber im Gegenzug von Hardcore-Experten erfahren, dass sich diese bestenfalls für eine Kinderjause eigneten.

So beschränkte ich mich bald nur mehr aufs Zuhören und bereicherte meinen Wortschatz mit Obszönitäten aller Art. Die wichtigsten Fachbegriffe auf dem Gebiet von Kopulation und Stoffwechsel bekam man von lernbegierigen Mitschülern sogar ins Französische übersetzt, womit ein wichtiger Beitrag zur lebensnahen Spracherziehung erfolgt war.

Von totaler Unwissenheit zeugten aber meist jene peinlichen Witze, die von Verhütung und (ungewollter) Schwangerschaft handelten. Was da wirklich im weiblichen Körper ablief, davon hatten wir 16-Jährigen natürlich so gut wie keine Ahnung. Unsere Vorstellungskraft reichte gerade mal so weit, wie ein Kind zustande kommt. Wann und wie es aber dann den Weg ans Licht der Welt findet, das blieb im Dunkeln.

Erst in der 8. Klasse hielt uns ein mutiger Professor für reif und wohl auch für nervenstark genug und führte uns einen Lehrfilm über die Geburt eines Kindes vor. Danach fanden die meisten von uns die Witze über gewollte oder ungewollte Schwangerschaften nicht mehr ganz so lustig.

Oberhalb der Gürtellinie erfreuten sich in den 60er-Jahren besonders die Serienwitze großer Beliebtheit, auch wenn sie, ohne größere Pausen aneinandergereiht, bald etwas eintönig wirkten.

So stand für den volksnahen Wiener Humor zum Beispiel die „Gusch Bua"-Serie. Politisch Interessierte nahmen mit den „Anfragen an Radio Eriwan" die Probleme im realen Sozialismus aufs Korn, und natürlich kursierten damals wie heute jede Menge bösartiger Scherze über vermeintlich rückständige Volksgruppen. Diese waren jedoch meist austauschbar. Egal, ob sich die Schweizer über die Appenzeller, die Österreicher über die Burgenländer oder die Deutschen über die Ostfriesen lustig machten, die in Aufbau und Pointe einfachen, jedem verständlichen Witze unterschieden sich im Wesentlichen nur durch die Mundart des Erzählers.

Mädchen oder Bub?

Seit seiner Schmink-Show im Waschraum wurde Johnny den Verdacht nicht los, ein Mädchen zu sein. Dennoch unternahm Johnny absolut nichts, um das Gegenteil zu beweisen.

Howard schien diese Frage aber nach wie vor sehr zu beschäftigen. So platzte er auch fast vor Neugierde, als Johnnys Zimmerkollege Miguel im Waschraum bemerkte: „Manchmal glaube ich tatsächlich, bei einem Mädchen zu schlafen, so wie der sich aufführt."

„Du meinst wirklich …?"

„Kann ich nicht sagen, er zeigt sich ja nie nackt", gab sich Miguel zurückhaltend und machte Howard damit nur noch neugieriger.

„Vielleicht sollten wir mal nachsehen?!"

„Okay, wenn es euch wichtig ist, aber macht keinen Krach …", erklärte sich Miguel zu Howards Überraschung sofort einverstanden.

„Hast du eine Idee, wo wir das machen sollen?"

„Zum Beispiel heute Abend, kurz vor dem Nacht-Gong", schlug Miguel vor. „Ich verschwinde aus dem Zimmer, noch bevor er zu Bett geht, und dann besucht ihr ihn. Ganz schnell – Hose runter – und schon wieder weg. Du verstehst?"

„Klar, das machen wir", zeigte sich Howard von dem Plan begeistert und verständigte sofort den Rest der Bande.

Und die versammelte sich dann tatsächlich kurz vor dem Nacht-Gong auf der Gangstiege, in gespannter Erwartung, dass Miguel das Zimmer verlässt. Howard hielt sogar einen Fotoapparat bereit, der ihnen dann den endgültigen Beweis liefern sollte. Der Überraschungsangriff sollte schnell vor sich gehen, noch bevor Johnny Hilfe holen konnte.

Kurz vor Beginn der angekündigten Nachtruhe öffnete sich die Tür und Miguel verließ wortlos das Zimmer. Das war für die Vierer-Bande das Signal zum Angriff. Howard stürmte als Erster ins Zimmer. Doch blieb er so abrupt stehen, dass ihn die Nachdrängenden beinahe zu Fall brachten. Vor ihnen stand Thimothé in seiner ganzen beeindruckenden Größe und sagte ganz ruhig: „C'est un garçon, il n'y a pas de doute. "

Johnny hatte Thimothé von den ständigen Hänseleien nach seiner Schmink-Show berichtet und ihn um Rat gebeten. Das war ihm sicher nicht leichtgefallen, denn wer erzählt schon so etwas gern einem Lehrer.

Aber bei Thimothé war das anders – er hatte für alle kleinen und großen Probleme ein offenes Ohr und reagierte eben anders, als man das damals von einem Lehrer erwartet hätte.

„Jetzt machen wir uns einmal einen Spaß mit ihnen", hatte Thimothé überraschend vorgeschlagen und auch gleich einen Plan unterbreitet. Zimmerkollege Miguel hatte sich bereit erklärt mitzuspielen und lockte die Rocker nach Timothés Anweisung in die Falle – und die Blamage war perfekt. Was Thimothé den vier überraschten Engländern dann sagte, hatte die Wirkung offensichtlich nicht verfehlt, denn ab diesem Abend hörte man keinerlei Anspielungen mehr. Zwar wurde ihnen vorerst keine Strafe aufgebrummt, im Wiederholungsfall aber der sofortige Hinauswurf angedroht.

Benimm-Regeln

Es ist Sonntagnachmittag und eine Gruppe spätpubertärer Knaben betritt die Halle der „École nouvelle". Einige wirken etwas verkleidet. Die dunklen Blazer und grauen Hosen passen nicht immer zur Wachstumsphase. Schief geknotete Krawatten und Hemdkragen mit aufgestellten Spitzen zeugen von seltenem Gebrauch, das eher rustikale Schuhwerk von mangelnder Stilsicherheit. Auch ich war frisch geduscht, frisiert, rasiert und tanzschulmäßig gewandet, lediglich die weißen Handschuhe fehlten.

Ungewohnt ruhig und diszipliniert geht es zu. „Monsieur le directeur" wird heute von Thimothé vertreten. Insofern als die Benimm-Regeln für den bevorstehenden Tanzabend verkündet werden, ist das für uns durchaus angenehm. Thimothé macht das wohl etwas lockerer und humorvoller, als es der Internatschef je gekonnt hätte – doch die Grundregeln bleiben:

Die Burschen haben auf einer Bank Platz zu nehmen, ihnen gegenüber die Mädchen. Aufzufordern ist das genau gegenüber sitzende Mädchen, wie immer es auch aussieht. Vor dem Tanz hat Konversation zu erfolgen – natürlich nur in Französisch.

Was von den wachsamen Aufseherinnen des Mädcheninternats angeblich sofort mit Ausschluss geahndet wird, spielt uns Thimothé gekonnt vor: Hände unter die Gürtellinie gleiten lassen, sich bei falschen Tanzschritten einfach in den Clinch retten, laszive Bewegungen beim damals so modernen Twist.

Offenbar stieg mit Timothés Vorführung bei vielen die Lust, genau das zu tun. Denn kaum war er weg, übten sich bereits einige der Burschen in den gezeigten anstößigen Bewegungen, die restlichen lachten nur. Beides wirkte allerdings nicht sehr maskulin.

Nicht nur bei gesellschaftlichen Großereignissen wie dem Sonntagabendtanz, auch im alltäglichen Internatsleben war die Einhaltung von Benimm-Vorschriften ein wichtiges Thema. Besonders das gemeinsame Mittagessen bot der Lehrerschaft reichlich Gelegenheit, ungehobelte Rüpel mit gehobener Esskultur bekannt zu machen. Erst bei vollständig besetzten Tischen erfolgte die Anlieferung der Nahrung, erst wenn alle Teller gefüllt waren, durfte diese auch aufgenommen werden.

Da es bei der Verteilung durch das ungeschulte Personal – nach kleineren und größeren Missgeschicken – immer wieder zu beträchtlichen Verzögerungen kam, gab es selten warme Mahlzeiten. Dennoch galt es, Haltung einzunehmen. Diese hatte aufrecht zu sein, die Arme angelegt, die Ellbogen in ausreichender Entfernung von der Tischplatte.

Erlaubt war es, bereits vor dem Mittagessen zu den Brotkörben zu greifen, um die aber meist heftige Positionskämpfe ausgetragen wurden. Das sofortige Hineinbeißen ins Brot galt als unfein, die Brotscheiben hatten vor dem Verschlingen mit der Hand zerteilt zu werden.

Nicht gern gesehen war auch das Zerschneiden der häufig auf dem Speiseplan stehenden Spaghetti. Die hohe Kunst, diese stilgerecht um die Gabel zu wickeln, beherrschten allerdings nur wenige. Wichtig war natürlich auch, die Gabel zum Mund zu führen und nicht umgekehrt. Meist ließ es sich dadurch dann auch nicht vermeiden, dass Speisereste in der unteren Gesichtshälfte haften blieben. Wer dieses Problem mit einer Handbewegung wegzuwischen suchte, wurde umgehend im Gebrauch der Serviette unterwiesen.

Damit zog sich das gemeinsame Mahl dann auch meist beträchtlich in die Länge. Das ging auf Kosten der Nachmittagsfreizeit, sodass Langsam-Esser des Öfteren mit unfeinen Schimpfwörtern bedacht wurden.

Die nachfolgende Zurechtweisung von den Lehrern verkürzte die Sache dann auch nicht. Der Beanstandete hatte sich sofort zu erheben. Wie auch von der Schule gewohnt, war es undenkbar, eine Ermahnung oder sonstige Mitteilung eines Lehrers sitzend entgegenzunehmen. Der Tisch durfte natürlich nicht eher verlassen werden, bis der letzte Teller geleert und „Monsieur le directeur" die Tafel aufgehoben hatte.

Auch die Begrüßung war durchaus streng geregelt. Sie hatte mit persönlicher Ansprache und der Tageszeit entsprechend zu erfolgen. Das „Bonsoir, Monsieur …" hatte mit einer leichten Verbeugung einherzugehen, der Begrüßte war dabei freundlich anzublicken.

Für heute ungewohnt förmlich war auch die Begrüßung unter gleichaltrigen Jugendlichen: Noch keine Spur von Abklatschen oder gar Bussi-Bussi. Meist beließ man es bei einem förmlichen Händedruck, unter besser Bekannten unterblieb auch dieser. Als Zeichen der Vertrautheit galt zum Beispiel der Augengruß, der in einem kurzen Hochziehen der Augenbrauen bestand, oder einfach nur ein wohlwollendes Zunicken. Auch die Verabschiedung war eher schlicht gehalten. Blieb man beim Französischen, reichte meist ein „Salut". Im Umgang mit den Wiener Freunden hatte nach wie vor das „Servas" seinen festen Platz. Allerdings machten sich nach dem Aufenthalt in Champéry auch fremdländische Einflüsse bemerkbar, sodass sich auch ein „Tschüss", „Ciao" oder „So long" durchaus chic anhörte.

Getrennte Wege ins Glück

Alex und seine Rosita hatten natürlich kein Interesse an einer überwachten Tanzveranstaltung ohne freie Partnerwahl. Sie wollten sich irgendwo im Dorf, fernab aller Benimm-Regeln vergnügen.

So einfach war das allerdings nicht. Die Mädchen durften nur zu zweit das Internat zu verlassen. Es galt also, eine

Freundin zu finden, mit der man zumindest gemeinsam loszog und gemeinsam auch wieder zurückkehrte. Die abendliche Ausgehzeit war auf wenige Stunden begrenzt, Alkohol- und Zigarettenkonsum natürlich untersagt. Kontrollbesuche der Aufseherinnen in den wenigen infrage kommenden Lokalen des Ortes kamen zwar selten vor, konnten aber auch nicht ganz ausgeschlossen werden.

Auch Johnny wollte nicht mit zum Tanz kommen. Er hatte sich bereits völlig der Einstudierung der neuesten Beatle-Songs gewidmet und hoffte, diese Judith auch bald vorspielen zu dürfen. Die beiden hatten bei ihren Treffen am Kiosk vereinbart, sich Sonntagabend am Bahnhofsbuffet zu treffen. Danach wollte Johnny seine neue Bekanntschaft überreden, mit ihm hinunter zum Fluss zu gehen, der den Namen Vièze trägt.

Etwas außerhalb des Ortes weitet sich die Vièze an einer flacheren Stelle zu einem kleinen aufgestauten See. Ein idyllisches von dichtem Nadelwald umgebenes Plätzchen, das als Grill- und Badeplatz, aber auch bisweilen von Fischern benutzt wird. Danach fließt die Vièze über mehrere Geländestufen hinunter ins Rhonetal. Alex hatte diesen Geheimtipp noch aus dem Vorjahr in guter Erinnerung und versicherte Johnny, dort völlig ungestört sein zu können.

Judith hatte sich ordnungsgemäß zusammen mit einem anderen Mädchen zum Besuch des Minigolfplatzes abgemeldet, diesen dann aber schon nach kurzer Zeit wieder verlassen, um zum Treffen mit Johnny zu eilen. Obwohl alles andere als furchtsam, reagierte Judith zunächst ablehnend auf Johnnys Vorschlag, doch gemeinsam zum Fluss zu gehen – sie kannte ihn ja noch kaum. Doch Johnny setzte sich auf eine Bank vor dem Bahnhof, packte seine Gitarre aus und stimmte jenen lyrischen Song an, mit dem John Lennon gerade so erfolgreich war: „Tell Me Why". Danach sah das gleichfalls für die Beatles schwärmende mutige Mädchen keinen Grund mehr, warum sie auf einen Liederabend mit dem begabten Interpreten verzichten sollte. Johnny, der nur englische Lieder sang, nannte Judith sogleich „Jude", nicht im Geringsten ahnend natürlich, dass die Beatles wenige Jahre später mit „Hey Jude" ihre meistverkaufte Single und einen der größten Hits aller Zeiten herausbringen sollten.

Ich hatte mich also darauf eingestellt, allein den Weg ins Mädcheninternat anzutreten. „Macht auch nichts", dachte ich mir. „Sollte es wieder eine Blamage geben, wird es wenigstens keiner erfahren."

Vorfreude

Bei Einbruch der Dämmerung machten sich gezählte zwölf junge Burschen auf den Weg ins Tanzabenteuer. Sie schienen es nicht besonders eilig zu haben. Eher zögernd und immer wieder die ungewohnte Kleidung prüfend, näherten sie sich dem „verbotenen Haus".

Bislang war jedes Betreten desselben den männlichen Schülern strengstens untersagt. Der Einlass an diesem Sonntagabend geschah natürlich unter Aufsicht. Junglehrer Thimothé, der die Gruppe anführte, versuchte uns mit ein paar Scherzen aufzulockern: Zwei von uns sollten doch die beiden Aufseherinnen zum Tanz auffordern, schlug er vor, dann hätten die anderen freie Bahn.

Der Gedanke, womöglich mit der schwergewichtigen Lucie tanzen zu müssen, konnte meine Vorfreude aber nicht wirklich dämpfen. Aber auch das würde ich in Kauf nehmen, wenn ich danach nur an das dunkle Mädchen vom Dorfplatz herankäme, das angeblich Ingrid heißen soll.

Obwohl ich sie nur ganz kurz gesehen hatte, in meinem Kopf, in meiner Fantasie hatte sich das Mädchen schon so sehr festgesetzt, als wären wir längst miteinander vertraut. Schon viele Zärtlichkeiten hatten wir ausgetauscht, viele Gespräche geführt, viele Stunden miteinander verbracht. Aber eben nur in meiner Vorstellung. Und wie wird es wirklich ausgehen? Wird sie überhaupt da sein? Wird sie mich erwarten, wie Johnny gehört haben will? Wird sie mir vielleicht ein anderer wegschnappen? Einer, der schon mehr Erfahrung mit Mädchen hat? Einer, der sich nicht so ungeschickt anstellt?

Die elegant gekleidete, sehr mütterlich wirkende Direktorin des Mädcheninternats öffnete das mächtige Holztor und begrüßte jeden Einzelnen von uns mit einem herzlichen Händedruck und einem aufmunternden Schulterklopfen. „Amusez-vous bien, les jeunes", sagte sie freundlich. Dieser Wunsch klang ehrlich.

Mädchen im Sommer-Camp 2011

„Von dieser doch recht sympathischen Frau wird wohl keine übertriebene Strenge ausgehen", dachte ich erleichtert, während wir durch einen düsteren, engen Gang in einen hell erleuchteten Raum geschoben wurden. An den jeweils gegenüberliegenden Seiten befanden sich lange, lederbezogene Bänke. An der Frontseite war eine Musikanlage aufgebaut, die – ach du mein Schreck! – gerade von Aufseherin Lucie auf ihre Funktionsfähigkeit überprüft wurde. Sie erkannte mich sofort und wirkte irgendwie erstaunt. Gewiss nahm sie an, dass ich ihr nach der peinlichen Begegnung bei der Scheune nie wieder unter die Augen treten würde.

In einer teils durch Pflanzen abgetrennten Ecke des Saales fanden sich zwei Sitzgarnituren. Eine Möglichkeit zu ungestörter Unterhaltung gab es freilich nicht. Allerdings führte eine Glastür, die möglicherweise ja zu öffnen war, hinaus in den Garten. Überraschenderweise gab es auch eine Art Disko-Beleuchtung. Es war also zu hoffen, dass der hell strahlende Kristallluster irgendwann erlöschen würde. Gleich neben der Eingangstür hatten zwei elegante Damen mittleren Alters Aufstellung genommen. Ihre Aufgabe war es offenbar, das einziehende Jungherren-Komitee genau in Augenschein zu nehmen oder auch vorzeitige Fluchtversuche mit den auserwählten Damen zu unterbinden. Die Spannung und Ungeduld stieg ...

Statt der Mädchen wurde uns vorerst nur Knabbergebäck angeboten. Thimothé stellte uns einzeln und namentlich der Direktorin vor, was nicht ohne Small Talk abging. Irgendwie fiel mir dabei das Tennisturnier von Wimbledon ein, bei dem es Brauch ist, dass sich die königlichen Hoheiten vor der Pokalübergabe kurz mit den Ballbuben unterhalten. Als ich dann endlich an der Reihe war, wurde die mehr oder weniger gepflegte Konversation plötzlich durch ein lautes und ungehobeltes „Where are the girls?" unterbrochen. Ein für seine direkte Art bekannter amerikanischer Mitschüler machte seinem Unmut über die lange Warterei Luft.

„En français, s'il vous plaît!", beließ es die charmante Direktorin bei einer knappen Ermahnung und setzte die Unterhaltung mit unbeirrtem Lächeln fort.

Schließlich bat sie uns, auf einer der beiden langen Lederbänke Platz zu nehmen. Von Thimothé bereits vorinformiert, mussten wir die Benimm-Regeln noch mal über uns ergehen lassen. Abschließend schnippte Madame mit den Fingern und das Licht ging aus. Aus den Lautsprechern erklang dröhnend „Also sprach Zarathustra". Das bekannte Crescendo der Trompeten und Fanfaren erhöhte die Spannung. Auf der gegenüberliegenden Bank war eilige Bewegung zu erkennen. Endlich ging mit dem abschließenden Trommelwirbel wieder das Licht an und uns gegenüber saßen abgezählte zwölf junge Mädchen.

Die Qual der Wahl

Den Mädchen war diese Inszenierung wohl völlig fremd, denn sichtlich mehr erschrocken als erfreut nahmen sie ihr Gegenüber wahr. Einige versuchten ein Lächeln, andere verharrten regungslos oder senkten verlegen den Kopf.

Doch wo war die große Dunkle vom Dorfplatz? Ganz am Ende, als Letzte in der Reihe entdeckte ich sie, halb verdeckt von einem anderen Mädchen, mit dem sie sich flüsternd unterhielt. Erst waren nur die Beine erkennbar, dann ihr langes Haar. Sie strich es zurück und die großen, dunklen Augen wurden sichtbar. Ihr prüfender, ernster Blick streifte über die angespannten Gesichter auf der Gegenseite, blieb kurz an mir hängen und senkte sich dann gleich wieder zu Boden. Ich starrte sie weiter an, auf irgendein Zeichen hoffend. Endlich ein Augenaufschlag und dann schaute sie tatsächlich zu mir herüber. Ich wandte den Kopf zu meinen Sitznachbarn. Nein, nein, da war schon ich gemeint. Ich nahm allen Mut zusammen, deutete schräg in ihre Richtung und zuckte dabei bedauernd mit den Achseln.

Das musste sie doch verstehen: Leider, wir sitzen einander nicht gegenüber. Beim ersten Tanz werden wir nicht die erste Wahl sein können. Ihr freundliches Nicken war für mich nicht ganz zu deuten. So versuchte ich, mit einfacher Gestik deutlicher zu werden, wippte auf der Bank auf und ab und mit kreisenden, seitwärts gerichteten Handbewegungen signalisierte ich, bei nächster Gelegenheit die Plätze rechts von mir zu überspringen, um ihr gegenüber zu sitzen. Anschließend deutete ich als bevorstehende Aufforderung eine leichte Verbeugung an. Erst blickte sie mich etwas verständnislos an, dann glaubte ich ein hinter vorgehaltener Hand verstecktes Lachen zu erkennen.

„Messieurs, c'est votre tour!" Die laute Aufforderung der Direktorin, unsere Wahl zu treffen, ließ mich unvermittelt geradeaus blicken. Mir gegenüber saß ein völlig verwundert dreinblickendes Mädchen, das wohl ziemlich ratlos mein Gefuchtel und Gehopse beobachtet haben musste. Die Ärmste wirkte leicht geschockt und schien sich zu fragen, was für ein seltsamer Tanzpartner da auf sie zukommen möge. Zwar war ich bemüht, meine Verlegenheit mit einem entschuldigenden Grinsen zu überspielen, doch je länger ich sie ansah, desto gequälter wurde es.

Schmal, blass und unscheinbar saß sie da und umfasste ihre dünnen Beinchen mit ebenso dünnen Ärmchen. Was mir sofort ins Auge fiel, war ihr vorstehender Oberkiefer mit den schräg gewachsenen Schneidezähnen. Das weiße Spitzenkleidchen, das lose an ihrem Körper hing, wirkte auch nicht wirklich attraktiv, wohingegen der lange, blonde Pferdeschwanz ihr durchaus gut zu Gesicht stand.

Die meisten Mitschüler hatten sich schon erhoben und steuerten ihr Vísavís an. Ich wartete noch kurz in der Hoffnung, dass mir irgendjemand die Meine noch „wegschnappen" würde – was aber nicht geschah. Alle hielten sich an die Regeln, und so startete auch ich auf mein zartes Blondchen zu. Aus der Nähe betrachtet war sie dann doch nicht ganz so ohne Reiz. Ihr charmantes „Enchanté" ebenso wie ihr lächelnd angedeuteter Knicks, mit dem sie meine Aufforderung erwiderte, hatten durchaus etwas Ansprechendes an sich.

Gesittet stellten wir uns vor, und Leslie aus dem fernen Kanada eröffnete sofort die obligate Konversation. Von „Autriche" hatte Leslie erwartungsgemäß noch nichts gehört. Mit „Austria" konnte sie aber dann doch etwas anfangen. Sie fragte mich nicht nach den Kängurus in meiner Heimat, sondern überraschte mit ihrer Allgemeinbildung: „Oh lovely, I like Mozart." Und spontan pfiff sie, durchaus erkennbar, ein paar Takte der „Kleinen Nachtmusik". Irgendwie war ich in diesem Moment ein wenig stolz, Österreicher zu sein. Die weitere Unterhaltung wurde auf Französisch fortgesetzt und bewegte sich dann nicht mehr auf ganz so hohem intellektuellem Niveau.

Dennoch: Sie schien mir ein recht kluges Mädchen zu sein, war auch schon viel herumgekommen und wusste auf die wenigen Stichworte, die ich ihr gab, immer etwas zu sagen. Nur mit ihrer Aussprache hatte sie einige Probleme, zumal ihre Sprechorgane zu sehr auf American English eingestellt waren.

Allmählich waren wir alle von Ungeduld erfüllt – wir alle warteten auf die Tanzmusik. Aufseherin Lucie aber schien Probleme zu haben, die offenbar schwer zu bedienende Musikanlage in Gang zu setzen. So ging dann auch manchem Paar der Gesprächsstoff aus und auf der Tanzfläche wurde es immer stiller. Da erkannte Thimothé die Situation und erklärte sich bereit, als Discjockey einzuspringen. Lucie und Thimothé kannten einander offenbar schon ganz gut, jedenfalls gingen sie sehr freundschaftlich miteinander um. Er würde das schon schaffen, versicherte Thimothé. Lucie könne sich getrost zurückziehen. Was sie dann – zumindest vorläufig – auch tat.

Der bald danach einsetzende „Langsame Walzer" ersparte uns weitere Sprachübungen. Leslie war knapp einen Kopf kleiner als ich, was für mich den Vorteil der freien Sicht nach vorn hatte. Der Nachteil dabei war allerdings, dass meine ungemein eleganten, lang gezogenen Schritte keineswegs mit Leslies kurzer Schrittfolge harmonierten. So tanzte ich einen langsamen und sie einen flotteren Walzer, was den künstlerischen Gesamteindruck sicher etwas trübte. Mit großer Zähigkeit aber hielten wir beide unseren Rhythmus bis zum Ende durch und waren uns anschließend auch ohne entschuldigende Worte einig, vorerst auf weitere Versuche zu verzichten.

Eine kurze, mäßig galante Verbeugung noch, dann eilte ich zur Bank zurück und setzte mich ganz ans rechte Ende. Der Platz mir gegenüber war noch nicht besetzt. Das einzige Mädchen, das mich interessierte, hatte sich von ihrem eher unscheinbaren ersten Tanzpartner bereits verabschiedet. Es stand bei Thimothé, der gerade einen Plattenstapel durchsah, und schien sich mit ihm über das Musikangebot zu unterhalten. Ein anderes Mädchen nahm mir gegenüber Platz. Zwar nicht gerade am äußersten Ende der Bank, ab doch so, dass kaum Platz neben ihr blieb. Gebannt starrte ich hinüber zum Musiktisch: Wann endlich würde sie kommen? Sie wechselte noch ein paar Worte mit Thimothé, dann ging sie ziemlich unschlüssig die Mädchenbank entlang, denn alle Plätze schienen bereits besetzt zu sein. Am Ende der Bank angekommen, zögerte sie kurz, gab dann aber der dort Sitzenden einen kleinen freundschaftlichen Schubs und bat sie, ein wenig nach rechts zu rücken.

Hilflos, kopflos und verliebt

Dann plötzlich vernahm ich „C'est au tour des dames de choisir leurs cavaliers!" Das Blut pochte in den Schläfen, der Schweiß klebte an den Händen und die Knie wurden weich. Mein Gegenüber lächelte verhalten und ließ kurz den Blick wie suchend durch den Raum streifen. Dann stand sie auf, sah mich an, nickte mit dem Kopf und bedeutete mir mit beiden Händen, zu ihr zu kommen. „Mach schnell", schien das zu heißen, „bevor ich's mir anders überlege."

Aber Burschen haben ja beim Empfang solcher Signale immer die längere Leitung. „Ich? Wirklich ich?", deutete ich mit schlecht gespieltem Erstaunen.

Noch einmal kam das Kopfnicken, schon ein wenig ungeduldig. Da gab es für mich kein Zögern mehr, betont entschlossen steuerte ich auf sie zu.

Dieselben großen, dunklen Augen wie damals am Dorfplatz sind auf mich gerichtet, derselbe prüfende Blick. Dann ein sanftes, fast nachsichtig wirkendes Lächeln. Wie das einer Mutter, die ihrem Sohn ein Bubenstück verzeiht. So als würde sie sagen: „Hab ich dich endlich, du Bengel!"

Dann streicht sie die langen dunkelbraunen Haare zurück, und was sie mit ihrer angenehmen, dunklen Stimme zur Begrüßung sagt, überrascht mich nicht wenig: „Du kannst einen aber ganz schön nervös machen, mein Junge!"

Ohnehin schon mehr als verlegen, weiß ich darauf keine Antwort. Womit wohl sollte ich sie nervös gemacht haben? Mit meiner Unsicherheit? Mit der fehlgeschlagenen Liebesnachricht? Oder gar mit meinem entschlossenen, maskulinen Auftreten? Eigentlich wollte ich mit einer formvollendeten Verbeugung und einem galanten „Vous permettez, Mademoiselle?" beginnen, doch fällt mir so gar nichts Passendes ein.

Und dann kommt gleich die nächste Überraschung: „Salut, Christian. Je m'appelle Yvonne." Bevor ich noch ein förmliches „Enchanté" hervorbringen kann, erfasst sie meinen rechten Arm, hängt sich bei mir ein und führt mich mit sanftem Zug zur „Promenade", die jedem Tanz voranzugehen hatte.

Ein paar Schritte gingen wir schweigend nebeneinander. Tausend Dinge wollte ich ihr sagen, tausend Fragen stellen, und doch fiel mir in diesem Moment keine einzige ein. Schon gar nicht auf Französisch.

„Doch", schoss es mir in den Sinn „etwas könnte ich sie doch gleich fragen. „Wieso heißt du nicht Ingrid, sondern Yvonne? Und woher weißt du meinen Namen?"

Das war dann schnell erklärt. Johnny hatte tags zuvor im Kiosk zusammen mit Judith auch deren Freundinnen Ingrid und Yvonne getroffen. Dabei hatte er nicht nur sich selbst vorgestellt, sondern auch mich als Briefschreiber erwähnt. Darauf machte ihn Judith mit ihren Freundinnen bekannt. Weil Johnny jedoch nur Augen und Ohren für Judith hatte und Männer bekanntlich nicht immer genau zuhören, hatte er die Namen einfach verwechselt.

Was ich noch auf der kurzen „Promenade" erfuhr: Yvonne war 17, kam aus Hannover und sprach hervorragend Französisch. Als dann die ersten Takte eines Foxtrotts erklangen, hielten wir an und nahmen Aufstellung zum Tanz.

Auch wenn sie nur ein Jahr älter war als ich: Mir gegenüber stand eine Frau – eine richtige Frau. Mit allem, was dazugehört. Und das nicht zu knapp. Kurz senkte ich den Blick zu Boden und ließ ihn dann langsam höher gleiten. Kleine Schleifen zierten die roten Schnürschuhe. Durch die Strumpfhose mit eingesticktem Muster waren unschwer wohlgeformte Beine zu erkennen. Der karierte Minirock und die knapp geschnittene ärmellose Bluse hingegen ließen noch Platz für Fantasie. Wieder auf Augenhöhe, schien sie mich zu fragen:

„Na, gefalle ich dir?"

„Und wie, Yvonne! Ich hoffe, du merkst es, denn zu sagen wage ich das nicht."

Yvonne war fast so groß wie ich und wie gesagt ein Jahr älter. Aber dieses eine Jahr machte doch einen spürbaren Unterschied aus. Sie war eine fast fertige junge Frau, die sich ihrer Wirkung voll bewusst zu sein schien. Ich hingegen war noch ein unsicherer Grünschnabel, der nicht immer wusste, was er mit seinem hochgeschossenen Körper anfangen sollte. Das zeigte sich dann auch gleich in den folgenden Tänzen. Yvonne brachte ihre weibliche Anmut selbstsicher aufs Parkett, während ich um Rhythmus und Haltung kämpfte und schwankend zwischen Schüchternheit und Wagnis selten die richtige Distanz fand.

Nach den ersten Tänzen ging es sehr artig weiter. Yvonne nahm mich am Arm, hängte sich abermals bei mir ein und ließ sich zum nächstgelegenen Tisch führen, an dem noch zwei Plätze frei waren.

Vor weiterer Tuchfühlung wollte sie dann bei einem kühlenden Glas Perrier doch so einiges von mir wissen. Wer ich sei, was ich sei, woher ich sei, warum ich da sei – und weshalb ich gerade auf sie käme. Nach eher knapper Beantwortung der ersten Fragen ging ich auf die letzte umso lieber ein: „Du bist mir beim Dorffest sofort aufgefallen, hast nicht so grün und aufgeregt gewirkt wie die anderen. Besonders erfreut war ich darüber, dass du Deutsch sprichst, und als du dich dann nach mir umgeblickt hast, war mir klar: ‚Bei der versuch ich's."

Yvonne betrachtete mich eine Weile, bevor sie fragte: „Aber weshalb hast du das nicht gleich getan, weshalb der Brief?"

Ich rückte etwas näher zu ihr. „So direkt Anquatschen ist halt nicht meins. Den Brief fand ich irgendwie romantischer."

„Du konntest doch nicht wissen, was damit passiert, mein Junge – es geschah damit auch nicht ganz das, was du wolltest", entgegnete sie und beließ es bei einem nachsichtigen Lächeln. Was aus dem Zettel in ihrer Kapuze wirklich wurde, erfuhr ich vorläufig noch nicht.

Von der angekündigten Aufsicht war inzwischen nicht mehr viel zu merken, wir konnten ungestört Deutsch sprechen. Die Direktorin hatte sich mit den beiden Damen, die am Eingang postiert waren, zu Kaffee und Zigarette zurückgezogen. Lucie blieb vorerst verschwunden und so führte Thimothé gekonnt Regie. Offenbar hatte er bemerkt, dass sich einige Paare schon ganz gut verstanden. Jedenfalls wurden die nächsten Tänze immer langsamer.

Später erlosch die Disko-Beleuchtung fast vollständig und ein langsames Trompeten-Solo erklang. Vorsichtig kamen wir einander näher. Schließlich wagte ich es, Yvonne ganz zu umfassen und fühlte gleichzeitig ihre Hände in meinem Nacken. Unsere Unterhaltung war verstummt. Mir fiel auch nichts mehr ein, denn das Hirn war längst schon ausgeschaltet. Erstmals eine richtige Frau in den Armen zu halten, ihren Körper, ihren Duft und ihre Wärme zu spüren, das raubte mir den Rest von Verstand und Sprache. Die romantische Musik und die Dunkelheit nutzend, drückte ich sie noch ein wenig fester an mich und für einige Augenblicke berührten unsere Wangen einander. Diese zeigten sich dann auch sichtlich gerötet, als leider viel zu früh das Licht wieder anging.

„Du kannst einen wirklich ganz schön nervös machen", wiederholte Yvonne kokett und diesmal klang es irgendwie anerkennend. Uns so wagte auch ich die Feststellung:

„Du, ja du … machst mich ja auch nervös … Was heißt nervös … Du machst mich irgendwie … völlig wirr im Kopf."

Der Versuch, mein Gestammel zu entschuldigen, schlug fehl.

„Na, dann lass das Blut mal wieder zurückfließen", bekam ich keck zur Antwort.

Yvonne war offenbar nicht nur geübt im Umgang mit unsicheren, sondern auch mit zudringlichen Bewerbern. Zwar hatte sie sicher auch Spaß am engen, langsamen Tanz, auf ein vorschnelles Geknutsche aber wollte sie sich nicht einlassen.

„So, und jetzt mal wieder richtig …", kündigte sie mit gespielter Strenge an, ging kurz darauf zu Thimothé und orderte Chubby Checker mit „Let's Twist Again". Dann kam sie tanzend wieder zurück. Es gab zwar keinen weiteren Körperkontakt, die kreisenden und schiebenden Bewegungen ihrer Hüften waren aber nicht minder aufregend. Der Twist galt Anfang der 60er-Jahre für einige sittenstrenge Zeitgenossen noch als anstößig, hier stieß sich jedenfalls niemand daran. Yvonne tanzte nicht wirklich wild und ausgelassen, wirkte aber immer sehr geschmeidig und locker und vor allem sehr weiblich. Da die tänzerischen Anforderungen beim Twist ja eher gering sind, konnte ich in Ruhe ihre drehenden Figuren beobachten. Wenn sie den Oberkörper schüttelnd nach vorne bog, starrte ich natürlich auf die Bewegung in ihrem Ausschnitt, in der Rückansicht dann auf das hochrutschende Röckchen. Ihrer fraulichen Ausstrahlung bewusst, wiederholte sie gerade diese Bewegungen mehrfach. Auch die abschließende tiefe Verbeugung wirkte durchaus ein bisschen frivol.

Es war heiß geworden im Saal. Nachdem wieder „Promenade" angesagt war, lenkte ich Yvonne zu der Glastür, die in den Garten führte. Sie ließ sich öffnen. Ein kurzer Blick, ob uns auch keiner sieht, und schon standen wir draußen in der kühlen Sommernacht. Yvonne fröstelte. Ich legte ihr zuerst meinen Blazer und dann meine Arme um die Schultern. Sie erwiderte kurz die Umarmung, strich mir dann über den Hinterkopf und sagte ganz leise und langsam: „Danke für den Abend, es hat Spaß gemacht."

Du musst sie jetzt küssen, sagte ich mir. Wann, wenn nicht jetzt? Aber wie? Gleich auf den Mund oder erst galant auf die Hand, so wie ich es in der Tanzschule gelernt habe?

Yvonne erkannte die Absicht und kam mir zuvor. Ein flüchtiges Küsschen auf die Wange, dann reichte sie mir den Blazer zurück.

„Tschüss, mein Junge!"

„Aber wir sehen uns doch …"

„Wenn es nachmittags schön ist, bin ich immer im Schwimmbad. Schau halt mal vorbei."

Noch ein atemberaubendes Abschiedslächeln und sie verschwand eilends im Dunkel des Gartens.

Zweierlei Abschied

Da stehe ich nun, atme noch ihren Duft auf meinem Blazer ein, spüre ihre Hände in meinem Nacken und kann noch nicht ganz begreifen, was das war, heute Abend. Zum ersten Mal habe ich ein Mädchen, sogar ein sehr liebenswürdiges, hübsches und wohlgeformtes in meinen Armen gehalten. Mehr noch, ich habe mit ihr gut zwei Stunden verbracht und mich dabei anscheinend gar nicht so dumm angestellt.

Na gut, zum Schluss ist sie mir davongelaufen. Aber eine zarte Hoffnung bleibt doch zurück. So zart eben wie das flüchtige Abschiedsküsschen. Das hätte es doch gewiss nicht gegeben, wäre ich ihr völlig gleichgültig, versuchte ich ein wenig Klarheit in meine Gedanken zu bringen. Noch etwas wurde mir auch sofort klar. Es gibt nur mehr einen Ort auf der Welt, der mich wirklich interessiert: das Schwimmbad von Champéry.

Langsam kehrte ich wieder in den Tanzsaal zurück, ohne zu wissen, warum. Yvonne war ja nicht mehr da.

Das helle Licht und die laute Musik wirkten irgendwie unangenehm. Doch dann entdeckte ich zu meiner Überraschung Johnny und Judith in einer Ecke des Saales. Nach dem Liederabend am Grillplatz hatte Judith scheinbar doch noch Lust aufs Tanzen bekommen. Im Tanzsaal selbst herrschte keinerlei Förmlichkeit mehr und die beiden fanden sofort sehr nahe zueinander. Eine Weile sah ich ihnen noch versonnen zu, dann wollte ich aber wirklich gehen.

„Do you want to go just now? What about one more dance?"

Erstaunt wandte ich mich um, und hinter mir stand – Leslie. Damit hatte ich nun keinesfalls gerechnet. Offenbar dachte sie, jetzt wieder an der Reihe zu sein, zumal es doch schien, als sei mir das Mädchen meiner Wahl abhanden gekommen.

Obwohl sie in der Zwischenzeit um nichts anziehender wirkte, wollte ich sie auf keinen Fall kränken. So versuchten wir es noch einmal miteinander und shakten eine Weile zu „Lucky Lips", was auch fast fehlerlos gelang. So richtig „lucky" fühlte ich mich dabei trotzdem nicht. Irgendwie nervte Cliff Richard mit seinem Song. Hatte ich doch vorhin die Chance auf „lucky lips" vertan. Bei Leslie wären die Erfolgsaussichten vielleicht größer gewesen, doch der Anreiz halt wesentlich geringer.

Sei nicht ungerecht, sagte ich mir. Sie ist ein nettes, kluges Mädchen. Halt nicht hübsch, aber anhänglich und geduldig. Trotz deines eigenartigen Benehmens ist sie freundlich geblieben. Sie hat auf dich gewartet, du darfst sie nicht enttäuschen.

Inzwischen war Lucie wieder aufgetaucht. Thimothé hatte sie so laut begrüßt, dass alle im Saal es hören mussten. Mit einem Mal änderte sich die Tanzhaltung von Johnny und Judith, und auch die einiger anderer Paare. Lucie bekam einen fast tanzschulmäßigen Foxtrott zu sehen und schien damit zufrieden.

Einige waren sich nähergekommen, aber keiner war aus der Rolle gefallen. „Alors, bien amusé?", wollte Lucie sogar von Johnny und Judith wissen, als sie an ihr vorbeirauschten. Und beide zeigten deutlich, dass sie sich mehr als gut amüsiert hatten. Bei Leslie und mir war das nicht so offensichtlich, aber auch wir wurden mit einem wohlwollenden Lächeln bedacht.

Nach dem verunglückten Nebel-Rendezvous hatte Lucie an diesem Abend doch etwas von ihrem Schreck verloren und ihre Rolle als strenge Sittenwächterin, zumindest vorübergehend, abgelegt. Fast schien es, als würde sie sich darüber freuen, „ihren Mädchen" doch halbwegs passable Unterhalter und Tänzer besorgt zu haben.

Für Leslie traf das leider nicht ganz zu. Zwar tanzte ich immer noch mit ihr, doch meine Gedanken waren ausschließlich bei Yvonne. Ich wollte ihr aber auch nichts vorspielen, das wäre nicht fair gewesen. Ich versuchte, ihr noch etwas Nettes zu sagen, und stellte den nächsten Sonntag in Aussicht. In der Zwischenzeit wäre ich bemüht, an meinem Tanzschritt zu feilen.

Als wir einander zum Abschied die Hände reichten, dachte ich, dass sie sich jetzt vielleicht genauso verwirrt fühlen müsste wie ich kurz zuvor bei der Verabschiedung von Yvonne. Ganz bestimmt hatte sie sich mehr erwartet, als nur freundliche Worte. Einen Moment lang wusste ich nicht, wer von uns beiden mir mehr leid tun sollte. Aber so ist es nun eben bei einem 16-jährigen. Da zählen nicht die inneren Werte, lediglich die äußeren Reize, da interessieren nicht Klugheit und Charakter, sondern zunächst einmal Aussehen und Sex-Appeal. Und damit konnte Leslie nun mal ganz und gar nicht dienen.

Aber schon auf dem Heimweg waren sämtliche Zweifel und Schuldgefühle verflogen, und in meinem heißen Kopf war nur noch Platz für Yvonne.

Drei Freunde erzählen

Schwer zu sagen, wer von uns dreien diesen denkwürdigen Sonntagabend schöner verbracht hatte. Der eine war mit seiner mexikanischen Schönheit durch den Ort gebummelt, der andere fand ein Mädchen, das seinen Beatles-Enthusiasmus teilte, und dem dritten war überhaupt das erste, aufregende weibliche Wesen seines Lebens über den Weg gelaufen.

Judith war schon länger mit Yvonne befreundet, bereits im Jahr davor hatten die beiden die Ferien gemeinsam in Champéry verbracht. Judith wirkte mit ihrer zarten Figur etwas jünger als ihre Freundin. Auch war sie deutlich lebhafter, hatte eine sehr offene und unkomplizierte Art, nannte die Dinge beim Namen und konnte unglaublich witzig sein. Ihr etwas härterer Zungenschlag – sie kam aus Bremen – wirkte auch für Wiener Ohren keineswegs unangenehm. Aus ihrem Sommersprossengesicht lachte immer wieder der Schelm, mit ihrem kecken Blick schien sie keinem Abenteuer abgeneigt.

Johnny war es also tatsächlich gelungen, sich mit Judith zu treffen und mit ihr gemeinsam zum Grillplatz unten am Fluss zu gehen, der glücklicherweise unbesetzt war. Ungestörter Romantik stand also nichts mehr im Wege. Johnny hatte sich auf einen großen Stein am Flussufer gesetzt und dann ohne längere Erklärung einfach zu spielen begonnen. Sein einleitendes Gitarrensolo verzauberte sie sofort. Dem schwärmend vorgetragenen Wunsch „I Want to Hold Your Hand" konnte sie nicht lange widerstehen – dann verstummte die Gitarre allmählich. Die beiden blickten händchenhaltend ins dahinplätschernde Wasser und Johnny flüsterte nur noch „Hold me tight". So ähnlich hörte es sich jedenfalls in seiner Erzählung an, der wir beiden anderen etwas ungläubig folgten.

Mein Bericht hatte die gewohnte Kürze, doch wer mich kannte, dem dürfte schnell klar geworden sein: Den Kerl hat's ganz schön erwischt.

Alex war mit Rosita groß ausgegangen. Erst gab es im Bahnhofs-Bistro ein „Chäsküchli", anschließend in der Sportplatz-Kantine ein Schoko-Himbeer-Eis und zu guter Letzt konsumierte man im Dorf-Café noch mehrere Drinks. Der Rückweg führte sie über das nahe am Internat gelegene Tannenwäldchen. Auf der verschwiegenen Holzbank verbrachten sie dann den aufregendsten Teil des Abends.

Jugendsprache

Unsere lebhafte Unterhaltung führten wir auf der Terrasse an der Rückseite des Internats. Weder Lehrer noch Aufseher waren in Sicht, sodass wir ungeniert plaudern konnten. Verstanden hätte uns ohnehin keiner. Auch deutschsprachigen Mitschülern wären unsere Gespräche wohl unverständlich geblieben.

Im Gegensatz zu Johnny, der zumindest noch einigermaßen zusammenhängende Sätze von sich gab, bewegte sich die Kommunikation zwischen Alex und mir teilweise auf einem Niveau, das auf mittelschwere Sprachstörungen hinzudeuten schien. Es war eben die Sprache der Zeit, die Sprache zweier 16-Jährigen, die in Wien aufgewachsen waren. Klar, wir beherrschten auch das Hochdeutsche einwandfrei, aber es war für uns einfach zu brav, zu angepasst, die korrekte Sprache der Eltern zu sprechen.

Erst die Beherrschung des Urwienerischen, angereichert mit ein paar gerade aktuellen Modeworten und Wendungen sicherte die nötige Beachtung. Das Gesagte sollte schließlich nur für geschulte Ohren verständlich sein. Nur für den Eingeweihten war in den kurzen Wortfolgen auch ein allfälliger Sinn erkennbar und in den feinen Nuancen dann auch so manche Emotion auszumachen. Die Unterhaltung, in der sich Alex anderntags nach meinem ersten Tanzabend erkundigte, hatte im Originalton dann auch in etwa so geklungen:

„Servas!"

„Servas!"

„Wie wår's …?"

„Jå, eh …"

„Is kumma …?"

„Jå, schoo …"

„Und, is wås eini'gångan?"

„Na, no net wirkli."

„Håt's di ånglahnt' låss'n?"

„Na, tånzt håmma eh …"

„Haaße Lamurhatscher?"

„ Jå, eh a."

„Und, wår de Bissgurn då?" (Lucie, Anm.)

„De håt si boid g'schlichn."

„Und håst 'as dånn packt?"

„Na jå, … a bissl hoit."

„Und sonst …?"

„Jå, wår eh irr-geil."

„Ålso håt's passt."

„Jå, eh."

Um den emotionalen Bogen nicht zu überspannen, trat dann eine kurze Gesprächspause ein. Danach war es an mir, Alex über seine Erlebnisse mit Rosita zu befragen.

„Und, wie wår's mit da Senjorita …?"

„Der Hås' is a Wåhn!"

„De håt di jå gånz schee åm Bandl!"

„Is a Wunda?"

„Na, de is echt haaß."

„Nur Schmäh rennt hålt kana mit Spanisch."

„Wås wühst no …?"

„Nix, passt eh."

„Wo seid's eineg'fålln?"

„In die Dorf-Bumsen."

„Wås håbt's 'tschechert?"

„Zwa Cola-Rum und an Tequilla."

„An wos …?"

„Kennst net, wos Mexikanisches, sie steht drauf."

„Aha, und dånn …?"

„Åb aufs Wåld-Bankl …"

An diesem Punkt angelangt, verzichte ich diskret auf weitere Erkundigungen. Alex ließ offenbar die Ereignisse auf der Wald-Bank in Gedanken noch einmal ablaufen und bemerkt dann abschließend: „Echt leiwaund då, i kennt's no länga aushoid'n."

Ohne Weiteres konnten wir aber auch auf das progressive Jugend-Deutsch der 60er-Jahre umsteigen. Auch bei dieser, dem Hochdeutschen angenäherten Sprachform war es das Wichtigste, sich von Eltern, Lehrern und sonstigen erwachsenen Mitmenschen abzuheben.

Stinknormale Adjektiva wie gut, schlecht, schön oder hässlich hatten hier also nichts verloren.

Zeigte man sich von einem Erlebnis angetan, so war es „Spitze" oder einfach ein „Wahn". Was sich nicht im Rahmen des Üblichen bewegte, war zumindest ein „Skandal", meist aber ein „Exzess". Natürlich galt fast alles, was Spaß machte, auch schon damals als „geil" oder „gierig".

Suchte man darüber hinaus noch einen Superlativ, so machte sich „irr", „brutal" oder „genial" immer gut. Aus dem hübschen Mädchen wurde der „steile Zahn" oder die „griffige Schnalle", aus dem weniger hübschen die „Assl" oder der „Ziegel". Bezeichnenderweise sind für männliche Jugendliche dergleichen Bewertungen nicht überliefert.

Wem es nicht gut ging, der war „total am Sand". Unangenehmes fand man einfach „ätzend", schlechte Ideen „voll bescheuert". Wer wenig auf Äußeres gab, galt als „vergammelt". Wollte man seinen Frust verbal voll abladen, durfte es dann durchaus noch etwas deftiger werden. Dem Unlust-Objekt wurde ein kraftvolles „Scheiß-", „Huren-" oder „Sau-" vorangestellt, was sich auch hervorragend miteinander kombinieren ließ. In jedem Fall erhielt man die gebührende Aufmerksamkeit. Wenn schon nicht anders, gelang es wenigstens, mit der Sprache zu provozieren und zu schockieren.

In der Gesellschaft von Mädchen verfeinerten sich dann aber meistens die Umgangs- und Sprachformen.

Klarerweise durften aber auch hier die gängigen Mode-worte nicht fehlen. Man wollte sich schließlich auf der Höhe der Zeit zeigen, auf vulgäre Kraftausdrücke wurde jedoch verzichtet. Mitunter fiel sogar ein Fremdwort, ein Zitat oder Bonmot, das ein gewisses Bildungsniveau vorgeben sollte.

Dieser ständige Wechsel der Sprache war auch eine der großen Herausforderungen in Champéry.

Nicht immer gelang das schnelle Umschalten zwischen Prolo-Wienerisch, Burgtheater-Deutsch, anspruchsloser Alltagssprache und Schul-Französisch. Die Sprache der Situation, den Gesprächspartnern und den eigenen Fähigkeiten anzupassen forderte doch so einiges an Gewandtheit und Sensibilität. Ein gewisses Gespür dafür habe ich wohl in jenem Feriensommer bekommen, der mich mit so vielen unterschiedlichen Menschen und Sprachen zusammengeführt hat.

Die Sprache der Liebe

Mit Rosita war Alex zweifellos ein Volltreffer gelungen. Die rassige Mexikanerin zog bewundernde Blicke nicht nur auf sich, sondern auch auf ihren Begleiter. Sie war unbestritten eines der hübschesten Mädchen des Internats.

Nicht ganz zu ihrem Aussehen passte ihre anfangs eher stille, fast schüchterne Art. Vielleicht lag das auch daran, dass sie fast nur Spanisch, ganz wenig Französisch und noch weniger Englisch sprach.

So wollten die Freunde natürlich wissen, wie denn wohl die Kommunikation zwischen den beiden ablaufe. (Alex war ja nicht gerade auf den Mund gefallen, und man konnte sich schwer vorstellen, dass er sich nur der Zeichensprache bediente.)

„Was sagt sie, während ihr gerade ...?"
„Was sagst du, wenn du willst, dass sie ...?"
„Wie nennt ihr es, wenn ihr ...?"
Für die nachgefragten Worte gab es im Langenscheidt-Wörterbuch sicher keine korrekten Übersetzungen.

„Die Sprache der Liebe ist international", entgegnete Alex leicht verärgert über die so indiskreten Fragen. „Wir verstehen uns auch ohne viele Worte."

Aber irgendwie schien er mit Rositas Sprachlosigkeit doch so seine Probleme zu haben. Man traf sie händchenhaltend, aber schweigend beim Bummel durch die Dorfstraße, sah sie beim stillen Genuss eines Eisbechers am Schwimmbad-Büffet oder konnte sie beim Minigolf-Spiel beobachten.

Mädchen- und Männersport

Minigolf war übrigens auch in der Schweiz die Trend-Sportart der frühen 60er-Jahre.

Es war ein Schweizer Gartenarchitekt, der die Idee hatte, einen Golfplatz für jedermann zu bauen, und bald besaß jedes größere Dorf, das auf sich hielt, eine derartige Anlage. Für viele zählte Minigolf zum bevorzugten Wochenendvergnügen. Die körperlichen und konditionellen Anforderungen hielten sich in Grenzen und so waren Damen und Herren unterschiedlichsten Alters auf den Plätzen ebenso anzutreffen wie Kindergruppen oder junge Paare.

Familienväter im Sonntagsanzug notierten mit der Ernsthaftigkeit von Bilanzbuchhaltern die Zahl der Schläge, reihten die Wartenden vor den schwierigsten Bahnen und prüften die korrekte Einhaltung der Abschlagpunkte.

Die Begeisterung für diesen doch recht bewegungsarmen Sport war bei den Mädchen und Burschen der „École nouvelle" allerdings nicht allzu groß. Eher wurde der Platz als unverdächtiger Treffpunkt genutzt.

Auch Rosita fand sichtlich mehr Spaß am Tennisspiel, und ich hatte eines Nachmittags das Vergnügen, ihr in einem Mixed-Doppel gegenüberstehen zu dürfen. Sie hatte eine Freundin mitgebracht, die zwar nicht ganz so attraktiv war, aber dafür deutlich besser Französisch sprach.

So verbrachten Alex und ich mit den beiden zwei aufregende Stunden. Die Mädchen zeigten sich durchaus begabt in diesem Sport und straften die boshafte Bezeichnung des Mixed-Doppels als „Herren-Einzel mit Damen-Behinderung" eindrucksvoll Lügen. Natürlich fehlte es Alex und mir an der nötigen Konzentration. Man kann ja schlecht den Ball und gleichzeitig auch noch die aufregende Beinarbeit der Gegnerinnen verfolgen. Wir hatten wohl beide mehr Blick- als Ballkontakte, waren weniger auf das Spiel als vielmehr auf die Spielerinnen fixiert.

Die zuvor so still wirkende Rosita zeigte sich im Spiel durchaus temperamentvoll und begleitete gelungene Schläge mit einem lauten, hüpfenden „Juhu", wodurch sie in ihrem kurzen Kleidchen noch reizvoller erschien. Mit den Bällen flogen auch Scherze, Neckereien und andere laute Ausrufe über das Netz, was zwar im noblen Ambiente des Tennisclubs als unfein galt, aber den Reiz des Spieles durchaus erhöhte.

Der Tennissport hatte noch einen elitären Ruf, war sozusagen das Golfspiel der 60er-Jahre. Die Idole der Zeit wie Rod Laver oder Ken Rosewall waren auf dem Platz untadelige Gentlemen, wurden nie laut, warfen nie die Schläger oder beschimpften die Schiedsrichter und hatten so eine gewisse Vorbildwirkung. Überall galt noch der strenge Wimbledon-Dresscode: ganz in Weiß.

Den Tennisplatz in Champéry betreten zu dürfen galt als besondere Auszeichnung. Der gestrenge Platzwart prüfte nicht nur die ordnungsgemäße Bekleidung, sondern auch die sportliche Reife und gesellschaftliche Eignung der Spieler. Die Internatsinsassen galten vor allem in letzterer Hinsicht als problematisch, waren doch mitunter unbeherrschte Jubelschreie oder unflätige Flüche weithin zu hören. Wer aber verschlagene Bälle mit einem lauten „Merde" oder „Shit" kommentierte, riskierte den sofortigen Platzverweis. Auch blutige Anfänger wie ich waren nicht unbedingt gern gesehen, erwartete doch die kritische Zuschauer-Lounge von den im Club auftretenden Spielern ein Mindestmaß an Eleganz und Ästhetik.

Mein Einstieg in den Tennissport war aber erst wenige Wochen davor erfolgt. Im Wiener Donaupark, der im Frühjahr des Jahres 1964 anlässlich der großen Gartenschau eröffnet worden war, hatte ich zusammen mit einem Klassenkameraden mein Debüt gefeiert. Hier gab es eine große asphaltierte Fläche, auf der drei Tennisplätze mit weißer Kreide markiert waren. Allerdings fehlten die Netze. Drei quer gestellte Parkbänke erfüllten diese Funktion nur mangelhaft. Auch gab es keine Umzäunung. Verschlagene Bälle mussten in den umliegenden Wiesen und Blumenbeeten aufgespürt werden, was den Rhythmus des Spieles doch stark beeinträchtigte. Zumindest aber konnte ich mich mit den Grundregeln vertraut machen und lernte auch die eigenartige Zählweise, die diesem Sport offenbar besondere Exklusivität verleihen sollte.

Immerhin, als passabler Federballspieler war mir der Umgang mit Ball und Schläger nicht völlig fremd, und unkritische Zuschauer glaubten ein gewisses Talent bei mir zu erkennen. Dieses war in Champéry allerdings noch nicht ganz ausgereift. Meine ersten Auftritte am hochnoblen Sand des Tennisclubs wurden aber mit wohlwollender Nachsicht aufgenommen und ich erhielt die Erlaubnis zu weiteren Spielen. Ausnahmsweise war mir Alex in diesem Sport nicht voraus. Als ziemlich gleichwertige Partner lieferten wir uns einige spannende Partien, wenn auch auf bescheidenem Niveau. Wesentlich aufregender war aber dann das Spiel mit Rosita und deren Freundin.

Neidlos mussten wir beide anerkennen, dass sich die Mädchen als klar besser erwiesen. Trotzdem waren wir erstaunt darüber, weil für uns Sport bislang ausschließlich männlich war. Zusammen mit Mädchen Handball, Basketball, Volleyball oder gar Fußball zu spielen war schlicht unvorstellbar.

Wer das getan hätte, wäre wohl als ängstliches Weichei verspottet worden, das im harten Männersport eben chancenlos war. Rosita und ihre Freundin ließen uns diese Vorbehalte aber sofort über Bord werfen. Alex war mächtig stolz darauf, die schöne Mexikanerin dem staunenden Publikum präsentieren zu können. Bei einem Sport, dessen Ausdrücke und Regeln auf der ganzen Welt gleich sind, unterhielten wir uns auch ohne mühsame sprachliche Verrenkungen gut. Zumindest zeigten wir uns des richtigen Zählens kundig, ließen mit einigen Fachausdrücken aufhorchen, und auf Englisch klang das sogar ziemlich professionell.

Mindestens so aufregend wie das Spiel gestaltete sich dann das „Après“. Die Mädchen forderten ihren Siegespreis ein und ließen sich in der Club-Lounge ganz ungeniert auf ein Eis einladen. Eine Situation, die Alex und ich so noch nie erlebt hatten. Die sogenannten „steilen Zähne“ kamen in unseren großspurigen Sprüchen zwar immer wieder vor, jetzt saßen aber zwei davon an unserem Tisch und wollten wohl irgendwie unterhalten werden. Sprachprobleme vorzuschieben, wäre wohl ungalant gewesen. Da die Konversationskünste aber begrenzt waren, versuchten wir uns in umso ausdrucksstärkerer Gestik und Mimik, um die beiden nicht zu enttäuschen. Das reichte immerhin, um den einen oder anderen Lacherfolg zu ernten, ohne ihn eigentlich angestrebt zu haben.

Während Alex und Rosita einander ja schon kannten, bemühte ich mich mehr um Rositas spanische Freundin, deren unaussprechlichen Namen ich mir aber leider nicht merken konnte. Nach gut einer halben Stunde hatte ich mühsam einiges über sie erfahren, was mir aber eigentlich gar nicht so wichtig war. Für interessantere Fragen fehlte mir teils der Mut, teils auch das Vokabular. Immerhin: Alex und ich hatten erstmals gemeinsam zwei Mädchen „ausgeführt" und uns dabei ja auch gar nicht so dumm angestellt. Wenn wir auch am Tennisplatz eine klare sportliche Niederlage bezogen hatten, das „Nachspiel" in der Lounge konnten wir einigermaßen offenhalten, und unser Vorschlag, das Ganze zu wiederholen, wurde von den beiden mit wohlwollendem Lächeln angenommen.

Eine Welt der Verbote

Der Besuch von Lokalen war meist mit der Frage verbunden: „Was geht dort?" In der Schweiz wurde der Jugendschutz kantonsweise unterschiedlich geregelt. Im Kanton Wallis waren der Konsum von Bier und Wein ab 16, jener von Spirituosen und Zigaretten ab 18 Jahren zulässig. Für damals angesagte Getränke wie Cola-Rum hatten wir also noch nicht die gesetzlich erforderliche Reife. Ebenfalls untersagt waren Karten- und Glücksspiele in der Öffentlichkeit.

Zu diesen zählte auch der beliebte Flipper-Automat, wie er im Dorf-Café von Champéry zu finden war. Der Spaß bestand darin, eine Stahlkugel mithilfe von zwei Hebeln, den „Flippern", auf einem abschüssigen Spielfeld möglichst lange im Spiel zu halten. Auch durch „Ruckeln" mit dem Gerät konnte der Lauf der Kugel verändert werden. Geld gab es keines zu gewinnen, sondern nur Freispiele.

Alex setzte einen ausgeprägten sportlichen Ehrgeiz darein, all diese Verbote zu umgehen. Er wirkte von Aussehen und Verhalten her auch älter, gab sich ernsthaft und lebenskundig und beeindruckte mit dem selbstsicheren Auftreten eines zumindest 18-Jährigen.

So hatte er wiederholt stolz vom Besuch streng jugendverbotener Filme berichtet. In diese Kategorie fielen beispielsweise Entkleidungsszenen, an deren Ende eine Rückansicht oder allenfalls für Sekundenbruchteile ein halber Busen zu sehen war. Auch einschlägige Herren-Magazine pflegte er am Kiosk mit einer Selbstverständlichkeit zu ordern, die immer wieder überraschte.

Auch in Champéry hatte er sichtlich Vergnügen daran, die Grenzen des Verbotenen auszureizen.

Auf das pflichtgemäße „Quel âge?" der Dorf-Café-Kellnerin bei der Cola-Rum-Bestellung kam mit derart sicherer Gelassenheit „Dix-huit, Madame", sodass sich offenbar jede weitere Prüfung erübrigte. „Nous avons tous dix-huit", fügte er dann noch kaltschnäuzig hinzu, womit die Situation meist auch für seine Begleitung geklärt war. Mit gleicher Unverfrorenheit packte er die Poker-Würfel aus oder legte eine Packung der bei Raucheranfängern gefürchteten filterlosen „Gitanes" auf den Tisch.

Dass die Jugendlichen damals gern provozierten, hatte einen guten Grund: Die frühen 60er-Jahre wurden, von einigen vernünftigen Schutzbestimmungen einmal abgesehen, von einer Reihe heute unvorstellbarer Verbote beherrscht. Dies galt ganz besonders in der damals noch besonders konservativen und prüden Schweiz.

Die „wilde Ehe", auch als Konkubinat bezeichnet, war gesellschaftlich noch vielfach geächtet und zum Teil auch rechtlich untersagt. Im Kanton Wallis wurde das Konkubinatsverbot erst 1995 (!) aufgehoben. Wer vor- oder außereheliche sexuelle Kontakte begünstigte, konnte nach dem Kuppeleigesetz bestraft werden. Demnach durften zum Beispiel Zimmervermieter Unverheirateten keine Räumlichkeiten zur Verfügung stellen, in denen sie „Unzucht" treiben konnten.

Für empfängnisverhütende Mittel gab es ein Werbeverbot. Die eben erst als Mittel gegen Menstruationsstörungen erfundene „Pille" durften nur an verheiratete Frauen abgegeben werden. Es erübrigt sich fast zu erwähnen, dass gleichgeschlechtliche Partnerschaften verboten und mit Haftstrafen bedroht waren.

Strafbare Nacktheit

Verboten war natürlich auch die Verbreitung „unzüchtiger Darstellungen", wozu strenge Zensoren zum Beispiel auch Aktfotografien zählten. Zu den Besonderheiten der Zeit gehörten die zahlreichen FKK-Zeitschriften, die in deutlich erkennbarer Absicht mit zahlreichen Illustrationen für eine „Zurück zur Natur"-Bewegung eintraten. Da die Darstellung nackter Körper aber generell als anstößig, wenn nicht sogar als pornografisch galt, konnten sich auch diese Publikationen kaum der Zensur entziehen. Sie fielen wie so viele Nacktdarstellungen unter das sogenannte Schmutz- und Schundgesetz.

Nacktheit wurde in den frühen 60er-Jahren noch vielfach tabuisiert. Das galt auch für den Naturkunde-Unterricht, wie die Biologie damals hieß. Auch der sichtlich verkrampfte Herr Professor unseres Wiener Gymnasiums hatte es im Anatomie-Unterricht vermieden, die bloß auf Lehrtafeln aufgezeigten Unterschiede zwischen Mann und Frau etwas deutlicher zu vermitteln. Daher dachte wohl ein aufgeweckter Mitschüler darüber nach, wie man dem etwas gehemmten Vortrag durch anschauliches Material mehr Würze verleihen könne.

So war eines Tages in der letzten Reihe des Klassenzimmers plötzlich ein Rascheln und ein halblautes „Weitergeben!" zu hören. Als eine während des Unterrichts übliche Form der Nachrichtenübermittlung an sich noch nichts Besonderes. Doch dann war mehrfach ein kaum unterdrücktes „Wooaauh!" zu vernehmen, das auf einen doch recht brisanten Inhalt schließen ließ. Die Spannung stieg, je näher die Sendung kam, bis dann der sichtbar erregte Nachbar unter der Bank mehrere FKK-Hefte weiterreichte. Die darin abgebildeten Nudistinnen waren zwar nicht unbedingt erotische Leckerbissen, aber für unbedarfte Knaben unseres Alters dennoch eine Sensation.

Es fiel wirklich schwer, die Hefte in der gebotenen Eile durchzublättern und dabei trotz aller Aufgeregtheit unbemerkt zu bleiben. Dem Kameraden in der zweiten Reihe gelang das nicht. Die geballte Nacktheit hatte ihn so sehr in seinen Bann gezogen, dass er den Lehrer, der direkt neben ihm stand, nicht wahrnahm.

Der Herr Professor brachte vor Entsetzen keinen Ton heraus, riss die Hefte an sich, stürzte mit hochrotem Kopf aus dem Klassenzimmer und blieb geraume Zeit verschwunden. Fast schien es, als hätte er selbst an verschwiegenem Ort das naturkundliche Anschauungsmaterial eingehend studiert. Jedenfalls erschien ihm die Sache aber doch zu heiß, denn er händigte das gesamte Material dem Direktor aus. Dieser wertete die beschlagnahmten Hefte erwartungsgemäß nicht als anschauliche Ergänzung zum Anatomie-Unterricht, sondern als groben Verstoß gegen Anstand und Moral, der mit Schulverweis zu ahnden war. Dazu kam es allerdings trotz eingehender Befragung eines Hauptverdächtigen nicht. Die Klasse schwieg, und der wirkliche Urheber wurde letztlich nicht gefunden.

Nun reizt pubertäre Knaben Verbotenes bekanntlich besonders, und so blieb auch in Champéry kaum eine Gelegenheit ungenutzt, heimlich Einblicke in die weibliche Anatomie zu gewinnen. Am Tennis- oder Minigolfplatz war dies nur unzureichend möglich, ungeahnte Möglichkeiten eröffnete uns hingegen das Schwimmbad.

Peep-Show in den Sechzigern

Ja, die gab es schon in den Sechzigern. Die Peep-Show ist keine Erfindung der dekadenten Sexualmoral des nachfolgenden Jahrzehnts. Es gab sie sogar in Champéry. Sie war im Gegensatz zu heute kostenlos und mindestens genauso aufregend.

Der Ort des sündigen Treibens: die hölzernen Wechselkabinen des Schwimmbades, in denen weiblichen Badegäste männlichen Besuchern meist unwissentlich einen mehr oder weniger heißen Strip boten. Die Kabinen waren praktischerweise nummeriert, sodass man sich die Peep-Show-Geeigneten leicht merken konnte. Bevorzugt wurden jene, die über kleine Bohrlöcher den Blick in beide Nachbarkabinen ermöglichten. Damit verdoppelte sich die Chance, eines unbekleideten weiblichen Körpers ansichtig zu werden. Nicht immer befanden sich diese Löcher an passender Stelle, sodass mitunter eine neue Bohrung notwendig wurde. Die Besitzer eines Schweizer Messers waren hier wieder einmal klar im Vorteil.

Das Vergnügen gestaltete sich in mehrerlei Hinsicht aufregend. Zum einen musste man möglichst unbeobachtet zu Werke gehen, zum anderen das Objekt der Begierde im richtigen Moment abpassen. Betrat ein einigermaßen gut gebautes weibliches Wesen die Szene, galt es, blitzschnell von der Nachbarkabine Besitz zu nehmen. Dies aber auch nicht allzu lange, um nicht womöglich den Unmut draußen wartender Badegäste zu erregen. Ein ungeduldiges Klopfen hätte die Erregungskurve sofort spürbar absinken lassen. Spannend und aufregend war vor allem die Ungewissheit, ob man überhaupt etwas zu sehen bekommen würde. Und wenn ja, dann was. Eine Frage, die sich bei herkömmlichen Peep-Shows ja erübrigt.

Herbe Enttäuschungen blieben freilich nicht aus. Oft musste man auch mehrere schlappe Pöpsche lang warten, bis endlich etwas Knackiges kam. Mit Pech endete dann die reizvolle Entkleidungsszene in einer nicht einsehbaren Ecke der Kabine oder die eilige Dame hatte den Bikini „drunter" schon an.

Es waren möglicherweise die Wechselkabinen von Champéry, in denen einige Knaben meines Alters zum ersten Mal nackte Weiblichkeit in natura erleben durften. Manchmal in voller Pracht, oft auch nur abschnittsweise. Jedenfalls aber immer hautnah. Natürlich waren das ganz neue, aufregende Erfahrungen, kannten doch die meisten von uns nackte Frauenkörper nur aus einschlägigen Magazinen, in denen sie aber meist noch mit schwarzen Zensurbalken versehen waren.

Mitunter schien es aber auch, als wüssten manche erfahrene Damen, was da so vor sich ging, und machten sich mit den jugendlichen Peep-Show-Besuchern hinter der Holzwand einen Spaß. So verweilten sie vor dem Abstreifen der letzten Hüllen kurz in reizvoller Pose, doch dann landete der abgelegte BH blitzschnell auf dem Haken über dem Guckloch und mehr als weiße Spitze war nicht mehr zu sehen …

In diesem Fall blieb dann dem erhitzten heimlichen Zuschauer nur der sofortige Weg ins kühle Schwimmbecken, die Hoffnung, nicht entdeckt worden zu sein und das nächste Mal vielleicht mehr Glück zu haben.

Freizeit

Die unangenehmste Zeit im Internat war die Freizeit. Nämlich jene Freizeit, die im Internat zu verbringen war. Sie galt der Vertiefung der Kontakte mit den Mitbewohnern in diversen Spielen, der Nutzung der Bibliothek und des sogenannten Freizeitraumes. Dieser bestand aus einem Flipper, einem Tischtennis-Tisch und einem „Wuzzler", wie die bei Halbwüchsigen so beliebten Fußballtische in Österreich genannt wurden. Ziel des Spieles war es, mit an drehbaren Griffstangen über einer rechteckigen Spielfläche angebrachten hölzernen Miniatur-Fußballern einen Ball ins gegnerische Tor zu schießen.

Dies geschah meist unter Anwendung übermäßiger Gewalt, ständigem Rütteln am Spieltisch und lautstarker Anweisungen an die Mitspieler.

Das Recht zur Benutzung der „Wuzzler" war streng hierarchisch geregelt. Nicht etwa den bereits lange Anstehenden war der Spieltisch zu überlassen, sondern die selbst ernannten Wuzzel-Stars hatten den uneingeschränkten Zugriff. Diese Clique bestand aus meist älteren, an anderen Sportarten uninteressierten Mitschülern, die ihre Wuzzel-Fertigkeiten offenbar durch mehrstündiges tägliches Training zu perfektionierten suchten.

Weniger Berufene hatten sich mit der Zuschauerrolle zu begnügen oder auf verletzungsbedingte Pausen der Profis zu warten, wie sie nach Quetschungen oder Stangenstößen in den Unterleib immer wieder auftraten.

Der Pingpong-Tisch hingegen stand fast ständig zur Verfügung. Das lag allein daran, dass sich keiner der Mitschüler um Netze, Schläger und Bälle kümmern wollte oder das notwendige Zubehör entweder gar nicht oder nur in kaum benutzbarem Zustand vorhanden war. Der Tisch wurde daher vorzugsweise für Karten-, Brett- und Würfelspiele benutzt. Besonders beliebt, weil verboten, war das Pokerspiel. Es waren vor allem amerikanische Mitschüler, die dieses an sich völlig geistlose und unkreative Spiel als die denkbar spannendste Freizeitaktivität ansahen. So versuchten sie auch, uns unkundige Europäer im Bluffen und Aufsetzen von coolem Pokerface zu schulen, was aber kaum gelang. Letztlich bestand die Spannung aber darin, dass Glücksspiele aller Art natürlich untersagt waren, und jedes unerwartete Auftauchen eines Lehrers die sofortige Vorladung in die Direktion zur Folge gehabt hätte.

Gern gesehen war hingegen das als geistig anspruchsvoll geltende Schachspiel, dem Alex und ich den einen oder anderen verregneten Nachmittag gewidmet hatten. Über die damals als Anfänger erlernten Züge bin ich zwar bis heute kaum hinausgekommen, dennoch hat das „Spiel der Könige" immer eine Faszination auf mich ausgeübt, mit der die Begabung aber leider nicht Schritt gehalten hat.

Mein bevorzugter Aufenthalt waren die Sport- und Gemeinschaftsräume jedenfalls nicht. Das lag nicht nur daran, dass ich Lärm, Rivalitäten und Rangeleien aus dem Weg gehen wollte, ich fühlte mich einfach – auch bei schlechtem Wetter – in der freien Natur viel wohler. Zeit nur für sich selbst zu haben, Erinnerungen nachzuhängen, die vielen Eindrücke und Erlebnisse in Ruhe wirken zu lassen bedeuteten mir mehr als das aufgedrängte Unterhaltungsangebot in der „École nouvelle."

So zog es mich immer wieder in die Stille des Waldes oder ich ließ am Flussufer den Gedanken und Fantasien freien Lauf. Bei einem dieser Spaziergänge stieß ich auch auf einen lauschigen Platz am Ortsausgang. Die Vièze floss hier, vor einem Fluss-Wehr aufgestaut, eher ruhig dahin und bildete eine idyllische, kleine Bucht. Ein schmaler Steg führte zur tiefsten Stelle. Unweit davon fanden sich am sandigen Ufer kreisförmig aufgelegte Steine und verkohltes Holz. Somit bestand kein Zweifel: Es war der Grillplatz, von dem ich schon einiges gehört hatte und auf dem ich auch noch einiges erleben sollte.

Die Konfrontation

Die vier „Hard-Rocker" aus England wurden immer unangenehmer. Larry, der älteste von ihnen, pflegte einen besonders rauen Ton mit den anderen Internatsbewohnern. Allen Regeln zum Trotz sprach er einen nur schwer verständlichen englischen Slang, und auch das mit sehr eingeschränktem Wortschatz. Bei kaum einem Satz kam er ohne „bloody" oder „fucking" aus, kaum ein Mitschüler, der nicht mit einem „shithead" oder „arse-hole" bedacht wurde. Diese Kraftausdrücke passten so gar nicht zu seiner geringen Körpergröße und recht zarten Statur. Bruce war der Kräftigste und wurde von Larry immer wieder als eine Art Bodyguard eingesetzt.

Mit lauter Stimme und ständigen Drohgebärden versuchte er, sich Autorität zu verschaffen, wirklich gewalttätig wurde er aber nicht. Howard, mein Zimmerkollege, war schwer einzuschätzen. Er sprach nur wenig und schien in der Bande eher der Mitläufer zu sein. Tim war ein an sich freundlicher, eher musischer Typ und sprach gut Französisch. Allerdings hat er einen nahezu fanatischen Hang zum Hardrock und wurde von den anderen darin bestärkt. Mike Jagger als oberste Gottheit zierte fast alle seine Kleidungsstücke. In seinem Zimmer fanden sich zahlreiche Poster und fast alle Alben der „Rolling Stones", aber auch „The Who" und „The Kinks" zählten zu den bevorzugten Rockbands, deren Platten sich allabendlich auf dem Kofferplattenspieler drehten. Mit den dazugehörigen Getränken stieg auch die Lautstärke in den Bereich der Tinitus-Gefährdung.

Die Bewohner der angrenzenden Zimmer wagten es jedoch lange Zeit nicht, dies der Internatsleitung zu melden. Ein spanischer Zimmernachbar, der sich eines Abends über den Lärm beschwert hatte, wurde von der Bande kurzerhand auf den Balkon gesperrt, ein anderer erregter deutscher Mitbewohner zur Abkühlung unter die Dusche gezerrt.

Irgendjemand traute sich dann doch, die Heimaufsicht zu verständigen. Daraufhin wurde die Vierer-Bande noch am selben Abend aufgelöst, in weit auseinander liegenden Zimmern einquartiert, der Plattenspieler konfisziert und eine dreitägige Ausgangssperre verhängt. Zu deren Glück hatten die vier alle Schnapsflaschen noch rechtzeitig verschwinden lassen. Denn der Besitz von alkoholischen Getränken hätte laut Internatsregeln den sofortigen Rausschmiss bedeutet.

Weitere Konflikte waren damit aber nicht aufzuhalten. Johnny blieb Zielscheibe der Hard-Rocker.

Als eher softer Typ und Beatle-Fan war er für weitere Attacken nahezu prädestiniert. Natürlich versuchten Alex und ich, ihm beizustehen. Alex konnte dabei durchaus sehr aggressiv auftreten, auch ohne handgreiflich zu werden. Er hatte, da er ja schon das zweite Mal hier war, einen guten Draht zu „Monsieur le directeur" und verstand sich auch mit Thimothé ausgezeichnet. Das zeigte er auch bei jeder Gelegenheit. Seine Drohung, bei weiteren Attacken gegen Johnny sofort die Internatsleitung einzuschalten, wurde daher von der Vierer-Bande sehr ernst genommen.

Meine Aufgabe bestand eher darin, Johnny vorzuwarnen. Die räumliche Trennung führte dazu, dass die Vierer-Bande ihre Aktionen zunehmend in den Waschraum verlegte. Hier galt für sie noch Versammlungsfreiheit. Wenn mein Zimmerkollege Howard für längere Zeit dort verschwand, war das immer ein Alarmzeichen. Die ohnehin glatten Fliesen mit Seifenwasser zu behandeln machte ihnen ebenso Spaß, wie mit Lippenstift obszöne Zeichnungen an die Spiegel zu malen oder den Brauseschlauch mit Kaugummi zu verstopfen.

Eines Abends hatten die Rocker aufs Neue den Waschraum okkupiert. Alex, Johnny und ich wagten aber dennoch einzudringen. Als wir den Raum betraten, hielten sie alle vier Waschplätze besetzt und ließen uns warten. Minutenlang wuschen sie – sonst wahrlich keine Reinlichkeitsfanatiker – Gesichter und Oberkörper und machten keinerlei Anstalten, damit aufzuhören.

„Okay boys, it's our turn now!", forderte Alex die vier noch relativ beherrscht auf.

Doch diese zeigten keinerlei Reaktion und plantschten unbeirrt weiter. „Stop your damned washing, immediately!", kam es von Alex deutlich schärfer.

„Fuck off"! Larry's Reaktion hatte das übliche Niveau.

„Last chance!", rief Alex laut und holte zum Schlag gegen den Bandenchef aus.

„Come on, Bruce", forderte Larry seinen Kumpanen zum Eingreifen auf.

Erstaunlicherweise aber zeigte Bruce keine Bereitschaft, eine Schlägerei zu beginnen. Er stieß Johnny und mich lediglich beiseite und verließ mit einigen unflätigen Flüchen den Waschraum.

Alex ging einen Schritt auf Larry zu, fasste ihn unter den Armen, hob ihn hoch und stellte ihn einen Meter weiter wie ein Gepäckstück ab. Howard und Tim waren dermaßen perplex, dass auch sie keinen Widerstand leisteten. Ein paar drohend-obszöne Gesten waren das Einzige, was ihren Abgang begleitete.

Auch andere Internatsbewohner hatten die Szene beobachtet und zeigten sich erleichtert, dass der Waschraum vorerst einmal von der britischen Gang gesäubert wurde.

„Vielleicht geben sie jetzt eine Weile Ruhe", meinte Johnny hoffnungsvoll und genoss es sichtlich, sein umfangreiches Pflegeprogramm ungestört durchziehen zu können.

Rocker und Halbstarke

Die Jugendbewegung der Rocker, der sich die vier offenbar zugehörig fühlten, war Anfang der 60er-Jahre von den USA ausgegangen und griff in der Folge zunächst auf England über.

Bei den Rockern handelte es sich meist um sozial benachteiligte Jugendliche in großen Städten, die sich zusammenschlossen. Die Mitglieder dieser ersten Rocker-Generation waren etwa zwischen 15 und 19 Jahre alt. Aus diesem Grund war die Motorisierung noch nicht so stark ausgeprägt wie bei der zweiten, einige Jahre später auftretenden Generation, die vor allem mit ihren aufgemotzten Motorrädern Aufsehen erregten. Das provozierende öffentliche Auftreten der Rocker mit ihren Symbolen wie Ketten, Helmen, Tätowierungen und Lederkleidung verbunden mit Schlägereien und Übergriffen führte zu einer sehr kritischen Presseberichterstattung, ja sogar einer Kriminalisierung dieser Jugendgruppen. Und gerade diese öffentliche Beachtung schien für viele Jugendliche attraktiv zu sein und die Zahl der Rocker-Gruppen stieg.

In Österreich sprach man eher von „Halbstarken" oder auch „Schlurfs". Für die Erwachsenen waren dies Jugendliche, die auf öffentlichen Plätzen herumlungerten, Passanten belästigten oder anpöbelten und sich sehr konfliktfreudig gaben. Größere Gruppen wurden auch „Platten" genannt. Da es kaum geeignete Lokale für Jugendtreffs gab und die elterliche Kleinwohnung überaus eng war, schufen die Gruppen ihre eigenen Plätze in Hauseingängen, auf Straßen, in Hinterhöfen. Überwiegend nahm man sie als asozial und unnütz wahr und rasch kam es zu einem Konflikt der Generationen.

Das äußere Erscheinungsbild der Gruppen folgte einem einheitlichen Trend: Der „typische" Halbstarke trug möglichst enge Jeans, bunt gemusterte Hemden oder Pullover und Kunstlederjacken. Die Elvis-Locke verlangte ständig nach einem Kamm, mit dem die Frisur in Form gebracht wurde. Es galt,

Konflikt der Generationen

aufzufallen, konservative Mitbürger zu ärgern und zu reizen, sich mit schrillen Pfiffen zu verständigen. Mit dem „Moperl" oder dem „Puch-Roller" kurvte man um den Häuserblock, die weibliche Begleitung fand auf der „Pupperlhutsch'n" Platz.

Die britische Gang in Champéry setzte eher auf Psychoterror. Drohungen, Beschimpfungen, lautes Gebrüll bis spät in die Nacht und betont assoziales Verhalten sollten die Mitbewohner einschüchtern und verunsichern. Auch wenn es dann nie zu konkreter Gewaltanwendung kam, allein die Nähe der Bande wirkte beunruhigend. Dabei stammten die vier wohl keineswegs aus schwierigen sozialen Verhältnissen. Ihr Reisebudget schien großzügig kalkuliert, wie die häufigen Lokalbesuche zeigten.

Zwar ließen sie im Unterricht und im Umgang mit Lehrern keinen Mangel an Bildung oder Erziehung erkennen, Gleichaltrigen gegenüber gaben sie sich aber rüpelhaft und provokant, fanden Spaß an groben Scherzen und liebten es, Angst zu verbreiten.

Warten aufs Wiedersehen

Es waren nun schon drei Tage seit dem Tanzabend mit Yvonne vergangen, und ich betete den Wettergott an, der sich aber durchaus launisch zeigte.

Das Wallis zeichnet sich auch in höheren Regionen durch ein mildes Klima aus und lange Schlechtwetterperioden im Sommer sind selten, doch auch Tage, die nahezu wolkenlos beginnen, enden häufig mit heftigen Regengüssen. Die hohen Berge, die Champéry umgeben, scheinen die dicken, dunklen Wolken regelrecht anzuziehen.

Meine Hoffnung, Yvonne im Schwimmbad wiedersehen zu können, zerrann ein ums andere Mal in Nachmittagsgewittern. So pendelte ich an einem jener verregneten Abende zwischen den wichtigsten Treffpunkten des Ortes wie dem Dorf-Café, der Raclette-Stube, der Sportplatz-Kantine und dem Bistro am Bahnhof, um vielleicht eine Spur von Yvonne zu entdecken.

Anders war das mit Johnny und Judith. Die beiden trafen einander so oft, wie es die Ausgehregeln ermöglichten. An diesem Abend waren sie auf dem Weg zur Sportplatz-Kantine. Diese war zwar nicht besonders gemütlich, hatte aber einen entscheidenden Vorteil: Sie verfügte über einen „Wurlitzer". Von dieser Musikbox mit kreisförmig angeordneten Schallplatten, sichtbarer Greif- und Abspielautomatik und bunt aufgefächertem Titelverzeichnis ging für die Jugend der 60er-Jahre eine unglaubliche Faszination aus.

Ihr Vorhandensein spielte bei der Auswahl von Treffpunkten eine wichtige Rolle. Mit ihrer Installierung in Lokalen und an öffentlichen Standorten schaffte zum Beispiel der Rock 'n' Roll auch in Europa den großen Durchbruch. So mancher jugendliche Elvis Presley- oder Bill Haley-Fan versenkte das gesamte wöchentliche Taschengeld in den Musikautomaten.

Der einzige „Wurlitzer" in Champéry wartete nicht unbedingt mit den neuesten Hits auf, verfügte aber doch über einige der besten Beatles-Songs und war damit bevorzugter Standort für Johnny und Judith.

Als mich die beiden vor dem Lokal erkannten, luden sie mich sofort ein, sie zu begleiten. Ich wollte ihre Zweisamkeit jedoch nicht stören, zumal ich ja eigentlich nach Yvonne Ausschau hielt. Das schien Judith nach meiner zögernden Antwort auch gleich zu bemerken.

„Sie lässt dich grüßen. Heute ist sie auf einer Exkursion nach Genf. Morgen kommen wir beide aber ganz sicher ins Schwimmbad. Bei jedem Wetter ... Abgemacht?"

„Na klar", entgegnete ich erfreut. „Sag ihr, ich lass sie auch grüßen. Ich jedenfalls komme morgen ganz bestimmt."

Es war schon vormittags warm und der Unterricht fand im Freien statt. Ich saß auf einer Wolldecke und blickte mehr in den Himmel als auf die eher unattraktive Lehrerin, die uns eine Fabel von Jean de La Fontaine näherbringen sollte. Hoffentlich hält das Wetter heute, war mein einziger Gedanke, und das Treffen im Schwimmbad kommt endlich zustande.

Die aufgetragene Nacherzählung fiel sehr kurz aus, ebenso das nachfolgende Mittagessen.

Am frühen Nachmittag zogen dann die ersten Wolken auf und hefteten sich an den Bergspitzen fest.

Gewitterstimmung machte sich breit, als ich meine Sachen packte. Neben Handtuch und Badehose verstaute ich sicherheitshalber auch Pullover und Anorak im Rucksack und machte mich mit Johnny auf den Weg. Der auflebende Wind verhieß nichts Gutes. Es verwunderte daher auch nicht, dass die große Badewiese fast menschenleer war, als wir ankamen. Der Bademeister klappte bereits die Sonnenschirme zusammen, die Frau am Kiosk blickte ebenso besorgt in den immer dunkler werdenden Himmel und war dabei, den Laden zu schließen. Zwei kleine Kinder wurden von ihren Müttern zum Verlassen des Planschbeckens aufgefordert.

„Wieder nichts", dachte ich enttäuscht, als mein Blick plötzlich auf eine etwas entferntere Holzpritsche unter einem großen Baum fiel, auf der zwei Mädchen zu erkennen waren, die uns den Rücken zuwandten. Sie saßen angekleidet da, die ausgepackten Badesachen neben sich und beobachteten stumm das Himmelsgeschehen. Wir erkannten die beiden natürlich auch von hinten, ihre Rückansicht war uns noch vom Dorfplatz vertraut.

Romantik im Regen

„Ausgemacht ist ausgemacht!", empfing uns Judith lachend. „Dachtet ihr vielleicht, wir kneifen wegen ein bisschen Regen?" Anscheinend wirkten wir doch etwas überrascht, die beiden hier anzutreffen.

„Vielleicht kommt ja auch gar keiner", gab ich mich zuversichtlich und schlug vor: „Wir bleiben so lange wie möglich."

Wir setzten uns auf die gegenüberliegende Pritsche und packten entschlossen unsere Badehosen aus.

„Mir macht Regen nichts", versicherte Yvonne. „Ich finde ihn eigentlich recht romantisch", meinte sie und schaute mich dabei in einer Weise an, dass mir augenblicklich warm wurde.

Johnny, eine echte Naschkatze, hatte wie immer Schokoriegel bei sich und bot sie den Mädchen an.

Eine Weile saßen wir da, redeten Bedeutungsloses über das karge Freizeitangebot von Champéry, machten ein paar seichte Witzchen über Form und Größe der bereitliegenden Badebekleidung, konnten uns aber zu nichts wirklich entschließen.

Nach dem ersten Donnergrollen nahm uns der Bademeister mit einem klaren „C'est fini, au revoir messieursdames" die Entscheidung ab. Die Mädchen mussten bedauerlicherweise ihre Bikinis wieder einpacken und strebten dem Ausgang zu. Wir erhoben uns nur widerwillig und folgten ihnen.

Trotz des drohenden Gewitters hatten wir es alle nicht eilig, es drängte uns keineswegs zurück ins Internat.

Als die ersten Tropfen fielen, blickte sich Yvonne zu mir um und fragte: „Hast du etwas mit? Ich bin nur fürs Bad ausgerüstet." Ich riss den Anorak aus dem Rucksack und legte ihn ihr über Kopf und Schultern.

„Ooch, der reicht doch für uns beide", vernahm ich erfreut, während der Regen immer heftiger wurde.

Mutig umfasste ich mit der einen Hand ihre Schulter und drückte sie ganz nahe an mich, mit der anderen spannte ich den Anorak so gut es ging über sie. Natürlich konnte von Regenschutz keine Rede sein, bald spürten wir das Wasser auf dem Rücken, an den Beinen und in den Schuhen. Dennoch bestätigte Yvonne mit einem bezaubernden Lächeln nochmals, Regen sehr romantisch zu finden, und ich konnte ihr wirklich nicht widersprechen.

Judith war da offenbar anderer Meinung und bedachte das Wetter mit einem laut hörbaren unfeinen Beiwort. Johnny hatte keinen Anorak dabei und blickte sich hilfesuchend nach einem Unterstand um.

In der nächsten Umgebung war nur einer sichtbar: die Scheune. Eben jene, die uns als erster Treffpunkt dienen sollte. Sie sah einigermaßen stabil aus. Unter dem weit ausladenden Dach fand sich eine Öffnung, über die offenbar Heu auch von oben eingebracht wurde und zu der ein langes Holzbrett emporführte.

„Bis später", rief uns Johnny noch zu, dann fasste er Judith an der Hand und lief mit ihr über die nasse Wiese zum rettenden Unterstand. Sie nahmen sich nicht die Zeit, die Scheunentür zu suchen, sondern stiegen sogleich das Brett hoch und sprangen ohne zu zögern von der kreisrunden Öffnung mitten ins Heu. Das sah ungemein komisch aus und wirkte wie eine Filmszene aus einer der damals so beliebten Soft-

Erotik-Komödien. Yvonne krümmte sich vor Lachen, wobei ihr der Anorak dann vom Kopf und den Schultern rutschte.

Auch ich resignierte vor dem Wolkenbruch und legte den triefenden Regenschutz über den Rucksack. Für eine Weile standen wir dann beide schutzlos da, blickten uns lachend an und fühlten uns nicht nur pudelnass, sondern auch pudelwohl. Den Weg zum Internat fortzusetzen schien uns wenig reizvoll und so nahmen auch wir Kurs auf die Scheune. Von Johnny und Judith war nichts zu sehen und nichts zu hören. So balancierten auch wir das Brett hoch und schauten durch die Öffnung, durch welche die beiden gesprungen waren. Im Inneren war es düster und vorerst auch nur wenig zu erkennen, dann regte sich plötzlich eine Hand. „Kommt doch auch, hier ist es urgemütlich", ermunterte uns Judith. Aus ihrer Stimme klang der Schelm, der sich schon auf die kommende Narretei zu freuen schien.

„Was ihr könnt, können wir auch", erwiderte Yvonne lachend, sprang los und verschwand im Heu.

Da gab es auch für mich kein Zögern mehr. Ich warf Rucksack und Anorak voraus und sprang flugs hinterher. Dummerweise landete ich dabei ausgerechnet auf Johnny, der sich gerade aufrichten wollte. Der Geruch von Holz, frischem Heu und nassen Kleidern umfing mich. Noch hatten sich die Augen nicht an das düstere Licht gewöhnt und ich tastete die Umgebung ab. Links unter mir lag Johnny, was sich rechts von mir bewegte, schien weiblich zu sein. Ich versuchte vorsichtig, das zu überprüfen.

„Hände weg, du Frechdachs!", hörte ich Yvonnes Stimme, die aber eher belustigt als streng klang. Übermütig kugelten wir eine Zeit lang im Heu umher, bis Yvonne plötzlich über mir lag.

Für wenige Augenblicke fühle ich ihre nassen Haare auf meinem Gesicht, ihren Atem, ja die ganze süße Last ihres Körpers. Im Dunklen suche ich ihre Lippen, doch so weit kommt es nicht. Eine Sturmböe hat die Tür aufgerissen und Licht dringt herein. Wir krabbeln langsam hoch und betrachten uns genauer. Aus dem anfangs verlegenen Gekicher wird bald ein befreites Lachen. Johnnys blonden Locken fehlt es merklich an der gewohnten Fülle, Yvonnes tropfnasses, dunkles Haar verdeckt ihr halbes Gesicht. Trotzdem sieht sie noch genug, um mir einige Halme vom Kopf zu streichen. „Strohblond steht dir nicht, mein Junge", sagt sie und lacht dabei vergnügt. Judiths Make-up ist deutlich tiefer gerutscht, aber auch so wirkt sie mit ihrem eng anliegenden, nassen Leibchen durchaus nicht reizlos.

Johnny und ich sehen einander kurz an. Sollen wir etwa den Mädchen anbieten, sie abzutrocknen? Das wagen wir dann aber doch nicht. Gehemmt und unerfahren, wie wir waren, nutzen wir die Situation nicht aus, spielen die Kavaliere der alten Schule, kramen unsere halbwegs trocken gebliebenen Badetücher aus den Rucksäcken und reichen sie Yvonne und Judith. Na ja, zu viert wäre da ohnehin nichts draus geworden, wische ich meine verwegenen Fantasien weg, während die beiden sich wieder halbwegs zurechtmachen.

Der Regen hatte bereits aufgehört, als wir die Scheunentür sorgfältig verschlossen und wieder zum Internat zurückkehrten. „Irgendwie schade", dachte ich. Yvonne und ich hatten doch sichtlich Spaß miteinander, ja wir fanden es wohl auch beide ziemlich aufregend, aber wirklich nähergekommen sind wir einander nicht.

Johnny verzweifelt

Die Hoffnung, die vier Hardrocker würden auf eine Revanche für die Abfuhr im Waschraum verzichten, erwies sich als trügerisch.

Als Johnny an einem der nächsten Abende in sein Zimmer kam, musste er erkennen, dass die Stunde der Rache gekommen war. Sämtliche Hüllen seiner Beatles-Platten lagen am Boden zerstreut – alle waren leer. Die Balkontür war von außen mit einem Tisch verrammelt worden – Larry thronte darauf. Die Platten vor sich übereinandergestapelt, schleuderte er eine nach der anderen wie Frisbeescheiben in den Garten hinunter. Bruce stand daneben und applaudierte.

„Bye, bye John! Bye, bye Paul! Cheers Ringo! See you Rex! To hell with you!", feuerte ihn Tim lautstark an.

Und Howard schließlich schien Gefallen an der Zuschauerrolle zu haben.

Johnny hatte vor Wut Tränen in die Augen. Verzweifelt rüttelte er an der Tür, um zumindest an den Rest seiner geliebten Platten zu kommen. Doch die britischen Boys hielten so lange dagegen, bis die letzte schwarze Scheibe im feuchten Gras des Gartens gelandet war.

„Up the Stones!", hörte er Larry noch mehrmals lautstark brüllen, bevor er zusammen mit den anderen den Balkon entlanglief und mit ihnen hinter einem der geöffneten Fenster verschwand.

Johnny hatte erst gar nicht mehr versucht, die Tür zu öffnen, er setzte sich auf sein Bett und heulte wie ein kleines Kind, dem man sein Lieblingsspielzeug weggenommen hatte. Für einen sensiblen Typen wie ihn waren solche Brutal-Gags unbegreiflich, und es dauerte lange, bis er sich wieder fasste.

Alex und ich spielten gerade eine Partie Schach, als er mit hängendem Kopf den Freizeitraum betrat.

„Diese Schweine, diese gottverdammten Schweine!"

Mehr war nicht aus ihm herauszubekommen.

Auf unsere mehrfachen Fragen, was denn geschehen sei, kam lange keine Antwort. Dann wischte er sich über die Augen, seine Lippen zuckten und wir hörten ganz leise: „Meine Platten, alle meine Beatles-Platten. Sie sind weg, einfach weg!"

Wir konnten uns nur ungefähr vorstellen, was das für Johnny bedeutete. Seine Lieblinge einfach über den Balkon hinausgeworfen. Diese Niedertracht, diese Gefühllosigkeit, diese Rohheit waren für ihn wohl kaum zu ertragen.

„Die tauchen schon wieder auf", versuchte Alex, ihm Mut zu machen. „Im weichen Gras passiert den Platten sicher nichts."

„Wir gehen gleich los und sammeln alle wieder ein", sagte ich und stand sogleich auf, um keinen Zweifel an unserer Hilfe aufkommen zu lassen. „Aber du bleibst da. Diese Freude, dich verzweifelt nach deinen Platten suchen zu sehen, wirst du diesen Hundesöhnen nicht machen!"

Bevor Johnny reagieren konnte, waren wir auch schon weg und eilten in den Garten hinunter. Leider war es schon ziemlich dunkel, die Beleuchtung schwach, das Gras hoch gewachsen, sodass die schwarzen Scheiben nur schwer erkennbar waren. Regungslos stand Johnny oben auf dem Balkon und beobachte unsere mühsame Suche.

„Wie viele waren es denn?", rief ich zu ihm hinauf. Er verschwand kurz im Zimmer, wohl um die leeren Hüllen zu zählen.

„Genau zwölf", kam es nach einer Weile schwach zurück.

„Okay, zehn haben wir schon. Die anderen suchen wir morgen früh, sobald es hell ist", gab ich Johnny Bescheid.

Alex hatte die Suche bereits beendet und war auf dem Weg zu Thimothé, der an diesem Abend die Nachtaufsicht hatte. Ich eilte zurück in Johnnys Zimmer, überbrachte ihm die gefundenen Platten und half ihm, die Scheiben zu reinigen. Johnny war noch so sehr geschockt, dass er sich über das Wiederauftauchen seiner Kostbarkeiten gar nicht freuen konnte.

„Die zwei, die noch fehlen, sind mir die liebsten", beklagte Johnny in dem Moment, als Alex zurückkehrte.

„Keine Angst, die finden wir auch noch", versicherte ihm Alex. „Und du wirst sehen, die Idioten sind bald draußen."

Die sofort eingeleitete Zimmerkontrolle bei Larry und Bruce ergab, dass die vier ganz offensichtlich wieder dem Whiskey zugesprochen hatten. Auf dem Tisch in Larrys Zimmer standen noch eine Flasche und drei halb volle Gläser. Das war dann auch wohl gleichbedeutend mit dem Rückfahrticket nach England.

Das Tribunal

Am nächsten Morgen wurde die Vierer-Bande vorgeführt. Die wirren Haare von „Monsieur le directeur" schienen noch ungebändigter als sonst, sein Blick schweifte zunächst rastlos im Raum umher, blieb dann kurz an den „Angeklagten" hängen, dann an Thimothé und schließlich an der Aufnahme-Madame. Sie schien eine Art Protokoll zu schreiben. Die Vernehmung dauerte endlos lange und alle Aussagen wurden genau festgehalten.

Die demolierten Betten, die obszönen Schmierereien und die Beschädigungen im Waschraum, die lärmende Musik, die

Handgreiflichkeiten gegenüber den Mitschülern, die ständigen Attacken gegen Johnny ebenso wie die Whiskeyflaschen im Zimmer – alles kam zur Sprache.

Nach beendeter Befragung hüllte sich „Monsieur le directeur" lange in Schweigen und schien immer tiefer in seinem Lederfauteuil zu versinken. Schließlich schaute er wie Hilfe suchend zur Aufnahme-Madame hinüber, deren Namen interessanterweise aber niemand kannte. Diese studierte noch eine ganze Zeit lang den umfangreichen Verhaltens-Kodex der „École nouvelle", erhob sich dann mit würdevoller Miene und verkündete im Stil einer Höchstrichterin:

„L'affaire est clause!"

Das Urteil wurde den versammelten Schülern dann vor dem Mittagessen im Speisesaal mitgeteilt: Rausschmiss aller vier English-Boys zum ehestmöglichen Zeitpunkt.

Doch gerade das war das Problem. Erst mussten die Eltern verständigt, dann die Rückreise gebucht werden. Das würde gewiss zwei, drei Tage in Anspruch nehmen, während deren die Bande das Heim ja noch bewohnen konnte und so gut wie nichts mehr zu verlieren hatte. Als „Zeugen der Anklage" sahen Alex, Johnny und ich diesen Tagen klarerweise mit einigem Unbehagen entgegen.

Das Ende der Vierer-Bande

Es war schon sehr spät und Zimmerkollege Howard war noch immer nicht da. Erst tags darauf sollten die verbannten vier Engländer das Internat tatsächlich verlassen. Niemand wusste, wie sie sich bis dahin verhalten würden, jedenfalls schien ihnen wohl schon alles egal zu sein. Thimothé hatte den Auftrag gegeben, jede Störung von Ruhe und Ordnung sofort zu melden. Er selbst aber schlief im Personalhaus. Die

Aufsicht im Internat hatte an dem der Urteilsverkündung folgenden Abend ein junger Student namens Clement, mit wenig Erfahrung und Autorität.

Kurz vor Mitternacht hörte man sie kommen. Aus ihrem Gegröle ließ sich leicht erahnen, wie sie den Abend verbracht hatten. Glücklicherweise aber waren sie im betrunkenen Zustand nicht wirklich gewaltbereit, sondern nur höllisch laut. Ihr Einzug ins Internat riss alle aus dem Schlaf. Türen knallten, Flaschen zerbrachen, aufgeschreckte Zimmerkollegen wurden mit vulgären Flüchen bedacht.

Auch Howard, sonst immer der Ruhigste von den vieren, war deutlich zu vernehmen. Er lehnte an unserer Zimmertür und lallte irgendeinen Stones-Hit.

Dann war plötzlich ein dumpfes Poltern zu hören. Einer der Randalierer hatte offenbar die recht steilen Stiegen zu den Schlafräumen nicht mehr geschafft und war mit lautem Gekrache im Holzgeländer gelandet. Es war Bruce. Er lag, eine zerbrochene Whiskeyflasche neben sich, am unteren Ende der Treppe und wirkte ziemlich benommen. Danach herrschte völlige Stille. Der Rest der Bande war verschwunden. Auch sonst griff anfangs niemand ein, man wollte Bruce offenbar seiner gerechten Strafe überlassen – bis plötzlich eine Stimme zu hören war: „Un médecin, faisez venir un médecin!"

Aufseher Clement kam herbeigeeilt. Das Handtuch, das er an Bruce' Schläfe hielt, war bereits rot verfärbt. Am Arm war eine blutende Schnittwunde zu sehen. Einige Internatsbewohner näherten sich, vermutlich auch wegen der weit verstreuten Glasscherben, nur ängstlich und zögernd. Bruce, kreidebleich und zitternd, versuchte kurz, sich zu erheben, fiel aber sofort wieder zurück.

Inzwischen war auch Thimothé eingetroffen, den wohl irgendjemand verständigt haben musste. Ruhig und besonnen, als hätte er solche Situationen schon des Öfteren erlebt, gab er den Umstehenden seine Anweisungen: Erste-Hilfe-Koffer aus dem Lehrsaal holen, Kopf hochlagern, Arm abbinden, Arzt anrufen, Glasscherben entfernen.

Die anfängliche Panik und Hilflosigkeit waren dann auch rasch verflogen, und jeder der Anwesenden versuchte, sich irgendwie nützlich zu machen. Nachdem seine Verletzungen notdürftig versorgt waren, wurde Bruce zu seinem Bett getragen. Thimothé blieb bei ihm, sprach beruhigend auf ihn ein und forderte die Umstehenden auf, noch vor dem Eintreffen des Arztes wieder in ihre Zimmer zurückzukehren.

Die Gemütslage des leidgeprüften Direktors drohte endgültig zu kippen, als er zu Beginn des Morgenunterrichts von den nächtlichen Vorfällen erfuhr. Der Ruf des Internats und seiner Führung schien in ernster Gefahr. Wenig konkret war zunächst von „Lourdes conséquences" zu hören. Nach einem kurzen Rückzug ins Direktionsbüro kam dann die Ansage im Klartext: Ab sofort für alle Schüler Ausgang nur mehr bis 20 Uhr, verbunden mit strengen Zimmerkontrollen.

Dagegen regte sich natürlich sofort allgemeiner Widerstand. Niemand wollte einsehen, warum sämtliche Internatsbewohner für das Fehlverhalten einiger Randalierer bestraft werden sollten. Kaum dass der Internatsleiter im Zustand akuter Infarktgefährdung den Lehrsaal wieder verlassen hatte, bildete sich spontan ein „Revolutionsrat".

Dieser beauftragte nach kurzer, aber heftiger Diskussion Bruno Zoller, bei der Direktion vorzusprechen. Bruno war ja der Älteste von uns und zudem recht sprachgewandt. Mit seinen 19 Jahren hatte er das Abitur bereits in der Tasche, besaß einen Führerschein, einen VW-Käfer und nach eigenen Angaben auch schon eine „feste Freundin". Er hatte einen Praktikantenjob in einer Bank und gab sich erfahren in allen Lebens- und Liebeslagen. Als Schweizer war er mit der Sprache und der Mentalität seiner Landsleute gut vertraut und galt auch bei den Lehrern der „École nouvelle" als recht reif und vernünftig. Gern holten sich die deutschsprachigen Mitschüler bei ihren kleineren und größeren Problemen seinen Rat. Und auch ich hatte ja gleich am zweiten Tag nach meiner Ankunft in Champéry seine Hilfsbereitschaft und seinen Frohsinn kennengelernt, als ich ihn durch die Dorfstraße begleiten durfte.

Weshalb er mit seinen 19 Jahren eigentlich noch hier im Jugend-Camp war, blieb ungeklärt. Auf eine diesbezügliche Frage eines Mitschülers hatte er lediglich einen Scherz parat: „Ich bin eben einmal durchgefallen!"

Sein Ansinnen, die verhängten Strafmaßnahmen zurückzunehmen, wurde von der Vorzimmerdame allerdings brüsk zurückgewiesen. Der Chef diskutiere seine Entscheidungen nicht, und schon gar nicht mit Schülern. Für Disziplin, Ordnung und Sicherheit trage ausschließlich er die Verantwortung, kam die patzige Antwort. Genau das aber wurde von uns Schülern mittlerweile stark bezweifelt. Der nervöse, zappelige und stets überlastet wirkende „Monsieur le directeur" schien in Wirklichkeit immer nur das zu tun, was seine Vorzimmerdame für richtig hielt.

Nach dem zwangsweisen Abtransport der vier Engländer trat im Internat zwar eine gewisse Ruhe ein, von Entspannung jedoch konnte keine Rede sein: Ständige Zimmerkontrollen, Beschränkung der Ausgehzeit sowie die verpflichtende Ab- und Anmeldung drückten auf die allgemeine Stimmung. Der

Direktor war kaum mehr zu sehen, immer öfter ließ er sich von zwei Kollegen vertreten. Seine Anweisungen wurden allmorgendlich von der Büro-Chefin kommentarlos verlesen. Selbst am gemeinsamen Mittagessen nahm er nicht mehr teil. Gerüchte von gesundheitlichen Problemen breiteten sich aus. Der Unterricht verlief zunehmend chaotischer, die beiden Vertretungslehrer stimmten sich nicht ab, manche Stunden wurden ersatzlos gestrichen.

Verfrühte Heimreise?

Von all den Vorfällen fühlte ich mich selbst aber nicht allzu sehr betroffen. Wirklich betroffen war ich ja nur von akuter Verliebtheit. Ich saß da und blätterte traumverloren im „Le Petit Prince" von Antoine de Saint-Exupéry. Die wunderbare Geschichte der Reise des kleinen Prinzen zu den 7 Planeten passte zwar sehr gut zu meinen wolkig dahinziehenden Gedanken, meine Treffen mit Yvonne aber und das, was daraus noch werden könnte, nahmen meine Fantasie doch wesentlich mehr in Anspruch als die Erlebnisse des kleinen Prinzen.

Das Unangenehme daran war nur, dass nicht meine, sondern eben die Erlebnisse des „Petit Prince" Gegenstand des nächsten schriftlichen Tests waren, der möglicherweise über den Weiterverbleib in Champéry entschied. Freundlicherweise waren in dem von Thimothé bereitgestellten Text die wichtigsten Abenteuer und die bekanntesten Zitate gelb markiert, sodass ich die Lektüre auf ein Minimum reduzieren konnte. Mein Hang zum schulischen Minimalismus sollte sich hier aber rächen. Nicht die Reise des kleinen Prinzen auf dem Asteroiden, sondern die Flugzeug-Notlandung des Erzählers in der Wüste Sahara musste beim Test schriftlich nachempfunden werden. Zwar hatte ich diesen Teil der Geschichte irgendwann schon einmal auf Deutsch durchgenommen, zur schriftlichen Wiedergabe in Französisch aber fehlte mir das notwendige Vokabular.

Leichtsinnigerweise hatte ich auch auf die üblichen Prüfungsbehelfe wie Schummelzettel oder Langenscheidts Lilliput-Wörterbuch verzichtet und auch dem Kollegen neben mir war nicht viel dazu eingefallen. Irgendwie fühlte ich mich hier doch in den Ferien. Am Wiener Gymnasium wäre es mir nie eingefallen, so unvorbereitet in einen schriftlichen Test zu gehen.

Dort jedenfalls zählte zur sorgfältigen Vorbereitung einer Prüfung das Verfassen eines Schummelzettels, der dem jeweiligen Bedarf in Format und Schriftgröße anzupassen war. So fanden nicht selten die wichtigsten mathematischen Formeln unter der Armbanduhr Platz, während die Vokabelsammlung den gesamten Hemdärmel beanspruchte. Eine besondere Herausforderung waren Nacherzählungen. Hier galt es beispielsweise, eine Novelle auf der Rückseite eines zufällig im Schulbankfach liegenden Straßenbahn-Fahrscheins stichwortartig zusammenzufassen.

Fürs Schummeln gab es für die Schüler verschiedene Motive, die moralisch auch unterschiedlich zu bewerten waren. Da waren einmal jene, die ohnehin alles wussten, aber eine plötzliche Kopfleere fürchteten, wie diese bei Prüfungen gelegentlich ja auch auftritt. Andere wiederum suchten eher die sportliche Herausforderung und fanden einfach Spaß daran, die Lehrer nach allen Regeln der Schummelkunst auszutricksen. Eher gering geschätzt wurden die Hasardeure, deren Wissen tatsächlich nur auf einem kleinformatigen Zettel Platz fand und die nur darauf setzten, die eine dazu passende Frage zu bekommen.

Viele aber, so wie auch ich, sahen in der Anfertigung eines Schummelzettels die bestmögliche Vorbereitung. Den Prüfungsstoff möglichst lesbar auf knappstem Raum zusammenzufassen war die beste Methode, sich letztlich alles Wesentliche zu merken. Der Zettel blieb dann meist im Schuh oder überhaupt zu Hause.

Das richtige Abfassen eines Schummelzettels zählte so gesehen zu den wenigen Dingen, die man für die Schule lernte und die man dennoch auch im späteren Leben bei Reden, Verhandlungen oder Seminaren immer wieder gut gebrauchen konnte.

In der Ferienstimmung von Champéry hatte ich aber darauf verzichtet. Auch wenn Saint-Exupérys Prinz noch so klein ist, seine Geschichte umfasst immerhin über 60 Seiten, die auch in knappster Zusammenfassung nicht auf einen kleinen Zettel passte.

So wunderte es nicht weiter, dass sich auch mein Name auf der Liste jener Schüler fand, die anderntags in der Direktion vorzusprechen hatten. Ohne weitere Umschweife teilte mir die Aufnahme-Madame mit, dass meine bisherige schulische Leistung negativ zu beurteilen sei und ein Besuch des weiterführenden Kurses somit nicht infrage käme. Man werde umgehend die Eltern verständigen und die Vorbereitung für meine Rückreise treffen.

Nein, das durfte nicht sein – nicht jetzt! Ich konnte doch jetzt nicht zurück! Gerade erst jetzt begannen ja die wirklich schönen Ferien. Eben erst hatte ich Yvonne kennengelernt, hatte mit meinen Freunden viel Spaß, konnte ausgiebig Tennis und Fußball spielen und mich im Schwimmbad vergnügen.

Madame bemerkte meine Fassungslosigkeit, blieb aber ungerührt. Ich solle morgen wiederkommen, dann werde alles Weitere besprochen.

Die folgende Nacht wälzte ich kühne Pläne: Ich werde einfach hierbleiben. Irgendwo im Ort werde ich schon unterkommen – und sei es auf dem Campingplatz. Ich werde die Eltern anrufen und sie darüber informieren. Ich bin dann eben nicht mehr als Schüler, sondern privat hier. Notfalls werde ich mir Geld von Alex borgen, der hat doch immer viel Bares dabei. Das Rückfahrticket ist ohnehin noch einen Monat gültig.

Als ich am nächsten Tag auf den Balkon trete, fällt mein Blick auf eine junge Frau, die gerade das große Eingangstor hinter sich schließt und davoneilt. Noch einmal blickt sie sich kurz um, und ich erkenne sie sofort. Die blonde Frau von der Raclette-Stube. Was hat die hier zu suchen? Die wird mir langsam unheimlich. Wieso taucht diese Frau immer dann auf, wenn ein Problem auf mich zukommt. Na ja, vielleicht hat sie mit der Direktion nur über das Abschiedsfest gesprochen, das immer nach Kursende in der Raclette-Stube abgehalten wird.

Wenig später machte ich mich auf den Weg in die Direktion, wo sich bereits acht weitere Mitschüler versammelt hatten. Etwas überraschend für uns alle war auch „Monsieur le directeur" wieder aufgetaucht und musterte uns eine Weile schweigend. Dann folgte eine ziemlich lange Erklärung: Sein krankheitsbedingter Ausfall, die unzureichende Vertretung, der ständige Lehrerwechsel hätten im laufenden Kurs zu Problemen geführt. Aus dieser Sicht seien auch die schlechten Ergebnisse zu bewerten. Er wolle sich deshalb noch einmal persönlich über unseren Lernerfolg informieren und an den nächsten beiden Tagen ein „entretien individuel" führen.

Anschließend und mit steinerner Miene gab seine Büro-Madame die Gesprächstermine bekannt – ich sollte schon am nächsten Morgen drankommen. Hat uns die Hexe etwa loswerden wollen? Was wird hier eigentlich gespielt? Es blieb wenig Zeit, darüber nachzudenken. Den Rest des Tages verbrachte ich mit intensivem Studium des noch wenig benutzten Kurs-Skriptums.

Die Prüfung selbst dauerte dann nur kurz. „Monsieur le directeur" wirkte sehr in Eile. Die gestellten Grammatik-Aufgaben hätte ein durchschnittlich intelligenter Zweitklässler wohl auch lösen können. Das anschließende individuelle Gespräch beschränkte sich auf die etwas banale Frage, weshalb ich eigentlich Französisch lernte. Dann entließ er mich mit einem „Eh bien, ça suffit". Wofür es reichte, blieb aber offen. Immerhin war ich mir keiner gravierenden Fehler bewusst und hoffte, meinen Weiterverbleib gesichert zu haben.

Dem Telefonat, das tags darauf mit der Heimat wieder fällig war, sah ich doch mit ein wenig Unbehagen entgegen. Konnte ich mir doch keineswegs sicher sein, ob mein mangelnder Lernerfolg nicht schon bis Wien gedrungen war.

Zu meiner großen Erleichterung aber galt das mütterliche Interesse einzig und allein meinem Gesundheits- und Ernährungszustand, meinem seelischen Wohlbefinden und meinen allfälligen Problemen mit dem ungewohnten Internatsleben.

In recht gedämpftem Ton berichtete ich über die karge Verpflegung, die rüden Mitbewohner, den Verlust meines Pyjamas, die knappe Freizeit und das anstrengende Kursprogramm.

„So schlimm wird's wohl nicht sein", schien die Mutter nicht ganz überzeugt, sprach mir aber dennoch Mut zu. Dann erwähnte sie noch kurz eine Studentin aus dem Bekanntenkreis, die gerade einen Ferialjob in der französischen

Schweiz machte. Von einer möglichen vorzeitigen Heimreise aber kam kein Wort.

Das sorgte zunächst natürlich für Entspannung, dann aber für zunehmenden Ärger. Das ganze Getue des Direktors und seiner Madame hatte offenbar nur darauf abgezielt, mir Angst zu machen und mich unter Androhung der Heimreise zu vermehrtem Lerneifer zu veranlassen. Tatsächlich aber war eine solche Maßnahme noch nicht einmal angedacht worden.

Anderntags teilte mir die Aufnahme-Madame das positive Ergebnis mit und meinte, ich könnte nun doch am Kurs der „Fortgeschrittenen" teilnehmen. Ohne den geringsten Ausdruck von Freude nahm ich das zur Kenntnis: „Oh, quelle surprise."

Mehr kam nicht. Gleichzeitig hoffte ich, sie könnte an meinem giftigen Blick erkennen, was ich wirklich meinte: „Von dir lasse ich mir sicher nicht mehr die Ferien versauen, du Schlange."

Hahn im Korb

Der neue junge Lehrer namens Philippe hatte dem Unterricht auch schnell neuen Schwung verliehen. Statt Literaturpflege oder Grammatikübungen gab es Konversation. Mit seiner Ankündigung „Apprenons le français sans livres" war er bei uns allen auf große Zustimmung und Sympathie gestoßen. Sofort kamen wir seiner Aufforderung nach und ließen alle „Lehrbücher" verschwinden. Stattdessen kamen französische Tageszeitungen auf den Tisch, und Philippe forderte uns auf, Meinungen zu aktuellen Meldungen aus der großen, weiten Welt zu formulieren.

Wichtigstes Ereignis des Sommers 1964 war wohl der Eintritt der Amerikaner in den Vietnamkrieg. Präsident Johnson war vom US-Kongress einstimmig ermächtigt worden, in diesen einzusteigen. Der gleiche Präsident, der kurz zuvor ein Bürgerrechtsgesetz unterzeichnet hatte, mit dem die Rassentrennung in den Vereinigten Staaten aufgehoben wurde. Ein großer Erfolg für Vorkämpfer Martin Luther King, der im gleichen Jahr den Friedensnobelpreis erhielt. Das Gegenteil davon passierte in Südafrika, wo Bürgerrechtsaktivist Nelson Mandela wegen Subversion und Sabotage zu lebenslanger Haft verurteilt wurde. Ein ständiges Thema waren die wachsenden Gefahren der atomaren Aufrüstung und die in Verbindung mit dem Vietnamkrieg einsetzenden Friedens- und Studentenbewegungen.

Natürlich waren wir mit der Behandlung dieser Themen – nicht nur wegen des mangelhaften Französisch – ziemlich überfordert. Aber Philippe half und unterstütze, lobte und provozierte, sah über sprachliche Fehler hinweg, griff nur ein, wenn es unsachlich wurde, ließ uns aber sonst freien Lauf. Auch Interviews, Rollen- und Quizspiele standen auf dem Programm. Eine lockere und kurzweilige Form des Unterrichts, die mir völlig neu war.

Offenbar stand Philippe mit seiner Lehrauffassung nicht ganz im Einklang mit jener der „École nouvelle". Im Gegensatz zu anderen Kollegen tauchte bei ihm immer wieder der Direktor mitten im Unterricht auf und stellte Fragen zum gerade behandelten Lehrstoff. So geschah es auch in jener Unterrichtsstunde, als ein Zeitungskommentar zum Thema „Rockmusik als Drogenkultur" zur Debatte stand.

„Monsieur le directeur" hörte eine Weile zu, blickte dann auf die Uhr und unterbrach den Unterricht.

Alle vermuteten schon einen drohenden Konflikt, aber der Anlass war ein durchaus gefahrloser.

Der Dorf-Fotograf hatte sich angesagt, und alle Schüler wurden aufgefordert, vor dem Internat Aufstellung für ein Gemeinschaftsfoto zu nehmen. Es dauerte noch geraume Zeit, bis Brennweite, Winkel und Belichtung richtig eingestellt waren, das kollektive Lachen wurde mehrmals wiederholt, bis das Ergebnis zufriedenstellte. So blickte auch ich zusammen mit Alex und Johnny gut gelaunt in die Kamera. Dass es aber keinen Anlass für gute Laune gab, sollte sich allerdings erst später zeigen.

Wie wir bald erfuhren, waren auch vor dem Mädcheninternat Fotos geplant. Daraufhin äußerte Johnny den Wunsch, zusammen mit Judith fotografiert zu werden. Das entspreche nicht dem Auftrag, es gebe nur Gemeinschaftsfotos, erhielt er eine klare Abfuhr. „Na warte", hörte ich Johnny noch sagen, dann verschwand er.

Wie Johnny nachher erzählte, hätte er sich dem Mädchenhaus von der Rückseite genähert, dann hinter einer Ecke gewartet, bis alle Schülerinnen Aufstellung genommen hatten. Während der Fotograf noch umständlich an seinem Apparat hantiert habe, hätte er sich in gebückter Haltung unbemerkt an die Mädchengruppe herangeschlichen und sich dann im entscheidenden Moment hinter der letzten Reihe auf den Zehen stehend voll aufgerichtet.

„Der Kerl hat das zwar bemerkt. Aber er verstand Spaß und drückte dennoch ab", triumphierte Johnny. „Klar haben dann alle gegackert, auch die Direktorin fand's lustig." Mit sichtlicher Freude genoss er seine Rolle als Hahn im Korb.

Am folgenden Tag gab es die Fotos käuflich zu erstehen. Ich kaufte keine. Wie mir Alex versicherte, würden sie ohnehin später zugeschickt. Johnny hingegen erwarb Unmengen davon. Er versah sie handschriftlich mit dem hochtrabenden

Zusatz „Johnny loves you all!" und bot sie als Souvenir jedem Mädchen an, dem er begegnete. Jedenfalls kannten ihn jetzt alle, er war mit einem Mal der Star von Champéry. Einfach genial.

Das erste Mal?

Deutlich entspannter begann die zweite Hälfte des Ferienaufenthalts in Champéry.

Der Sprachkurs für Fortgeschrittene, dem ich ja nun auch angehörte, verlief viel lockerer, fand bei Schönwetter im Garten statt und einige Ausflüge sorgten für Abwechslung. Auch die verschärften Ausgehregeln nach den Zwischenfällen mit den Engländern waren wieder zurückgenommen worden. Das nutzten wir natürlich fast jeden Abend, so auch an diesem.

Johnny wurde 17 und traf sich mit Freunden im Dorf-Café, wo man ziemlich ausgelassen Geburtstag feierte. Auch mit wenig Alkohol konnte Johnny für viel Heiterkeit sorgen. Klarerweise standen bei ihm Mädchengeschichten im Mittelpunkt, und das Interesse galt dabei vor allem Judith.

Den eher derben Fragen der schon stärker Angeheiterten begegnete er mit subtilem Humor und feiner Selbstironie und erzählte mit entspannter Offenheit von seinem ersten Liebeserlebnis. Er war ein hervorragender Erzähler, auch wenn man beim Wahrheitsgehalt seiner Geschichten immer einige Abstriche machen musste.

An jenem romantischen Abend am Grillplatz sei man sich sehr nahegekommen und sei sich einig geworden, „dass es das nächste Mal passiert". Ein versteckter Hochstand am Talschluss, über einen lauschigen Waldweg in wenigen Minuten erreichbar, wurde als Liebesnest auserkoren. Eine mitgebrachte Decke sollte für etwas Wärme und Komfort sorgen.

Diese zu organisieren war Johnnys Aufgabe und nicht weiter ein Problem, lagen doch neben dem Lehrsaal immer einige Decken bereit für den Fall, dass der Unterricht ins Freie verlegt wurde. Deutlich schwieriger war hingegen der zweite Auftrag: Judith hatte noch keinerlei Absicht, sich fortzupflanzen, und machte dies Johnny auch ohne Umschweife klar: „Darum musst du dich kümmern, ich als Mädchen kann das nicht!"

Dazu muss man wissen, dass die Quellen, aus denen junge Leute Mitte der 60er-Jahre Konkretes über Sexualität und Verhütung erfahren konnten, noch sehr spärlich und nicht immer verlässlich waren. So informierte man sich zum Beispiel in den Wochenzeitschriften „Quick" und „Neue Revue", wo Oswald Kolle, selbst ernannter Aufklärer der Nation, einschlägige illustrierte Artikelserien veröffentlichte. Eine zweite Vorkämpferin für mehr Offenheit und Freizügigkeit im Umgang mit der Sexualität kam ebenfalls aus Deutschland. In Flensburg öffnete 1962 das erste „Fachgeschäft für Ehehygiene". Zu kaufen gab es Broschüren über Verhütungsmethoden, Ehe-Ratgeber und auch Kondome wurden erstmals ganz offen angeboten. Die lange Zeit heftig attackierte Gründerin war eine gewisse Beate Uhse.

Auch die Jugendzeitschrift „Bravo" tastete sich vorsichtig an Themen heran, die zuvor als anstößig und moralisch bedenklich galten. Dementsprechend rege war natürlich der heimliche Austausch unter den Schulbänken. In der Schule selbst stand das Thema noch lange nicht auf dem Lehrplan, einzelne Erklärungsansätze im Naturkunde-Unterricht ließen an Unklarheit nichts zu wünschen übrig.

So war über Funktion und Gebrauch von Kondomen von Eltern und Lehrern nur wenig zu erfahren. Manche von uns hatten zwar schon davon gehört, praktische Anwendung aber fanden sie wohl nur selten. Und schon gar nicht gab es brauchbare Informationen über die Schutzfunktion gegen gefährliche Infektionskrankheiten. Obwohl damals noch lange nicht besiegt, wurde beispielsweise kaum vor der Syphilis gewarnt. Zwar erfuhren wir, dass Franz Schubert daran gestorben sein soll, was aber für den eigenen Schutz zu tun sei, schien weniger wichtig.

Wenig hilfreich waren wohl auch die Informationen über den Gebrauch der „Pille", die zur „Wahrung der Sittlichkeit" Unverheirateten noch verwehrt wurde. Elterliche Belehrungen beschränkten sich oft nur auf die Einmahnung von Vorsicht, Anstand und Verantwortungsbewusstsein.

„Aufpassen" war das Schlüsselwort, das man den Mädchen mit auf den Weg gab, wenn von Kontakten mit Burschen die Rede war. Und es war klar, von wem dieses „Aufpassen" in erster Linie erwartet wurde. Als dann die 68er-Bewegung die sogenannte „Sexuelle Revolution" einleitete, änderte sich der Umgang mit Sexualität und Verhütung sehr rasch, so weit aber waren wir noch lange nicht.

Der Auftrag, den Johnny erhielt, war also nicht ganz leicht. Die Suche nach einem automatischen Spender sicherer Gefühlsechtheit war weder auf der Toilette des Dorf-Cafés noch im Bahnhofs-WC erfolgreich. So blieb ihm als letzte Hoffnung nur der peinliche Weg in die Drogerie.

Angestrengt habe er überlegt: „Was soll ich verlangen, wie heißt das auf Französisch? Man nennt das Ding doch auch ‚Pariser'. Also einfach ‚Parisien. Trois Parisien, s'il vous plaît' klingt aber doch saublöd. Vielleicht spricht man ja auch Schwyzerdütsch in der Drogerie. Also sage ich einfach: ‚Grüezi, ig häd gärn drü Verhüterli.' Nein, die lachen sich tot …"

Die Zuhörer waren gerade im Begriff, dies zu tun.

Der Retter in der Not war dann Bruno Zoller, der ebenfalls in der Geburtstagsrunde saß. Der kannte sich doch in allem aus, der hatte natürlich genau gewusst, wie und wo man die Dinger herbekommt.

„Okay, besorge ich dir", erinnerte sich dann Bruno an das diskrete Gespräch mit Johnny. „Wie viele brauchst du?"

„Schätze mal drei. Eines zum Üben, eines zum Gebrauch und eines als Reserve."

„Ach was, ich kaufe gleich ein Zwölferpack, damit kommst du sicher über die Ferien", zitierte sich Bruno selbst, lächelte gönnerhaft und tat, als sei das für ihn alles längst Routine.

Johnnys Geschichte strebte langsam dem Höhepunkt zu. Kurz vor Einbruch der Dämmerung hatte er mit allem Notwendigen ausgerüstet das Internat verlassen, um wie vereinbart Judith am Beginn des Waldweges zu treffen.

Aus dem kleinen Rucksack lugte eine Flasche „Beaujolais Primeur" – vorgesehen als Willkommenstrunk und Mutmacher. Weiters befanden sich im Rucksack eine Tafel „Lindt Excellance" als Präsent für die Liebste, ein Schweizer Messer für die Gefahren des Waldes und natürlich die Packung „Blausiegel Sensitive". Unter dem Arm trug er die „ausgeborgte" Decke. Judiths Ausgang war an diesem Tag offiziell genehmigt worden und sie erschien pünktlich.

Bei den Mädchen ging es mittlerweile ja auch weniger streng zu. Dem Vernehmen nach war die Direktorin vom Benehmen der Jung-Herren, die zum Sonntagabend-Tanz gekommen waren, durchaus angetan. Sie befand sie nach eingehender Prüfung als „einigermaßen charakterfest", sodass ihnen in der Folge auch weitere Kontakte nicht verwehrt wurden. Die „älteren" Mädchen durften ab der zweiten Aufenthaltswoche nach ordnungsgemäßer Abmeldung bis 22 Uhr, am Wochenende sogar bis 23 Uhr ausgehen.

Kaum hatten sich die beiden am vereinbarten Ort zärtlich begrüßt und wollten zu ihrem Liebesabenteuer aufbrechen, begegneten ihnen jedoch zwei deutschsprachige Mädchen aus dem Internat, die gerade von einer Wanderung zurückgekehrt waren.

„Wo wollt ihr denn hin?", fragten sie erstaunt, während sie Johnnys Ausrüstung belustigt beäugten.

Judith brachte vor lauter Peinlichkeit ausnahmsweise keinen einzigen Ton heraus, Johnny aber gab schlagfertig Antwort: „Wir gehen Sterne gucken. Wird eine tolle, klare Nacht heute."

Darauf warfen die beiden Mädchen einen Blick in den wolkenverhangenen Himmel und entfernten sich dann mit diskretem Schmunzeln.

„Gut gemacht", lobte Judith, war sich aber nicht ganz sicher, ob ihr Vorhaben nicht doch erkannt worden war und im Internat die Runde machen würde.

Nach kurzer Zeit hatten sie den Hochstand erreicht und sahen sich vorsichtig um, ob vielleicht nicht irgendwo noch Förster oder Wanderer unterwegs wären. Dann ein Nicken, ein vielsagender Blick nach oben, ein Küsschen und es konnte losgehen.

Als Judith in ihrem Leder-Minirock vor ihm die Leiter zum Glück hochstieg, folgte er ihr leicht schwindlig vor nervöser Aufgeregtheit. Oben angekommen, zeigte er sich als Mann mit Stil und fiel auch nicht gleich über sie her. Erst überprüfte er fürsorglich den Bretterboden auf Stabilität und breitete dann die Decke darauf aus. Danach überreichte er ihr die mitgebrachte Tafel Lindt und öffnete etwas umständlich die Flasche Beaujolais. Judith sah ihn erstaunt an, als wollte sie ihm die klassische Frage stellen: „Would you like dinner first?" Dieses fiel dann doch sehr kurz aus: Sie würgten die Schokolade hinunter und sanken schon nach wenigen Schlucken Rotwein auf die flauschige Wolldecke.

Johnny versuchte alles gleichzeitig: sie zu küssen, zu umarmen und zu entkleiden. Aufgrund der räumlichen Beschränktheit am Hochstand und mangels entsprechender Übung gelang dies aber nicht wirklich und artete in ein eher ungalantes Gefummel und Gezerre aus. So entledigte sich Judith lieber selbst ihrer Wäsche. Und während sie langsam die letzte Hülle abstreifte, streifte er die eilends ausgepackte über. Keine Minute zu früh – der Hochstand bebte, ächzte und wankte und Johnny war keine „Jungfrau" mehr. Wie sich das bei Judith verhielt, blieb ungeklärt.

Wie auch immer es gewesen sein mag, Johnnys Geschichte jedenfalls unterhielt die angeheiterte Jungherrenrunde prächtig. Manche miemten eigene Erfahrung und nickten wissend, andere beließen es einfach bei unqualifiziertem Gegröle.

Tratschgeschichten

Bedauerlicherweise behielten die beiden Mädchen, die Johnny und Judith auf dem Weg zum Hochstand getroffen hatten, ihre Beobachtungen nicht für sich. Wenn es um echte oder vermeintliche Liebesgeschichten von Mitschülerinnen geht, ist ja ein Mädcheninternat nicht unbedingt ein Hort der Verschwiegenheit. So kursierten nach dem Prinzip des „Stille Post"-Spieles bald die abenteuerlichsten Vermutungen, was zwischen den beiden da wohl los gewesen war. Angefangen von versuchter Entführung über eine gemeinsam geplante

Flucht bis hin zu schamlosen Liebesspielen in aller Öffentlichkeit wollten die Gerüchte wissen.

Dass Mädchen dieses Alters – wenn es um kleine Bosheitsakte geht – den Knaben an Einfallsreichtum kaum nachstehen, musste Judith auch erfahren.

So fand sich eines Morgens ein der Bibliothek entnommener Sternen-Atlas auf ihrem Bett. Als sie ihn aufschlug, erblickte sie darin eine Abbildung von Rodins berühmter Skulptur „Die Liebenden"– darunter und mit Herzchen verziert geschrieben stand:

„Viel Spaß beim nächsten Sternegucken."

Johnnys Sternen-Märchen war also ganz offensichtlich nicht glaubhaft angekommen.

Weniger Niveau hatte dann allerdings die nächste Aktion, bei der Judith einen Plastiksack am Türgriff ihres Zimmers hängend vorfand, darauf war ein Zettel geklebt mit der Aufschrift: „Dein Buko für den nächsten Ausflug."

Darin enthalten waren ein aufdringliches Billig-Parfum, rote Strapse, ein Kondom und Hygienetücher. Dazu muss man wissen, dass eine Damenhandtasche von Jugendlichen unseres Alters damals auch gern „Buko" genannt wurde. Dies war die Abkürzung für den korrekten Begriff „Beischlafutensilienkoffer", in der weniger korrekten Variante dann auch als „Bumskoffer" bezeichnet.

Frohnatur Judith nahm dies alles mit geradezu erstaunlicher Gelassenheit hin, ja sie war fast ein wenig stolz, welche Beachtung ihr Abenteuer gefunden hatte. Die durchaus taktlosen Hinweise darauf schienen sie eher zu amüsieren als zu kränken. Wenig amüsiert zeigte sich hingegen Yvonne, der von Natur und Erziehung her solche anstößigen Scherze gar nicht behagten.

Sie wusste vorerst mit den geschmacklosen Anspielungen auch so gut wie nichts anzufangen. Judith hatte ihr offenbar nichts gesagt. Erst auf Nachfrage rückte sie mit einer Light-Version der Geschichte heraus, die jedoch bei Weitem nicht so anschaulich ausfiel wie bei Johnnys Geburtstagsfeier. Sie erzählte lediglich von einem gemeinsamen, romantischen Waldspaziergang und von einem kleinen Picknick im Grünen, ließ die beste Freundin also im Unklaren, was an jenem Abend am Hochstand wirklich passiert war.

Das alles aber blieb nicht ohne Folgen in ihrem Verhältnis zueinander. Möglicherweise war Yvonne der Meinung, Judith sei zu weit gegangen, vielleicht aber gab es auch eine gewisse Rivalität, bei wem „das erste Mal zuerst passieren" würde. Jedenfalls war das Vertrauen zwischen den beiden, die sich ja sonst immer über die noch so kleinsten amourösen Signale ausgetauscht hatten, deutlich gestört.

Judith schien das weniger zu belasten, die ruhigere und ernstere Yvonne hingegen fühlte sich sichtbar unwohl in ihrer Rolle als Zimmerkollegin einer, wie es den Anschein hatte, Frischverliebten, mit der kaum noch vernünftig zu reden war.

Die beiden Freundinnen, die bislang fast immer zusammensteckten, gingen plötzlich getrennte Wege. Und irgendwie hatte ich das Gefühl, als gebe sich Yvonne auch mir gegenüber zurückhaltender, so als wollte sie zeigen: So leicht wie die, bin ich sicher nicht zu haben.

Trotz des traumhaft schönen Wetters hatte Yvonne meinen Vorschlag, uns im Schwimmbad zu treffen, abgelehnt. Sie hätte eben keine Lust, würde sich nicht ganz wohlfühlen und ohnehin würde ich mich mit meinen männlichen Freunden ja doch besser unterhalten können. Nach den so vergnüglichen

Spielchen in der Scheune kam das für mich dann doch überraschend.

Auch Johnny bekam die Missstimmung zwischen Yvonne und mir mit und meinte, es läge ganz allein an mir, das zu ändern. Sonst ein eher sensibler und romantischer Typ, zeigte er sich mit seinem Rat allerdings weniger empfindsam: „Packst sie halt auch, dann ist sie nicht mehr so zickig!"

„Na danke", dachte ich. „Das ist ja ein einfaches Rezept. Aber wohl nicht für Yvonne."

Etwas hilfreicher war da schon Alex, der Yvonnes unerwartetes Fehlen auf der Schwimmbad-Wiese bemerkt hatte und mich sogleich fragte: „Na, wo bleibt sie denn?"

„Keine Ahnung, was mit ihr los ist, sie will halt heute nicht, fühlt sich angeblich nicht gut."

„Na ja! Das kann schon mal vorkommen, mach dir nichts draus, du weißt ja, wie das ist bei Frauen."

„Nein, weiß ich nicht."

„Die ticken eben anders als wir" ließ mich Alex mit einem wohlwollenden Lächeln wissen. „Daran musst du dich gewöhnen. Die haben Tage, da sind sie zu vergessen. Da weiß man einfach nicht, was sie wollen. Am besten lässt man sie in Ruhe", lieferte er dann auch gleich sein Rezept nach.

Der große Frauenkenner war mir also wieder einmal deutlich voraus. Zwar glaubte auch ich mich zu erinnern, im Bio-Unterricht von bestimmten Tagen der Frau gehört zu haben, hatte aber keine Ahnung, wie sich das zeigte.

Gibt es wirklich Tage, an denen sie anders sind als sonst? War mir bis dahin noch nicht aufgefallen, hatte aber auch noch nicht darauf geachtet.

„Na ja, Mädchen sind halt in einem gewissen Alter ein wenig zickig, das ist doch normal. Wir spinnen ja auch manchmal", versuchte auch ich, mich lebenserfahren zu geben.

„Ja schon", erwiderte Alex überlegen, „aber uns tut ja nichts weh dabei."

Mit dieser Ansage konnte ich nun auch nicht viel anfangen. Ich verzichtete aber vorerst auf weitere tiefgehende Belehrungen und beschloss, mir die nötige Literatur zu beschaffen, um meine offenkundige Rückständigkeit so bald als möglich zu beseitigen.

Zweierlei Erziehung

Der Konflikt zwischen Yvonne und Judith lag wohl auch in deren Erziehung begründet. Yvonne kam, soweit das ihren Erzählungen zu entnehmen war, aus einer konservativen Familie. Für kleine Geplänkel, harmlose Spielchen und ungefährliche Narreteien war sie durchaus zu haben, hin und wieder durfte es auch ein wenig frivol werden. Aber bei ernsthaften Annäherungsversuchen zog sie doch schnell die Bremse, wie ich schon bei unserer ersten Tanz-Begegnung bemerkt hatte. Auch derbe, anzügliche Späße waren nicht ihre Sache, sobald sie die anerzogenen Grenzen von Anstand und Moral überschritten. Als eine der ältesten und reifsten im Mädcheninternat fühlte sie sich auch immer ein wenig für die anderen verantwortlich, was von der Lehrerschaft und den Aufseherinnen gleichermaßen geschätzt war.

Anders war das bei Judith. Sie schien freier erzogen, machte sich wenig Gedanken um die Meinungen der anderen und war hier, um ihre Ferien in vollen Zügen zu genießen. Die Internatsregeln nahm sie nicht so ernst wie ihre Freundin, und auch im Umgang mit Burschen war sie recht ungezwungen, was für ein Mädchen ihres Alters doch ungewöhnlich war. Als jüngere Schwester zweier Brüder hatte sie in dieser Hinsicht Yvonne, die ein Einzelkind war, einiges voraus. Ein wenig schien Yvonne ihre Freundin um ihr leichtlebiges Wesen zu beneiden, andererseits war sie aber auch froh, eine so unterhaltsame und abenteuerlustige Freundin zu haben.

Die unterschiedliche Erziehung der beiden war vielleicht auch typisch für die 60er-Jahre, in denen die konservativen Werte wie Anstand, Moral und Disziplin von einer freier und selbstständiger gewordenen Jugend, aber auch von immer mehr Eltern und Pädagogen hinterfragt wurden.

Judith besuchte ein Gymnasium in Bremen, in dem bereits die „Koedukation", also die gemeinsame Erziehung von Mädchen und Burschen, Einzug gehalten hatte. Yvonne hingegen wurde noch in einem Lyzeum, einer höheren Schule für Mädchen, unterrichtet

Auch in Österreich war in den 60er-Jahren die „Koedukation" noch die Ausnahme. Mädchen besuchten häufig die „Frauenoberschule", die dann 1962 in „Wirtschaftliches Realgymnasium für Mädchen" umbenannt wurde. In diesen Schulen nahmen hauswirtschaftliche Fächer noch einen wichtigen Platz auf dem Lehrplan ein. Das zielte wohl darauf ab, die Mädchen auf ihre künftige Rolle als Hausfrau, Gattin und Mutter vorzubereiten. „Gemischte Klassen" gab es vorerst nur in einigen humanistischen Gymnasien und in Realschulen. Die flächendeckende „Koedukation" in öffentlichen Schulen wurde erst 1975 eingeführt, und erst danach die geschlechtsspezifische Bezeichnung von Schultypen abgeschafft.

Die unterschiedliche Erziehung von Yvonne und Judith zeigte sich nicht nur im Umgang mit Autoritäten und Mitschülerinnen des Internats, sondern auch mit Burschen gleichen Alters. Natürlich setzte auch Yvonne ihre weiblichen Lock- und Reizmittel ein, doch das mit naiv-natürlicher Raffinesse und nicht in der ihr manchmal schamlos erscheinenden Art ihrer Freundin. Sie war eher eine warmherzige, mitfühlende Natur, die Freunde immer ein wenig umsorgen und bemuttern wollte und sich gern auch der Probleme anderer annahm. Zwar war sie die ernsthaftere von beiden, hatte aber durchaus auch Sinn für Komik. Das zeigte sich dann in unerwartet heftigen Lachattacken, wie ich eine davon schon beim Alphornblasen am Dorfplatz erlebt hatte.

Ein Ausflug mit Folgen

Seit Johnny mit Judith zusammen war, hatte er sich merkbar geändert. Er trat nun viel selbstsicherer, um nicht zu sagen selbstgefällig auf, war irgendwo auf dem Weg vom blassen und feinfühligen Romantiker zum anerkannten und erfolgreichen Eroberer junger Weiblichkeit. Zuvor in Liebesdingen völlig unsicher, gab er nun seine Erfahrungen weiter, ohne danach überhaupt gefragt zu werden. Das kam nicht bei allen Mitschülern gut an. Auch die Lehrer hatten mit der Konzentrationsfähigkeit des Jungverliebten ihre liebe Mühe. Alex und ich aber lauschten geduldig seinen schwärmerischen Ausbrüchen und bemühten uns, Verständnis für seinen Hang zur Übertreibung aufzubringen.

Nicht ganz so war das bei den Mädchen. Manche bezeichneten Judith nicht nur im Scherz als „Femme fatale", also die unwiderstehlich erotische, aber leichtlebige, oberflächliche Frau, die Männer gekonnt verführt und dann auf fatale Weise ins Unglück stürzt. Diese Figur kam in Filmen, Romanen und Tratschblättern der Zeit häufig vor und hatte etwa in Brigit Bardot eine prominente Vertreterin. Oft wurde die Bezeichnung auch einfach nur für unliebsame Rivalinnen verwendet. Obwohl das in keiner Weise ihrem offenen, fröhlichen Wesen entsprach, bedachten einige missgünstige Mitschülerinnen Judith mit diesem so gar nicht passenden Spitznamen.

Johnny war jedenfalls seit seinem Gag beim Fototermin allen Schülerinnen bekannt und erfreute sich damit besonderer Aufmerksamkeit. Die einen sahen ihn als harmlosen Scherzbold, jederzeit für irgendeine Blödelei bereit, die anderen als mutigen Draufgänger, der sich mitten in die Mädchenmeute gewagt hatte. Sobald Judith und er beisammen waren, zogen sie jedenfalls neugierige und nicht nur wohlwollende Blicke an. Um diesen auszuweichen, wählten sie immer entferntere Treffpunkte.

Diese Vorsicht war zwar nicht unbegründet, aber sie kam zu spät. Die Gerüchte brodelten, die beiden vielleicht in verfänglichen Situationen zu überraschen, schien einigen Mädchen scheinbar reizvoll. Auch harmlose Zärtlichkeiten zwischen den beiden wurden aufmerksam registriert.

Als Johnny eines Morgens ins Schulbüro beordert wurde, hatte er keine Ahnung, was auf ihn zukommen würde. Zwei Damen erwarteten ihn, die zu sehen nicht unbedingt sein Wunsch war: die Direktions-Madame und eine weitere unliebsame Bekanntschaft – Aufseherin Lucie war wieder aufgetaucht.

Die beiden musterten Johnny lange und ein wenig ungläubig, ob er denn wirklich der richtige Adressat für ihre Botschaft sei. Den beiden war offenbar so einiges zugetragen worden. So, wie er aber vor ihnen stand, blass, schmal und etwas ängstlich, erschien er keineswegs als der liederliche

Mädchen-Verführer, über den so viel gemunkelt wurde. Wie auch immer, es mussten Grenzen gesetzt werden.

Zu viel Freizeit mit einem Mädchen des Nachbar-Internats zu verbringen sei ungebührlich und könne nicht geduldet werden, begann die Direktions-Madame die Belehrung. Das sei auch unsensibel und taktlos den anderen gegenüber, musste Johnny erfahren. Die Leitung des Internats sei bestrebt, gemeinsame Aktivitäten und Sprachkontakte zwischen den Mädchen zu fördern und nicht amouröse Annäherungen zu den Nachbar-Buben, wurde Lucie noch deutlicher. Bei Schulen, die um erstklassige Sprachausbildung bemüht seien und den Eltern bestmögliche Betreuung und Obhut der Sprösslinge zusagten, würde das absolut nicht ins Bild passen. Beide Internate hätten einen hervorragenden Ruf zu verteidigen. Wer diesen in Gefahr bringe, müsse mit den oft bemühten „Lourdes conséquences" rechnen.

Tatsächlich fielen die Konsequenzen ziemlich streng aus. Während es die etwas verständnisvollere Lucie zunächst bei einer ernsten Ermahnung belassen wollte, zeigte sich die Direktions-Madame kalt und unnachsichtig: Wegen mehrfachen Verstoßes gegen die Ausgangsregeln ab sofort unbefristeter Hausarrest. Ausgenommen Exkursionen, Gemeinschafts- und Sportaktivitäten. Bei Zuwiderhandeln sofortige Heimreise. Natürlich traf das Johnny wie ein Blitz aus heiterem Himmel. Gleichzeitig war er aber auch fest entschlossen, das so nicht hinzunehmen.

Wieder war es Bruno Zoller, der sich für ihn einsetzte. Obwohl nur drei Jahre älter, übernahm er die Rolle des väterlichen Freundes und Ratgebers. Wenn es sein musste, auch die des Verteidigers.

Kaum hatte er von Madames Urteil erfahren, klopfte er auch schon an der Direktionstür an.

Was mit ungebührlichem und disziplinlosem Verhalten gemeint sei, wollte er wissen, was man Johnny konkret vorwerfe. Mit keinem Wort ging Madame auf diese Fragen ein und meinte nur mit abweisender Kühle, Johnny brauche keinen Anwalt, er könne für sich selbst sprechen.

Schuld und Sühne

Soweit die Erinnerung reicht, war noch weit in die 60er-Jahre hinein die Strafe das mit Abstand wichtigste Erziehungsmittel. Die antiautoritäre Erziehung kam vielleicht schon in den wissenschaftlichen Abhandlungen progressiver Sozialpädagogen vor, nicht aber in der Praxis. So wurden auch die geltenden Regeln von den Schülern der „École nouvelle" nicht wirklich hinterfragt und von den Lehrern auch nicht wirklich erläutert. Wenn man sich regelkonform verhielt, dann meist nicht aus innerer Einsicht heraus, sondern deshalb, um einer möglichen Strafe zu entgehen.

Ähnliches war mir ja auch aus meinem Wiener Gymnasium vertraut. Auch von den dort tätigen Lehrern wurde nur selten das „Zuckerbrot", viel häufiger die „Peitsche" eingesetzt. Das erforderte ja auch weniger psychologische oder pädagogische Begabung. Die Strafe ersetzte die einleuchtende Erklärung und offene Erörterung. Sich auf Diskussionen einzulassen galt für viele Erziehungsberechtigte als Schwäche. Ordnung und Disziplin zählten zu den wichtigsten Erziehungsgrundsätzen.

Ein Beispiel dafür war sicher unsere Frau Klassenvorstand, die der Verfolgung disziplinärer Vorfälle oft mehr Zeit widmete als ihrem Unterrichtsfach Mathematik. Schwer zu sagen, was davon das kleinere Übel war.

Mehr Verständnis und Zuwendung gab es im Elternhaus, aber auch hier ging es klarerweise nicht ohne Strafen ab. Motivierende und aufbauende Worte waren nur selten zu hören, mit Lob ging man sparsam um. Wer wollte schon eingebildete oder überhebliche Kinder heranziehen?

Die notwendigen geistigen und körperlichen Fertigkeiten, ein ausreichendes Maß an Intelligenz und Kreativität zur Bewältigung der Dinge des Lebens und der Schule sowie klassische Tugenden der Nachkriegsgeneration wie Fleiß, Ordnungsliebe und Disziplin wurden als selbstverständlich vorausgesetzt. Dafür auch noch Anerkennung auszusprechen, erübrigte sich.

Je nach Alter und Vergehen gab es bei den Strafen feine Abstufungen. Die mildeste Form, und zwar die der strengen Rüge, blieb meistens unbeachtet. Daher kam in der nächsten Stufe bereits die flache Hand zum Einsatz. Eher in mahnender als in verletzender Absicht landete die „Dachtel" auf der Wange, mit mehr Nachdruck geschah dies bereits bei der „Flåsch'n" oder der handfesten „g'sunden Watsch'n". Handschonender war der meist griffbereite „Pracker", der jedoch auf den damals noch verbreiteten Lederhosen wenig Wirkung zeigte.

In späteren Jahren war dann der Hausarrest erstes Mittel der Wahl. Für Jugendliche, die ihre Freizeit damals hauptsächlich auf der Straße verbrachten, eine durchaus harte Strafe. Subtilere Methoden wählte der Herr Papa. So folgte etwa auf eine verhaute Englisch- oder Französisch-Schularbeit eine Woche lang Zwangskonversation in eben dieser Sprache.

Um die Mühen des Strafvollzugs abzukürzen, kam dann immer häufiger auch die Geldstrafe in Form des Taschengeldentzuges zum Einsatz. Diese traf mich an sich nicht sonderlich hart. Allerdings war damit die Gefahr verbunden, in die Kleinkriminalität abzugleiten.

So erfolgte in Zeiten finanziellen Notstandes der Eintritt ins beliebte Krapfenwald-Bad eben von der Wienerwald-Seite her. Die am Zaun stehenden, allen mittellosen Badegästen bekannten, leicht besteigbaren Buchen ermöglichten mit ihren ausladenden Ästen einen mühe- und kostenlosen Einstieg an nicht einsehbarer Stelle. Mit dem Erlös der zahlreichen, achtlos stehen gelassenen Pfandflaschen ging sich dann meist sogar die eine oder andere Erfrischung aus.

Auch das Sportliche fiel dem Geldmangel nicht unbedingt zum Opfer. Traf man sich mit Freunden zum Fußballmatch des traditionsreichen Döblinger Fußballklubs Vienna auf der Hohen Warte, so ging das zur Not auch ohne Jugendkarte.

Die schon damals baufällige Anlage bot mehrere Möglichkeiten des Gratisbesuches, die bequemste waren wohl die losen Holzplanken im urwaldähnlichen Gestrüpp hinter der Anzeigetafel, zwischen denen sich ein schlanker Bursche mühelos durchschwindeln konnte.

Eine heikle Situation blieb mir dabei aber gut in Erinnerung, und zwar als ich mich im dichten Geäst verirrt hatte und plötzlich für alle sichtbar neben der Anzeigetafel zum Vorschein kam, die der zuständige Ordner offenbar mangels Beschäftigung verlassen hatte. Wie es das Unglück wollte, erzielte die Vienna just in dieser Phase das einzige Tor des Spiels. Alles jubelte und blickte dann zur Uhr empor, doch der Spielstand blieb unverändert.

„Hearst Hinniga, steck‘ um! Ans-Nui steht’s“, fühlte ich mich von einer Stimme aus dem Publikum unangenehm angesprochen.

Tatsächlich fand ich nach fieberhafter Suche hinter der Tafel die „1“, wechselte sie gegen die „0“, zog es dann aber vor, den Platz schnellstens auf dem gleichen Weg wieder zu verlassen, auf dem ich gekommen war.

Nicht immer gelang es aber, der Strafe zu entgehen. Wenn es sein musste, zeigten die Eltern auch volle Härte und Konsequenz und versagten mir oft tagelang Vergnügungen aller Art.

Aus der Zeit heraus gesehen, wäre es aber ungerecht, der Elterngeneration zu strenge oder gar falsche Erziehung vorzuwerfen. Die Strafe sollte eben Einsicht und Besserung bringen. Wurde sie verhängt, geschah dies sicher in bester Absicht, um den Nachwuchs in die gewünschte Richtung zu lenken. Bei aller noch so vermeintlichen Strenge aber blieb die Liebe immer spürbar. Nicht selten wurde eben auch die eigene, noch viel strengere Erziehung zum Vorbild genommen. „Die kann doch so schlecht nicht gewesen sein“, war später, als man Erziehungsfragen offen diskutierte, von den Eltern immer wieder zu hören. „Es sind doch ganz ordentliche Menschen aus uns geworden.“

Danke Mutti, danke Vati, aus uns hoffentlich auch …

Das Post-Paket

Kurz vor Unterrichtsbeginn pflegte die Aufnahme-Madame stets mit bedeutungsvollem Blick und dicker Mappe den Klassenraum zu betreten. Dies war besonders montags immer ein spannender Moment. Es kam zur Verteilung des „Emploi du temps“, in dem alle verpflichtenden und freiwilligen Aktivitäten der bevorstehenden Woche angeführt waren. Da gab es die aufbauenden wie zum Beispiel Ausflüge, Sportwettkämpfe oder Tanzabende, die erträglichen wie beispielsweise Quizspiele, naturkundliche Wanderungen oder Dia-Vorträge und dann die absolut stimmungstötenden wie etwa Wochentests und Redeübungen. Je nachdem, was gerade anstand, waren mehr oder weniger unterdrückte Beifalls- oder Unlustlaute zu vernehmen, die Madame aber sofort mit einem scharfen „Taisez vous!" unterband.

Weniger aufregend war zumeist die anschließende Post-Ausgabe. Die meisten warteten nicht wirklich gespannt auf Nachrichten aus der Heimat. Nur manche gaben sich den Anschein, als hätte ihnen die Herzallerliebste geschrieben, wohl nur um neidische Blicke auf sich zu ziehen. Umso überraschter war ich, als mir Madame geradezu lieblos einen gelben Zettel mit der Aufschrift „Avis postale" in die Hand drückte. Dieser entnahm ich dann, mithilfe des Taschenwörterbuchs, dass eine Paketsendung am örtlichen Postamt für mich bereitgehalten wird.

Mir schwante Schlimmes. Hatte es wirklich so dramatisch geklungen, als ich beim letzten Telefonat mit der Mutter die karge Internatskost beklagte? Das sollte doch nur zeigen, dass ich hier keinen Luxusurlaub, sondern entbehrungsreiche Studienwochen verbrachte. Diese Peinlichkeit, wenn das bekannt wird. Das Muttersöhnchen bekommt ein Fresspaket nachgeschickt. Blitzschnell lasse ich den Zettel verschwinden, bevor irgendwelche dummen Fragen auftauchen.

Was soll ich machen? Das Paket auf der Post liegen lassen? Nein, ich würde sicher danach gefragt. Im Internat damit auftauchen? Nicht auszudenken, welche Kommentare es da gäbe. Das Ganze gleich auf der Post aufzufressen, an sicherer

Stelle zu vergraben oder an die örtliche Bevölkerung zu verteilen schien mir auch kein gangbarer Weg.

Möglicherweise waren aber doch echt leckere Sachen dabei, die Abwechslung ins Kücheneinerlei brachten. Vielleicht könnte ich die Freunde mit einem Guglhupf verblüffen oder mit einer Sachertorte. Ein wenig Zusatznahrung könnte doch wirklich nicht schaden, schließlich waren wir ja alle in einem Alter, in dem man fast immer hungrig ist.

Also betrat ich entschlossen das Postamt von Champéry und überreichte der grau gewandeten Dame hinter dem Schalter das „Avis postale". Dank der mustergültigen Ordnung im Lagerraum war das Paket sofort zur Stelle,

Ausmaße und Gewicht waren dann allerdings doch enttäuschend. Viel mehr als ein paar Schnitten konnten in diesem flachen Karton ja wohl nicht sein. Die Sendung, so glaubte ich zu verstehen, sei wegen des geringen Warenwertes zollfrei, daher lediglich die Bearbeitungsgebühr von 4,50 Franken zu entrichten. Zweifelnd, ob sich diese Ausgabe auch gelohnt habe, trat ich den Heimweg an und wollte gerade auf mein Zimmer eilen, als mir Johnny über den Weg lief.

„Na, ist das Versorgungspaket für den Hungerleidenden angekommen?"

Das musste ja kommen.

„Du wirst uns doch sicher alle einladen, heute Abend", setzte er hämisch grinsend nach.

„Macht euch keine Hoffnung, was soll da schon drin sein!?"

„Na, dann lass doch mal sehen", blieb Johnny hartnäckig.

Nun hatte sich ja jedes Versteckspiel erübrigt, also brachte ich es hinter mich.

Auf meinem Zimmer angekommen, öffnete ich unter Johnnys neugierigem Blick den flachen Karton. Während er schallend auflachte, wäre ich am liebsten im Boden versunken. Nichts Essbares, nein, ein grau-grün gestreiftes Flanell-Pyjama hatte mir die liebe Mutter nachgeschickt. Voll Sorge, ihr zartes Bübchen könnte in der Nacht wohl frieren. Jetzt fiel mir wieder ein, dass ich beim letzten Telefonat den Verlust meiner Nachtbekleidung gemeldet hatte, vorsichtshalber ohne Angabe von Gründen.

„Den musst du … heute Abend vorführen … im Waschraum …", stieß Johnny glucksend hervor.

„Soll das ein Witz sein?", mokierte ich Johnnys Einfall und schaute ihn verständnislos an.

„Bitte, gönn' uns doch den Spaß. Zieh ihn an. Ich habe euch schließlich auch eine Schmink-Show geliefert."

„Okay, so schlimm find ich ihn aber gar nicht, besser als frieren", resignierte ich.

Ich konnte meinem Schicksal ohnehin nicht entgehen, denn Johnny würde sicher nicht davor zurückschrecken, die Ankunft meines Pyjamas allen deutschsprachigen Freunden sofort zu vermelden. Also erschien ich nicht in der üblichen Sporthose, sondern tatsächlich in gestreiftem Flanell im Waschraum. Um jeden Anschein der Ernsthaftigkeit zu vermeiden, borgte ich mir noch zwei Filzpatschen aus und streifte die gezipfelte Bergmütze über.

Zwar sorgte das für einige Lacher, so zerkugelt wie zuvor Johnny hat sich aber dann doch keiner.

Auch wenn sich die Peinlichkeit letztlich in Grenzen hielt, es war das letzte Flanell-Pyjama, das ich trug.

Erlebnis Auto

Bruno Zoller wurde nicht allein von Johnny geschätzt, auch die anderen deutschsprachigen Mitschüler erkannten seine Qualitäten voll an. Er war nicht nur unterhaltsam, sondern auch immer kameradschaftlich und hilfsbereit. Besonderes Ansehen aber genoss er aus einem ganz anderen Grund: Er verfügte doch tatsächlich über ein eigenes Auto. Was Freizeitgestaltung betraf, spielte er damit in einer eigenen Liga. Während wir mit dem kargen Unterhaltungsangebot von Champéry wie Wanderungen, Badbesuchen und Minigolfen vorliebnehmen mussten, stand ihm die gesamte, große, weite Welt der Schweiz offen.

So war es für Alex, Rosita und mich natürlich eine ganz besondere Auszeichnung, von Bruno Zoller zu einer Autofahrt eingeladen zu werden. Diese hatte wegen technischer Probleme schon zweimal verschoben werden müssen, aber jetzt sollte es endlich losgehen. Es war natürlich nicht irgendeine Fahrt, sondern sie führte zu einem ganz großen Ziel, sozusagen zum damaligen Nabel der Welt: Die „Expo64 Lausanne" hatte ihre Pforten geöffnet. Hauptattraktion war dabei ein von Jacques Piccard konstruiertes U-Boot, mit dem Besucher in den Genfer See abtauchen konnten.

Piccard war ein berühmter Tiefsee-Pionier, der als Erster den 11.000 Meter tiefen Mariannengraben erforscht hatte, und gleichzeitig eine Leitfigur für Erfindergeist, Fortschritt und technisches Können der Schweiz. Mit Stolz vermerkte man in Lausanne, dass er zu den Absolventen der dortigen „Ecole nouvelle de la Suisse romande" zählte.

Das wollte sich der technikbegeisterte Alex auf keinen Fall entgehen lassen, und auch Rosita konnte er überreden mitzukommen. Das eigenständige Verlassen des Ortes war den Mädchen an sich nicht gestattet. Bruno Zoller aber war Lucie gut bekannt, verbrachte er doch schon den dritten Sommer hier. Sie schätzte ihn als verantwortungsbewussten und

VW-Käfer, Baujahr 1956, mit wenig Extras

verlässlichen jungen Mann, und so bekam auch Rosita die Erlaubnis mitzufahren. Wir alle erhielten aber die strenge Auflage, uns spätestens zum Abendessen wieder im Internat einzufinden. Ansonsten wie üblich: „Lourdes conséquences."

Die Reise erschien durchaus reizvoll, das vorgesehene Transportmittel allerdings nicht. Bruno Zollers sogenannter Brezelfenster-Volkswagen war eines der ersten Nachkriegsmodelle. Dazu ließen die vielen Stunden, die er in letzter Zeit unter dem Auto liegend verbracht hatte, auch nichts Gutes ahnen. Die Einladung aber kurzfristig abzuschlagen wäre einer schweren Beleidigung gleichgekommen.

Autofahren war damals noch durchaus unbequem und unsicher, Pannen- und Unfallhäufigkeit noch sehr hoch. Dennoch zählte es zu den beliebtesten Freizeitaktivitäten. Man fuhr Auto, um ein bisher ungekanntes Freiheitsgefühl zu genießen, neue Gegenden kennenzulernen, modern und fortschrittlich zu wirken oder die Nachbarn zu ärgern. So zählte das Autowaschen zu den bevorzugten Wochenendbeschäftigungen, das chromblitzende Vehikel vor der Haustür sollte schließlich gebührend bestaunt werden. Alle, die es sich leisten konnten, aber auch viele, die es sich nicht leisten konnten, begehrten dieses neue Statussymbol. Die Auto- und Reisewelle zählte neben der Fresswelle am Anfang der 60er-Jahre sowie der Sex- und Aufklärungswelle an deren Ende zu den auffälligsten gesellschaftlichen Erscheinungen.

Der Volkswagen-Käfer, hochtrabend als Limousine bezeichnet, war das Paradeprodukt des deutschen Wirtschaftswunders und beherrschte weithin das Straßenbild. Mit einem Preis von etwa 25.000 Schilling für die Basisversion mit 24 PS war er auch für Durchschnittsverdiener des Jahres 1964 mit einem Brutto-Jahreseinkommen von rund 48.000 Schilling durchaus erschwinglich. Die Ausstattung mutet heute durchaus karg an. So gab es zum Beispiel Blinker oder Tankuhr nur gegen Aufpreis. Das Getriebe war noch nicht synchronisiert, für einen halbwegs geräuschlosen Gangwechsel musste Zwischengas gegeben werden.

Trotz einiger Bedenken brachte ich Bruno Zoller und seinem Auto natürlich angemessenen Respekt entgegen und ließ seine ausführlichen technischen Erläuterungen über mich ergehen, ohne sinnstörende Zwischenfragen zu stellen. Meine automobile Erfahrung hatte sich ja bislang auf die Go-Kart-Bahn im Wiener Prater beschränkt, und hier galt es ja nur zwei Pedale und ein Lenkrad zu betätigen.

Irgendwie aber schien Bruno Zoller unsere Vorbehalte doch zu spüren, wie aus seinen besänftigenden Worten am frühen Samstagmorgen kurz vor der Abfahrt zu entnehmen war: „Läuft super der Käfer, werdet schon sehen …"

Ohne noch lange zu zögern, zwängten wir uns in die militärgrüne Blechkiste. Für Alex und Rosita konnte es auf der Rückbank gar nicht eng genug sein, und ich genoss die Kniefreiheit auf dem Beifahrerersitz. Nach zwei gescheiterten Startversuchen griff Bruno Zoller zur Anlasserkurbel und kaum 20 Umdrehungen später sprang das Ding unter lautem Geknatter tatsächlich an. Und ohne weitere Zwischenfälle erreichten wir noch am selben Tag das 60 Kilometer entfernte Lausanne.

Die Unterwasserwelt hat mich schon damals nicht interessiert, und so zogen Rosita und ich es vor, das Geschehen von der Uferpromenade aus zu beobachten. In Begleitung eines so attraktiven Mädchens war das mindestens so aufregend, wie selbst im Boot zu sitzen.

Wie ein großer weißer Schwan senkte sich das Unterseeboot „Mésoscaphe", das Prunkstück Schweizer Ingenieurkunst, mit Alex und etwa 30 weiteren Touristen an Bord in die Fluten des Genfer Sees. Im direkt am Seeufer gelegenen Expo-Gelände verfolgten zahllose Besucher das Spektakel. Es vergingen bange 20 Minuten, ehe das Wunderding unter allgemeinem Jubel wieder auftauchte.

Eine U-Boot-Fahrt in der Schweiz, das war sicher ein Erlebnis, womit man alle und jeden verblüffen konnte. Um dem unglaublichen Abenteuer dann noch mehr Spannung zu verleihen, hatten die Veranstalter noch eins daraufgesetzt: Es war von sowjetischen U-Booten die Rede, die in der Zeit des Kalten Krieges sogar im Genfer See Position bezogen haben sollten. Die geschäftstüchtigen Schweizer wollten damit zur Expo64 offenbar die schottische Touristenattraktion „Nessie" übertrumpfen, die dagegen natürlich überholt wirkte.

Expo64, Lausanne: Unterseeboot „Mésoscaphe" Foto ancienne

„Und was gab's zu sehen?", gab ich mich interessiert, obwohl sich meine Neugierde in Grenzen hielt.

„Wasser, nichts als trübes Wasser", meldete Alex enttäuscht.

„Ward ihr etwa ganz unten? Bis am Grund?"

„Ja, über 100 Meter tief, stockfinster da unten, ganz eigenartiges Gefühl. Mit Scheinwerfern wurde der Grund ausgeleuchtet, außer ein paar Pflanzen war aber nichts zu sehen." Tiefsinnig fügte er noch hinzu: „Zumindest eine Wasserleiche hätte ich mir erwartet."

Aber Alex hatte sein Abenteuer gehabt, Rosita war froh, ihn wiederzusehen, und ich erlebte einen schönen Tag am Ufer des Genfer Sees. Bruno Zoller hatte in der Zwischenzeit laut eigener Angabe seine Freundin besucht, und gegen Abend ging es wieder zurück nach Champéry.

Die Panne

Auf dem Rückweg fehlte es dem Käfer spürbar an Kraft. Scheuernde und quietschende Geräusche waren zu hören. Bruno Zoller konnte seine wachsende Nervosität nicht mehr verbergen. Zweimal hielt er an, um einen Blick in den Motorraum zu werfen, der sich überraschenderweise im Heck des Fahrzeuges befand. Sein „Alles in Ordnung!" klang dabei nicht ganz so überzeugend. Mit leichtem Unbehagen setzten wir dann die Reise fort, bis wir zu der steilen Bergstraße kamen, die hinauf nach Champéry führt. Zuerst ein Schnalzen, dann ein Scheuern und der Käfer stand still.

Bruno Zoller sprang aus dem Wagen und öffnete die Heckklappe. Ein kurzer Blick genügte, um zu erkennen, dass sich die letzten Reste des Keilriemens im Motorraum verteilt hatten.

„Seht euch das an, der war doch noch fast neu!", jammerte Bruno Zoller und wir Umstehenden nickten, ohne eine Ahnung zu haben, wovon er sprach. Eine Weile schien er in angestrengtes Nachdenken zu versinken, dann wandte er sich plötzlich um und starrte auffällig lange auf Rositas Beine.

Die waren zwar durchaus sehenswert, sie aber so lange zu fixieren, erschien doch recht ungebührlich.

„What about my legs?", wurde es Rosita schließlich zu viel.

„Oh nothing, they are lovely."

Etwas verärgert wandte sie sich mit einer abfälligen Handbewegung ab und entfernte sich ein Stück.

„Was ist los, was glotzt du sie so an?", wollte Alex wissen.

„Sie trägt eine Strumpfhose, das wäre ein guter Keilriemen-Ersatz."

„Das glaubst du doch selbst nicht."

„Doch, das habe ich in der Fahrschule gelernt", beharrte Bruno Zoller.

„Du spinnst, das Ding bleibt an, und wenn wir alle zu Fuß gehen", fuhr Alex ihn wütend an.

„Ist ja schon gut. War ja nur so eine Idee."

Es folgte eine weitere kurze Nachdenkpause.

„Aber Rosita könnte ja auch etwas ganz anderes für uns tun. Sie wäre doch die ideale Autostopperin. So wie sie aussieht, da bleibt doch bestimmt jeder stehen."

Daraufhin rutschte mir eine Bemerkung heraus, die ich im nächsten Moment aber auch schon wieder bereute: „Ohne Strumpfhose geht das bestimmt noch besser."

Das Lachen über meinen etwas geschmacklosen Scherz blieb mir im Hals stecken, denn im gleichen Augenblick spürte ich Alex' spitzen Schuh in meinem Gesäß. Es war dies die damals unter Freunden übliche Form der nonverbalen Missfallensäußerung. Zumeist wurde der Tritt ins Hinterteil nur angedeutet, in schwerwiegenden Fällen wie diesem aber auch ausgeführt.

Nach diesem Zwischenfall versachlichte sich die Diskussion zumindest einigermaßen, und wir wurden uns einig, dass

Autostoppen die einzige Möglichkeit wäre, noch rechtzeitig nach Champéry zurückzukehren.

Ohne lange zu zögern, stellte sich Rosita an den Straßenrand und vollführte die so typischen Handbewegungen. Um den erhofften Erfolg aber nicht von vornherein zu gefährden, hielten wir uns in einiger Entfernung außer Sichtweite. Und tatsächlich stoppte nach kurzer Zeit schon ein Lenker und kurbelte charmant lächelnd die Scheibe auf der Beifahrerseite auf. Nach einem kurzen Zwischengeplänkel deutete Rosita in unsere Richtung, und von dem, was sie in ihrem mehr oder weniger verständlichen Französisch zu erklären versuchte, hörten wir nur noch: „… et mes trois amis." Daraufhin schloss der Lenker das Fenster und fuhr davon.

Nachdem sich dann in etwa Ähnliches noch zweimal wiederholt hatte, schlug Bruno Zoller vor, Rosita solle doch allein einsteigen und sich zum Internat fahren lassen. Für sie als Mädchen wäre es schließlich besonders wichtig, rechtzeitig zum Abendessen zu erscheinen.

„Kommt nicht infrage!", protestierte Alex heftig. „Wir werden sie auf keinen Fall allein fahren lassen. Stell dir doch nur vor, was da alles passieren kann. Würde Lucie davon erfahren, trifft sie der Schlag." Er wandte sich zu Rosita. „You stay here with me", erklärte er unmissverständlich und legte liebevoll den Arm um ihre Schultern.

„Yes, of course", seufzte Rosita und schenkte ihm ein bezauberndes Küsschen.

Inzwischen hatte es zu regnen begonnen und unsere Ansprüche an eine mögliche Mitfahrgelegenheit waren deutlich gesunken. Dennoch zögerten wir zunächst, als ein älterer Bauer mit Traktor und Ladewagen an uns vorbeituckerte, dann aber überraschend anhielt, um uns mit einem freundlichen, aber unverständlichen Zuruf zur Mitfahrt einzuladen. Uns blieb aber wohl keine andere Wahl mehr.

Platz war freilich nur im Ladewagen, und auch da nicht allzu reichlich. Nachdem wir über die seitlichen Holzplanken geklettert waren, fanden wir uns inmitten zahlreicher Säcke wieder. Einige davon schienen nicht ganz dicht. Dem austretenden Geruch nach handelte es sich um Düngemittel, wie Alex mit seiner Chemikernase gleich feststellen konnte.

Der Bitte, uns nach Champéry mitzunehmen, kam der gute Mann gern nach. Er sei gerade auf dem Rückweg dorthin, glaubte Bruno Zoller zu verstehen, nachdem er am Wochenmarkt in Monthey einige Lämmer verkauft habe.

Ganz offenbar hatten die gestressten Tiere im Ladewagen ihre Spuren hinterlassen, die auch der heftiger werdende Regen nicht ganz beseitigen konnte. Um uns halbwegs geruchsfrei zu halten, verwendeten wir die mitgeführten Regenjacken als Sitzunterlage, durchnässt waren wir ja ohnehin schon. In dem rüttelnden und klappernden Gefährt das Gleichgewicht zu halten war jedoch nicht ganz einfach. Rosita klammerte sich an Alex, auch Bruno Zoller und ich suchten Halt aneinander. Dieser ging aber endgültig verloren, als wir kurz vor Ende der Fahrstrecke ungebremst eine Baustelle passierten.

Als wir schließlich unweit der Internate abgeladen wurden, verströmten wir alle ein ungemein rustikales Flair. Immerhin aber waren wir gerade noch pünktlich zum Abendessen eingetroffen.

Allerdings gelang es uns nicht mehr, alle Duftspuren noch rechtzeitig zu beseitigen. Vor allem für Rosita hatte das unangenehme Fragen der Mitschülerinnen zur Folge. Den Besuch der Expo in Lausanne wollte ihr niemand so recht abnehmen, vielmehr wurde vermutet, sie hätte den Tag irgendwo auf Viehweiden oder frisch gedüngten Almwiesen verbracht. Alex nahm ähnliche Vermutungen durchaus vergnügt entgegen und konterte gelassen mit dem altbekannten Spruch, wonach es auf der Alm keine Sünde gebe.

Trotz der vielen Zwischenfälle: Bis auf Bruno Zoller mit seinem kaputten Auto waren wir alle wunschlos glücklich. Für mich war es ein aufregender und ereignisreicher Tag, Alex hatte sein Unterwassererlebnis. Und Rosita? Sie hatte ihre Strumpfhose und ihre Unschuld behalten ...

Unterstützt von Thimothé, der gleichfalls VW-Fahrer war, gelang es Bruno Zoller dann zwei Tage später, einen neuen Keilriemen aufzutreiben. Ein Werkstattbesuch war wohl unerschwinglich, und so verbrachten die beiden etliche Stunden am École-Parkplatz, um unter regem Interesse anderer junger Autofans den betagten Motor wieder in Gang zu setzen. Obwohl uns Bruno Zoller noch einige weitere attraktive Ausflugziele nannte, zogen wir es fortan aber vor, das Freizeitangebot von Champéry zu nutzen.

Unser Ausflug war glücklicherweise ohne Folgen geblieben. Nachträglich bewunderte ich noch immer Rositas Furchtlosigkeit. Aus dem scheuen Geschöpf, das ich bei meiner Abholung am Bahnhof kennengelernt hatte, war ein erstaunlich mutiges und selbstsicheres Mädchen geworden. Sie kämpfte zwar ständig mit Sprachschwierigkeiten, aber dies auf so liebenswerte Weise, dass man ihr sehr gern dabei zuhörte.

Die Pilzwanderung

Timothé hatte die erste Unterrichtsstunde des Tages übernommen. Als hauptberuflicher Biologielehrer versuchte er auch dieses Mal wieder, uns die Natur rund um Champéry näherzubringen. Das geschah bei ihm meist auf spielerische Weise. Für den Nachmittag hatte er sich wieder etwas Besonderes ausgedacht: eine Pilzwanderung. Der ausgedehnte Wald zwischen Dorf und Talschluss sei reich an Pilzen aller Art, erfuhren wir. Anhand einer Pilzfibel zeigte er uns die am häufigsten anzutreffenden Sorten wie Steinpilz, Pfifferling und Maronenpilz und warnte vor dem in der Region verbreiteten roten Fliegenpilz, der mit seinen weißen Tupfen zwar hübsch anzusehen, aber giftig sei. Nachdem die französischen Beschreibungen für uns meist unverständlich waren, konnten wir nur anhand der Abbildungen eine Vorstellung von den verschiedenen Arten bekommen.

Die Pilzsammlung sollte den Menüplan im Internat etwas abwechslungsreicher gestalten und spaßeshalber mit einem Wettbewerb verbunden werden. Wer in einer Stunde die meisten brauchbaren Speisepilze gesammelt hätte, dem winkten als erster Preis vier Gratisstunden auf dem Tennisplatz mit einem Partner der Wahl.

Als Stadtkind hatte ich natürlich keine Ahnung von Pilzen. In der Art eines Jägers und Sammlers durch die Wälder zu streifen schien aber dann doch ein ganz reizvolles Abenteuer. Auch Johnny machte mit, einfach nur froh darüber, irgendwie aus dem Internat zu kommen, zumal er immer noch Ausgehverbot hatte.

Seine Kontakte zu Judith liefen zurzeit nur über Umwege, und so war es auch dieses Mal.

Am unverdächtigen Bahnhofskiosk wartete ich wie abgemacht auf sie, um ihr die wichtigsten Neuheiten zu überbringen. Dabei erwähnte ich auch die Pilzwanderung am Nachmittag, die eben in jenen Wald führte, der Judith noch in bester Erinnerung war.

Die aufgeweckte Judith schaltete sofort. „Super, da treffen wir uns. Sag ihm, ich warte auf ihn, er weiß schon, wo …"

Johnny wusste es natürlich und sein Plan war einfach: „Während die anderen Pilze sammeln, bin ich mit Judith auf dem Hochstand."

Außer mir wurde auch Bruno Zoller eingeweiht. Er kannte die Gegend von mehreren Aufenthalten her sehr gut und war auch schon mehrmals als Pilzsammler unterwegs gewesen. Er würde für Johnny sammeln, erklärte er die Strategie, ich sollte darauf achten, dass sich niemand dem Hochstand nähert. „Sag eben, es würde dort Bären oder Wildschweine geben, oder noch besser, das Ganze wäre ein einziges Tollwutgebiet. Sag irgendwas! – Die Stadtbuben sind ohnehin leicht zu schrecken."

Und dann zogen sie los, die Stadtbuben. Mit Körben, Messern, Pilzfibeln und Wanderkarten ausgerüstet, verschwanden sie unter Thimothés Führung im Dunkel des Waldes. Die Sammelstelle, zu der sich alle nach einer Stunde wieder einzufinden hatten, lag fast einen Kilometer vom Hochstand entfernt, sodass sich Johnny und ich gleich eilig in Bewegung setzten. Immer wieder blickte ich mich um, ob Nachkommende zu sichten waren, aber dieser Teil des Waldes war für die Pilzsucher scheinbar nicht von Interesse. Bruno Zoller verschwand in eine ganz andere Richtung. Zuvor hatte er uns aber zu einem großen Holzstoß geführt, auf dem wir unsere Körbe deponierten. Diese sollten dann vor der Rückkehr zum Sammelpunkt mit Pilzen gefüllt werden.

Es war nicht ganz leicht, den Weg zum Hochstand zu finden. Im dichten Wald gab es wenig Orientierungspunkte. Aber anhand der charakteristischen Bergspitzen der Dents du Midi, die, wie der Name sagt, genau im Süden liegen und die immer wieder zwischen den Wipfeln hervorkommen, ließ sich unsere Marschrichtung gut bestimmen. Karten lesen und Wege erkunden war schon immer eine Leidenschaft von mir; und mich auf unbekanntem Terrain zurechtzufinden, fand ich herausfordernd und spannend. Johnny vertraute meinem Orientierungssinn, und tatsächlich vergingen kaum 10 Minuten, als sich der Wald etwas lichtete, und kurz darauf war auch schon der luftige Treffpunkt zu erkennen.

Die mutige Judith war tatsächlich schon da. Sie saß auf der untersten Sprosse der Leiter und winkte uns erfreut zu. Sekunden später deutete sie mit dem Finger auf den Lippen an, die Begrüßung nicht zu laut und stürmisch ausfallen zu lassen.

„Findest du den Weg wieder zurück?", fragte ich Johnny.

„Na klar", meinte er gedehnt, „war ja ganz einfach."

Noch schien Johnny der Rückweg überhaupt nicht zu interessieren. Stolpernd lief er auf dem holprigen Waldboden auf Judith zu, fiel zuletzt noch über eine Wurzel und landete – absichtlich oder unabsichtlich – auf dem Bauch, direkt vor Judiths Füßen. Flugs drehte er sich auf den Rücken und Judith ließ sich auf ihn fallen. Die Begrüßung fiel dann doch so heftig aus, als hätten sie gar nicht mehr vor, auf den Hochstand zu klettern.

Weit und breit war kein Mensch zu sehen oder zu hören, und so entfernte auch ich mich diskret. Den beiden zu einem Wiedersehen verholfen zu haben brachte mich plötzlich in ganz elegische Stimmung. Ich versuchte mir vorzustellen, mit Yvonne einmal Ähnliches zu erleben. Gleichzeitig musste ich mir eingestehen, dass die Chancen dafür eher schlecht standen.

Und so setzte ich mich nach einem Stück Weg auf einen Baumstumpf und fand es sehr schön, einfach nur still und versonnen dazusitzen. Ohne genau zu wissen, warum, fing ich plötzlich zu weinen an. Irgendwie kam ich mit meinem Gefühlsdurcheinander nicht mehr zurecht. Es hatte sich wohl ein emotionaler Rückstau gebildet, der sich nun in der Einsamkeit des Waldes ungehemmt auflöste. Hoffnungen, Enttäuschungen, Ängste, Abneigungen, Liebe – alles tropfte auf den Waldboden. Und ich fand es einfach nur erleichternd.

Vielleicht ging mir auch einfach nur die Sicherheit und Geborgenheit ab, wie ich sie eben nur zu Hause hatte – die vertrauten Menschen in vertrauter Umgebung. Wieder schlampiges Deutsch statt angestrengtes Französisch, wieder mit guten Freunden herumziehen statt ständig auf fremde Lehrer und Mitbewohner eingehen zu müssen, das wäre doch schön. Mitten unter den vielen, jungen Leuten aus aller Welt fühlte ich mich zuweilen einsam und unverstanden. Das lag natürlich nur an mir. Ich war das Leben in einer so großen Gemeinschaft einfach nicht gewohnt, hatte Probleme, mich anzupassen, mich zu verständigen, mich anderen gegenüber zu öffnen.

Andererseits hatte ich aber auch noch nie in meinem Leben so viel Neues und Aufregendes in so kurzer Zeit erlebt.

Die erste Auslandsreise ganz allein, Ferien in einer großartigen Gegend, das Internatsleben als eine ganz neue Erfahrung. Und natürlich das Wichtigste: Ich hatte erstmals ein liebenswertes Mädchen kennengelernt.

Aber leider war mir immer noch nicht klar geworden, ob sie mich auch mochte oder nur mit mir spielte.

Weinen zu können, ist doch etwas Wunderbares – man sollte es nicht verlernen. Gerade bei Kindern zeigt sich, wie gut und schnell das Weinen gegen großes und kleines Unglück hilft. Noch Tränen in den Augen, können sie im nächsten Moment auch schon wieder herzhaft lachen. Das Weinen als Stuhlgang der Seele ist zwar keine delikate, aber eine durchaus treffende Bezeichnung.

„Sei ein Mann!"

Buben hatten damals heimlich zu weinen. Wer in der Schule etwas gelten wollte, der nahm den „Fleck" scheinbar ungerührt entgegen, zog sich erst in der Pause aufs Klo zurück oder weinte sich auf dem Heimweg auf einer abgelegenen Parkbank aus. Auch wenn es nach einem total verhauten Auftritt an der Tafel noch so sehr im Hals würgte, ließ man sich achselzuckend, ungeniert und lässig, allenfalls mit einem leisen Fluch wieder auf die Schulbank fallen. Einfach losheulen, das machten nur die „Waserln" und die „Seicherln", wie zart Besaitete damals genannt wurden.

Liebeskummer kam zwar in den Herz-Schmerz-Schlagern von Connie Francis vor, nicht aber im rauen Gesprächsklima des Schulhofes, der Turnsaalgarderobe oder des Beserlparks. Hier war weder Platz noch Zeit für Gefühlsduselei, hier hatten die männlich-harten Typen das Sagen. Einem Mädchen nachzuflennen, das einen unbeachtet ließ oder gar mit einen anderen herumzog? Vielleicht unbemerkt nachts im Bett? Aber doch nicht, wenn es Freunde oder Eltern merken könnten!

Ähnliches galt auch für das Heimweh. Man hörte zwar wehmütig, dass Freddy Quinn „dort, wo die Blumen blüh'n" einmal zu Hause war, dergleichen Sentimentalitäten aber waren selbstsicheren, jungen Männern auf ihrer ersten größeren Auslandsreise natürlich unbekannt. Heimweh, das war etwas für Außenseiter, die es nicht schafften, auch in der Fremde Freunde zu finden und Spaß zu haben. In der großen weiten Welt Heimat und Familie nachzuweinen, das durfte es einfach nicht geben.

Und die rüpelhaften Streiche der unkollegialen Mitbewohner, die ständigen Hänseleien und Verspottungen? Diese Idioten können doch niemanden wirklich kränken oder beleidigen, die ignoriert man doch einfach. Und wenn es sich dennoch aufs Gemüt schlägt, darf man es keinesfalls zeigen. Das wurde einem als Bub doch von allen beigebracht. „Reiß dich zusammen! Sei ein Mann!", mahnte der Vater eindringlich, wenn sich manchmal der ganze Frust des Schullebens über die Wangen ergoss.

Humpelte man nach dem Fahrradsturz mit blutend aufgeschundenem Knie nach Hause, wurde einem die Schmerztherapie der Indianer empfohlen. Und sah man dann Winnetou im Kino sterben, heulte man dennoch „wie ein Mädchen".

Doch das war jetzt völlig egal, es konnte mich ja keiner sehen und irgendwie fühlte ich mich auch schon wieder besser. Nach erfolgter Augenwäsche war mein Blick so geschärft, dass ich beschloss, mich auch ein wenig an der Pilzsuche zu beteiligen.

Erschwindelter Sieg

Tatsächlich fand ich einige gelbe Pilzchen am Waldboden, die ich nach kurzem Studium der Species „Pfifferlinge" zuordnete. Die Funde waren zwar wenig ergiebig, immerhin aber kam ich nicht mit ganz leeren Händen zum vereinbarten Treffpunkt am Holzstoß. In einiger Entfernung waren planlos umherirrende Knaben zu sehen. Das, was sie dem Waldboden entnommen hatten, landet nach kurzem Blick in die Pilzfibel aber meist wieder auf demselben.

Doch dann kam Bruno Zoller. Er hielt seinen Korb wie eine Trophäe in die Luft, und schon von Weitem war erkennbar, dass er ganze Arbeit geleistet hatte. Besonders stolz war er auf drei stattliche Steinpilze. „Die waren wieder am gleichen Platz, wie im letzten Jahr", verkündete er triumphierend und begann, die reiche Ernte zu verteilen. Der größte Teil landete dabei wie geplant in Johnnys Korb. Dieser hatte sich auf dem Rückweg doch ein wenig verlaufen und kam einige Minuten zu spät. Er wirkte aber durchaus nicht gehetzt, sondern eher so, als sei er auf einer Wolke des Glücks herbeigeschwebt.

Dankend nahm er von Bruno Zoller den gut gefüllten Korb entgegen. Wir waren dann auch die letzten, die am Sammelpunkt ankamen, und wurden schon ungeduldig erwartet. So wie die anderen Wettbewerbsteilnehmer stellten auch wir die Körbe vor Thimothé auf. Das Ergebnis war eindeutig: Johnnys Korb war mit Abstand am besten gefüllt und enthielt ausschließlich einwandfreie Speisepilze. Thimothé setzte zwar ein überaus skeptisches Gesicht auf, erklärte dann aber applaudierend: „Et le vainquer est … Johnny."

So, wie er Johnny dabei ansah, hatte es aber durchaus den Anschein, dass er genau wusste, was da so alles gespielt worden war.

Doch ausgemacht war ausgemacht, und Johnny ließ keinen Zweifel daran, den Siegespreis auch anzunehmen. Als eher unsportlicher Typ hatte er zwar noch nie den Fuß auf einen Tennisplatz gesetzt, was ihn aber nicht daran hinderte, die gewonnene Stunde sofort zu buchen.

Die Partnerin seiner Wahl stand von vornherein fest. Auch wenn Judith keinerlei Bezug zu diesem Sport hatte, Johnny zuliebe machte sie mit. Sie war ja für fast jeden Unsinn zu haben, und fand auch nichts Peinliches dabei, sich am noblen Tennisplatz als Greenhorn belächeln zu lassen. Überdies freuten sich beide diebisch darüber, Johnnys Ausgehverbot auf diese Weise ganz offiziell umgehen zu können.

Allerdings zeigte der strenge Platzwart zunächst keine Bereitschaft, diesen Spaß zu ermöglichen.

Zwei totale Anfänger auf dem akribisch gepflegten roten Sand herumblödeln zu lassen war für ihn kaum vorstellbar. Das hatte Thimothé natürlich vorhergesehen und schaltete sich auch sofort ein. Er werde den beiden zuvor Trainerstunden geben, gab er bekannt, der Ruf des Tennisclubs sei somit nicht in Gefahr.

Es war bewundernswert, wie Thimothé immer wieder einsprang und es verstand, schwierige Situationen zu retten. Johnny und Judith gegenüber gab er sich besonders jovial, wohl auch deshalb, weil er glaubte, den beiden würde mit argwöhnischen Verdächtigungen unrecht getan. Mit seiner aufgeschlossenen, hilfsbereiten und verständnisvollen Art war er der unbestrittene Liebling bei allen Schülern der „École nouvelle". So wunderte es auch nicht, dass einige englischsprachige Schüler dem dunkelhäutigen Thimothé den liebevollen Spitznamen „Uncle Tom" gaben, den er auch gerne annahm.

Die Jux-Partie

Nach den Trainerstunden sollten nun Judith und Johnny zum Abschluss öffentlich ihr Können zeigen. Die stets zu Späßen aufgelegte Judith hatte diesen Auftritt als „Grande Finale" im Mädchen-Internat plakatiert und Johnny war bei den Burschen ihrem Beispiel gefolgt. Die Partie war von Thimothé für den Abend angesetzt worden, zu einem Zeitpunkt, als die Clubspieler den Platz gewöhnlich schon verlassen hatten. Daher gelang es auch, die Zustimmung des Platzwarts zu erhalten, der offenbar gar nicht so humorlos war.

Etliche Mädchen waren als Zuschauerinnen dabei, darunter Rosita und ihre beiden spanisch sprechenden Freundinnen. Die drei hatten sich einen besonderen Jux ausgedacht und waren mit großen Papierhüten und weißen Handschuhen erschienen, ganz so, wie das damals in der „Royal Box" in Wimbledon üblich war. Auch Yvonne war gut gelaunt und auffallend elegant gekleidet erschienen, von einer Missstimmung war nichts mehr zu bemerken.

Auf den noblen Clubsesseln hatten auch mehrere Burschen Platz genommen, unter ihnen Bruno Zoller, der ja auch bei keinem Jux fehlen durfte. Mir war eine besondere Aufgabe zugeteilt: Ich sollte Judith „coachen". Das heißt, ich hatte ihr Getränke bereitzuhalten, das Handtuch zu reichen und taktische Anweisungen zu geben. Die gleiche Aufgabe übernahm Alex bei Johnny. Thimothé gab den Schiedsrichter, und das mit herrlich gespielter Ernsthaftigkeit.

Die nötige Bekleidung und Ausrüstung hatte Johnny von mir bekommen. Da er etwas größer und noch schlanker war als ich, betrat er nabelfrei und sehr beinfrei den Court. Als ein blonder Typ mit blasser Haut kleidete ihn Weiß nicht wirklich vorteilhaft. Das mitgeführte Racket schlenkerte schlapp in seiner linken Hand. Zwei weitere ließ er sich von einem kleineren Mitschüler nachtragen.

Die weiße Schirmkappe, die verkehrt herum auf seinem Lockenkopf saß, war damals natürlich ein glatter Stilbruch.

Als Frohnatur Judith ihren Partner kommen sah, verfiel sie in übermütiges Kichern und Glucksen. Der Schläger schien für das kleine, eher zarte Mädchen viel zu groß und zu schwer. Das gleichfalls geborgte Kleidchen passte ihr hingegen sehr gut. Mit ihren leuchtend roten Haaren, die von einer blauen Schleife zusammengehalten wurden, war Judith jedenfalls eine erfrischende Erscheinung. Ihr munteres Sommersprossengesicht verstrahlte Vorfreude auf den kommenden Spaß.

Als sie den Platz betrat, suchte sie mit beruhigen Handbewegungen die aufkommenden Jubelrufe der Zuschauer etwas zu dämpfen, während sich Johnny schon vor dem Spiel in Siegesposen übte. Der Aufschlag fiel Johnny zu, und dieser spielte ein Ritual ab, das jedem Tennisprofi Ehre gemacht hätte: Erst prüfte er sorgfältig die Spannung der Saiten, dann klopfte er sich mehrmals mit dem Schläger den Sand aus den Sohlen. Danach lehnte er zwei von einem „Ballbuben" zugeworfene Bälle als zu weich ab. Endlich bezog er auf der richtigen Seite die Aufschlagposition, peppelte den Ball endlos lange auf, und blickte dann mit ernster Anspannung zu Judith hinüber.

„Ready?"

Nein, Judith war nicht bereit. Zu sehr von Lachen geschüttelt, war es ihr unmöglich, den Schläger festzuhalten.

Erst nach einem energischen „Time" von Thimothé fasste sie sich langsam und erklärte sich dann nach kurzer Konzentrationsphase spielbereit. Johnny traf zwar erst beim zweiten Aufschlag, dies aber mit verblüffender Schärfe. Der Ball sprang Judith auf den Holzrahmen und landete dann knapp unter dem Netzband. Danach forderte sie Thimothé energisch auf, für sie als kleinere Spielerin das Netz doch tiefer zu setzen. Eine Forderung, die vom Publikum lauthals unterstützt wurde, zumal auch die folgenden Schläge kaum über das Netz hinauskamen. Nachdem es Johnny dann zweimal hintereinander gelungen war, den Ball ins gegnerische Feld zu platzieren, ging das psychologisch wichtige Eröffnungsgame an ihn.

Die folgende Pause nutzten die „Coaches" dazu, die überbeanspruchte Muskulatur ihrer Schützlinge zu lockern. Unter allgemeinem Gejohle massierte Alex energisch Johnnys Waden, während ich mit sanften Händen versuchte, Judiths Nackenmuskeln zu entspannen. Danach wurden die schweißfreien Gesichter getrocknet und aus bereitstehenden Cola-Dosen vorsorglich auch Flüssigkeit zugeführt. Auf taktische Anweisungen verzichteten wir vorerst, da die Stärken des Gegners noch nicht auszumachen waren.

Die folgenden Games waren dann hart umkämpft. Immer mehr Bälle fanden den Weg übers Netz. Die flinke Judith gewann zunehmend die Sympathien des Publikums, das sie bei jedem gelungenen Schlag zu Ovationen ermunterte. Johnny hingegen versuchte mit Showeinlagen zu beeindrucken. Bei verschlagenen Bällen drohte oder fluchte er, flehte den Schiedsrichter an, wechselte Schläger und Bälle oder borgte sich eine Sonnenbrille aus, um besser zu sehen. Langsam war aber Judith durch das viele Lachen so entkräftet, dass sie einen sicheren Vorsprung aus der Hand gab. Johnny verwandelte den dritten Matchball nach ebenso vielen Doppelfehlern seiner Gegnerin mit einem Ass.

Dennoch schätzten Schiedsrichter und Publikum die gezeigten Leistungen als gleichwertig ein.

Respektvoller Schlussapplaus begleitete die Übergabe zweier zu Pokalen aufgewerteter Blumentöpfe. Das Jux-Match war in Champéry noch einige Tage Gesprächsstoff, Johnny und Judith hatten zwar wenig Tennis-, dafür aber viel Sympathiepunkte gesammelt. Die unschönen Tratschgeschichten waren vorerst vergessen.

Gourmet-Französisch

Um den etwas eintönigen Unterricht aufzulockern, stand jede Woche eine Exkursion mit dem Schulbus auf dem Programm.

Die interessanteste davon führte in die Gegend des Genfer Sees. Besonders beeindruckt waren wir von den prachtvollen

Villen am Seeufer, darunter auch jene von Charlie Chaplin, Audrey Hepburn und Ernest Hemingway. Schlossartige Hotels, prachtvolle Gartenanlagen und zahlreiche Yachten zeigten, wo sich die internationale Hautevolee in den 60er-Jahren vergnügte.

Die erste Station war Lausanne, von dort ging es in das in der gesamten Schweiz bekannte Städtchen Gruyère, das durch sein mittelalterliches Stadtbild, den gleichnamigen, im Umland hergestellten Käse und eine Reihe von erstklassigen Restaurants berühmt ist.

Nach einem kurzen Stadtrundgang gab es zwei Stunden zur freien Verfügung, für die Alex natürlich sofort eine Idee hatte: „Gehen wir doch einmal schön essen, den Fraß im Internat haben wir doch alle schon satt." Den Kosteneinwand wischte er mit einer großzügigen Geste weg: „Ich lade euch ein."

Und nach einem Blick in seine stets wohlgefüllte Geldbörse meinte er: „Ich hab noch so viele Franken, die bleiben mir sonst über …"

Zielsicher steuerte er ein elegant aussehendes Lokal am Hauptplatz an, warf einen kurzen Blick auf die Speisekarte im Aushang und winkte uns herbei.

Ich folgte ihm nur zögernd, waren doch unsere gemeinsamen gastronomischen Erfahrungen, abgesehen von der Raclette-Stube, bisher nicht über die „Haaße" am Würstelstand oder das Gulasch im „Gösser Bräu" hinausgekommen.

Das hier aber schien doch deutlich darüberzuliegen, sofern ich die Michelin-Sterne am Portal richtig deutete.

Stirnrunzelnd wurden wir vom stämmig korpulenten Patron empfangen: „Pardon messieurs, que désirez vous?"

„Manger", antwortete Alex bissig.

„Est- ce que vous avez réservé?"

„Non."

„Un moment."

Der Patron eilte durch das leere Lokal und kam nach geraumer Zeit mit der Botschaft zurück, noch einen Platz gefunden zu haben. Dieser befand sich zwar in einem kleinen, wenig eleganten, nicht einsehbaren Seitenzimmer, aber immerhin, wir durften bleiben.

Den uns überreichten handgeschriebenen Menükarten waren nur die Preise, Steuern, Gedeck- und Servicezuschläge präzise zu entnehmen. Mit den angeführten Speisen konnten wir mangels einschlägiger Kenntnisse in Gourmet-Französisch so gut wie nichts anfangen. Eine Erklärung einzufordern erschien wenig aussichtsreich, und so folgte ich Alex' Beispiel und bestellte einfach „Cuisse de caille farcie aux cèpes garni de salade de choux rouges". Johnny studierte lange die Speisekarte, als ob er sie lesen könnte, schlug sie dann aber resigniert zu und stellte dem Kellner mutig die Frage:

„Avez vous des spaghetti bolognese?"

Der Kellner verzog keine Miene, antwortete überraschend „Naturellement, Monsieur" und verschwand, ehe ich noch umbestellen konnte.

Was dann kam, war eine halbe Wachtel mit Steinpilzen und Rotkraut. Der Größe nach dürfte es sich um ein frisch geschlüpftes Küken gehandelt haben. Der geviertelte Steinpilz fand sich wohl durch Zufall unter der großflächigen Salatgarnierung. Johnny verdrückte schadenfroh seine Spaghetti und lehnte sich anschließend zufrieden gesättigt zurück, während wir noch in der Dessertkarte Trost suchten. Hier zeigte ich aber souveräne Kompetenz und bestellte zum Käse-Nachtisch „Original Schweizer Emmentaler".

Als Alex dann die Rechnung beglich, meinte er mit gespielter Gleichgültigkeit: „So etwas bekommt man eben nicht alle Tage, das hat halt seinen Preis." Immerhin wusste ich nun, was ein Gourmet-Restaurant ist, und Johnny hatte sich als Einziger satt gegessen.

Sehr eindrucksvoll war dann Genf. Die mächtigen Bauten der Schweizer Banken und Versicherungen beherrschen die Innenstadt. Die noblen Uhren- und Juwelierläden, die exquisiten Modeshops und die sündteuren Restaurants ziehen die betuchte Kundschaft an. In den Feinkostläden finden sich neben lokalen Spezialitäten Delikatessen aus aller Welt. Als UNO-Sitz offenbart sich Genf als eine Stadt mit internationalem Flair.

Aber man sah auch eher unscheinbare und bescheidene Menschen in Genf: Das waren offenbar die Schweizer Bürger. Prestigedenken und Angeberei schien ihnen fremd. So gab es, abgesehen von den Diplomaten-Karossen, kaum jene großen amerikanischen Luxusschlitten zu sehen, wie sie im Wien der 60er-Jahre noch bestaunt wurden. Es waren der VW-Käfer und der Renault 2CV, die das Straßenbild beherrschten. Modische Extravaganz in der Kleidung fand man auch bei den wohlhabenden Schweizer Bürgern selten. Die Wohnhäuser zeigten sich alle blitzsauber und gepflegt, aber ohne jeden Prunk. Es schien, als wollten die Schweizer ihren Wohlstand vor den fremden Besuchern verbergen.

Kostspieliges Vergnügen

Noch weit mehr als heute war ein Urlaub in der Schweiz in den 60er-Jahren für Österreicher ein kostspieliges Vergnügen. Der wirtschaftliche Vorsprung der kriegsverschonten Eidgenossen machte sich für Touristen allerorts bemerkbar.

Hotels und Restaurants boten zwar gediegene Qualität, diese hatte allerdings auch ihren stolzen Preis. Bahnreisenden eröffneten sich landschaftlich atemberaubende Routen durchs Hochgebirge bei ebensolchen Tarifen. Gleiches galt für die Seilbahnen, als sportliche Alternative blieb aber hier immerhin noch der Fußanstieg.

Der Schweizer Franken als stärkste Währung Europas zwang speziell Jugendliche, die ihr Ferienbudget in Schilling kalkuliert hatten, zur Bescheidenheit. Das Fahrrad als Vehikel, das Zelt als Unterkunft, die Inzersdorfer-Konserven als Urlaubsmenü waren aber auch nicht jedermanns Sache, und so hielt sich der Zustrom von Touristen aus dem Nachbarland in Grenzen. Die Schweizer Gastlichkeit galt zudem als sehr ergebnisorientiert, die Sprache als nicht erlernbar und auch die hölzern-trockene Mentalität war mit der schmähbehafteten österreichischen Gemütsart nur schwer zu vereinbaren.

Deshalb wurden auch Leute, die in die Schweiz fuhren, um Urlaub zu machen, mit einem gewissen Argwohn betrachtet. Wir haben doch auch schöne Berge. Ist dem Österreich nicht gut genug? Wieso kann der sich das leisten? Den reichen Schweizern das Urlaubsgeld abzuliefern, ist das wirklich nötig?

Von Freunden und Mitschülern hatte ich derartige Anwürfe nach meiner Rückkehr zwar nicht gehört, dennoch bemühte ich mich, meinen Aufenthalt in Champéry als eine Art Strafexpedition darzustellen. „Seid froh, dass ihr unbeschwerte Ferien genießen konntet", gab ich zu verstehen. „Für mich hieß es ja nur, sechs Wochen Französisch zu büffeln."

Natürlich waren auch meine Eltern vor den hohen Internatskosten zunächst zurückgeschreckt, stimmten dann aber doch zu. Der hoffnungsvolle Fortpflanz sollte ja auch etwas von der großen, weiten Welt sehen, sich als selbstständiger Mensch beweisen und im Idealfall auch ein wenig Französisch lernen. Nicht zuletzt diese Erwartung war es, die ich nicht enttäuschen wollte, und so entsann ich mich trotz aller Ablenkungen doch immer wieder pflichtgetreu des ursprünglichen Zwecks meiner Reise.

Dem Vater wollte ich die Freude machen, mit ihm hin und wieder Französisch zu parlieren, die Mutter sollte sehen, dass man den bislang umhüteten Knaben auch unbesorgt der eigenen Verantwortung überlassen kann.

Unreife Knaben

Als zwei jüngere spanische Mitschüler eines Morgens zufällig die von Bruno Zoller besorgte Großpackung „Blausiegel" in Johnnys Toilettentasche entdeckten, fragten sie ihn spaßeshalber, ob er die noch alle brauche. Es hatte sich rasch herumgesprochen, dass er mit einem Ausgehverbot belegt war. Johnny nahm den Scherz offenbar ernst und drückte beiden mit großzügiger Geste je ein Päckchen in die Hand: „Amusez-vous bien, mes amies!"

Das Vergnügen, das sich die beiden unreifen Knaben machten, sah jedoch ein wenig anders aus, als Johnny vermutet hatte.

Kaum hatte er den Waschraum verlassen, öffneten sie die Verpackung und betrachteten die darin enthaltenen Dinger, die sie offenbar das erste Mal in Händen hielten, mit naiver Neugier. Der eine griff eins davon und versuchte, die Gummihaut wie einen Luftballon aufzublasen, was aber misslang, der andere nahm ebenfalls eins heraus, füllte es prall mit Wasser und warf es anschließend gegen die Wand, wo es zerplatzte. Das erschien nun auch dem anderen reizvoll, und so trugen die beiden mit den restlichen Dingern und unter infantilem Gelächter eine „Wasserschlacht" aus.

In diesem Moment betrat Bruno Zoller den Waschraum, sah den beiden eine Weile zu und stellte sie dann wegen ihres unsinnigen Verhaltens zur Rede. Ohne auch nur im Geringsten darauf zu reagieren, machten sie sich aus dem Staub.

Bruno Zoller aber schien plötzlich auf eine Idee gekommen zu sein. Er überlegte, immerhin verfügte er ja über einen ausreichenden Vorrat an „Verhüterli", ob man sich mit diesen nicht auch noch auf andere Weise einen Spaß machen könnte.

Das passende Opfer war schnell gefunden. Noch immer war er sauer auf die Direktions-Madame, die ihm bei seinen Vorsprachen nach dem Rauswurf der Rocker-Bande und nach Johnnys Abstrafung eine barsche Abfuhr erteilt hatte. Ihre überhebliche und zynische Art verdarb nicht nur ihm, sondern auch den meisten anderen Internatsbewohnern immer wieder die Laune. Der Streich war schnell ausgeheckt, Kumpane schnell gefunden.

„Die Zange ist jetzt einmal fällig", waren sich Johnny und Bruno Zoller einig. Auch Alex und ich sowie einige andere deutschsprachige Mitbewohner, die versicherten, dichtzuhalten, wurden eingeweiht.

Sie, die uns immer wieder in höchst peinlicher Weise vorführte, sollte nun selbst einmal Gleiches erfahren.

Es war kurz vor dem gemeinsamen Mittagessen, als Bruno Zoller in sein Zimmer verschwand und mit einer Schachtel „Blausiegel Sensitive" zurückkehrte. Johnny hatte inzwischen aus dem Trockenraum eine dünne Schnur besorgt, während ein paar andere Mitstreiter und ich noch im Lehrsaal saßen und überlegten, welche Nachricht der vor uns liegende Klebezettel überbringen sollte.

Schwer zu sagen, von wem dann die endgültige Idee kam, jedenfalls wurde sie unter hämischem Gelächter zu Papier gebracht. Vorsichtshalber in Blockbuchstaben, um keine Handschrift zu verraten.

Inzwischen schlichen Johnny und Bruno Zoller in den um diese Zeit stets verlassenen Waschraum und füllten die mitgebrachten Kondome mit Seifenwasser. Geschickt verschlossen sie dann die gefüllten Gummihäute mit der Schnur und versahen diese mit einer Schlaufe. Danach verschwand alles zusammen mit dem mittlerweile eingetroffenen Klebezettel in Bruno Zollers großer Sporttasche.

Die gesamte Lehrerschaft hatte den Mittagstisch bereits verlassen, als Bruno Zoller mit seiner Tasche zum Parkplatz vor dem Internat eilte, auf dem sowohl sein Auto als auch jenes der Aufnahme-Madame abgestellt waren. Vom Speisesaal aus, in dem sich nur mehr die „Eingeweihten" befanden, waren beide Autos gut zu sehen. Bruno Zoller schaute sich kurz um, winkte dann lachend zu uns herüber und hängte die Schnur mit den Kondomen an den Rückspiegel von Madames Renault 2CV. Darunter befestigte er sorgsam den Klebezettel mit der deutlich lesbaren Aufschrift: „NOUS AVONS FAIT UNE COLLECTE – POUR VOUS, MADAME!"

Madame pflegte das Internat immer um diese Zeit zu verlassen, um in ihrem Haus, das nur wenige Kilometer vom Internat entfernt lag, die Mittagspause zu verbringen. Sie tat uns auch an diesem Tag den Gefallen. Wir alle drängten uns am Speisesaalfenster und beobachteten sie, wie sie eilends auf ihr Auto zusteuerte, dann plötzlich wie vom Donner gerührt stehen blieb und auf die am Rückspiegel hängenden Kondome starrte. Nachdem sie Sekunden später die Mitteilung auf dem Klebezettel erfasst zu haben schien, hatten wir den Eindruck, als wollte sie zurückeilen und Krach schlagen. Dann aber musste sie es sich doch anders überlegt haben, denn sie näherte sich wieder vorsichtig dem Skandalobjekt, doch wagte sie nicht es anzufassen. Ein verzweifelter Rundumblick, aber leider, die Dinger waren nirgendwo zu entsorgen. Noch einige Sekunden des Zögerns, dann entschied sich Madame für die Flucht nach vorn, sprang hastig ins Auto und tuckerte, ohne das Angebinde zu entfernen, davon.

Das laut schallende Gelächter aus dem Speisesaal war mit Sicherheit auch draußen zu vernehmen. Allein die Vorstellung, die an Madames Auto baumelnden Kondome würde auf der Dorfstraße von Champéry alle Blicke auf sich ziehen, ließ uns vor Vergnügen geradezu johlen. Natürlich war uns allen klar, dass die Sache ein Nachspiel haben würde, aber in diesem Moment dachte gewiss keiner von uns daran. Fürs Erste empfanden wie nur Schadenfreude in dem Glauben, längst offene Rechnungen mit der alten Zange beglichen zu haben.

Lachen wie damals

Der Streich wurde in kurzer Zeit zum Dauerbrenner in den „Jungherrenrunden" von Champéry. Nur kurz daran anzutippen reichte für lang anhaltende Lachsalven.

Überhaupt brauchte es in dieser Zeit nicht viel, um spontane Heiterkeit auszulösen, die Lachschwelle lag sehr niedrig. Kleine Hoppalas des täglichen Lebens, kleine Pannen oder Missverständnisse oder mit kleinen Bosheiten bedachte menschliche Fehler führten nicht selten zu nahezu gesundheitsgefährdenden Lachattacken, auch „Scherzinfarkte" genannt. Das krampfhafte Lachen konnte über mehrere Minuten anhalten, und alle Versuche, zu einer verständlichen Sprechweise zurückzufinden, schlugen fehl. Außenstehende hatten dafür oft nur ein Kopfschütteln übrig, manch Älterer aber erinnerte sich wohl der eigenen Jugend und zeigte dann auch schulterzuckend Verständnis: „Wenn man jung ist, ist halt alles lustig …"

In der Sprache, derer man sich mit Freunden vorzugsweise bediente, gab es zahlreiche treffende Ausdrücke für dieses häufig in der Pubertät auftretende Phänomen des Lachens bis zur totalen Auflösung: Beispielsweise „sich zerbröseln", „sich zerwutzeln", „sich zerkugeln" oder „sich zerpecken".

In der übersteigerten Form verwendete man auch „sich abhauen", „sich abprügeln" oder einfach „niederbrechen". Gefährlich wurde es, wenn sich das Lachen keine Bahn brechen durfte. Man drohte zu zerplatzen, wenn der erboste Geschichtslehrer die Eintragung ins Klassenbuch nicht vornehmen konnte, weil dieses zuvor mit einer dicken Kreideschicht präpariert worden war, oder wenn dem fahrigen Physikprofessor bei der Demonstration des Newton'schen Trägheitsgesetzes das rohe Ei zerbrach. Mit vibrierendem Zwerchfell, rotem Kopf und aufeinandergepressten Lippen versuchte man Ernst und Ruhe zu bewahren. Erst nach der Pausenglocke konnte sich dann alles in einem kollektiven Gegröle entladen.

In späteren Jahren gab sich das leider wieder. Aus dem spontanen Lachen wurde immer mehr das angemessene, je nachdem, ob ein Scherz vertretbar oder vielleicht politisch unkorrekt, sexistisch oder diskriminierend war. Alles Dinge, die uns damals noch völlig egal waren. Man lachte einfach um des Lachens willen, und weil alle anderen auch lachten. Bei allen Hemmungen, Unsicherheiten und Zweifeln, die einen so mit 16 plagen – dieses völlig unkritische, unerklärliche, herrlich dumme Lachen, das gab's nur damals.

Autoritäten

Streiche wie jener gegen die Aufnahme-Madame dienten damals nicht nur der Belustigung oder der Auflockerung des monotonen Schulalltags. Sie waren auch Ausdruck eines vielfach unbewältigten und zwiespältigen Verhältnisses zu Autoritäten. Bei vielen Lehrern galten Gehorsamkeit, Disziplin und Pflichterfüllung noch als oberstes Prinzip. Andere wiederum wollten auch selbstständig denkende und handelnde Menschen aus uns machen. Die einen sahen keinen Anlass, uns Sinn und Notwendigkeit von Regeln klarzumachen, sondern straften einfach nur ab. Die anderen verschafften sich Respekt allein durch ihre Persönlichkeit und Ausstrahlung und durch ihre Fähigkeit zu Nachsicht, zu offener Diskussion und zur gerechten Lösung von Konflikten.

Bevorzugte Ziele von Schüler-Streichen waren natürlich besonders intolerant und schulmeisterlich auftretende Personen. Wer Autorität nur aus einer Machtposition oder überlegenem Wissen schöpfte, wenig Verständnis für Probleme, Schwierigkeiten und Bedürfnisse Jugendlicher zeigte, nie zu eigenen Fehlern stand und obendrein noch humorlos war, bei dem machte es natürlich besonders Spaß, ihn mit einer Jux-Attacke lächerlich zu machen.

Für eine offene Aussprache oder Konfrontation waren die meisten von uns noch nicht reif oder mutig genug. Zu groß erschien noch die Abhängigkeit von Gunst und Wohlwollen der Obrigkeit. Aber beim Aushecken von Streichen waren wir dann couragiert und selbstständig genug. In der Auseinandersetzung mit den Autoritäten wählten wir aber bevorzugt die Guerilla-Taktik. Man freute sich über kleine Bosheits- und Sabotageakte, verteilte Nadelstiche und stellte Fallen auf, ohne dabei entdeckt worden zu sein. Die ihrer autoritären

Würde Beraubten dann hilflos schreiend, wild drohend oder konsterniert schweigend zu erleben entschädigte für so manche Herabsetzung.

Den Gegensatz zwischen Obrigkeits- und Freiheitsdenken, zwischen Anpassung und Eigenständigkeit erlebte ich auch in der elterlichen Erziehung. Während ich mütterlicherseits zu Anstand, Höflichkeit, und Rücksichtnahme angehalten wurde, war der Vater deutlich freizügiger. Zwar legte auch er Wert auf Einhaltung bestimmter gesellschaftlicher Regeln, war aber nicht unbedingt ein Verfechter von Moral und Sittlichkeit.

„Freie Bahn dem Tüchtigen" lautete sein Grundsatz. Allerdings immer mit der Einschränkung, dass diese Freiheit nie zu Lasten anderer gehen dürfe. Die Eltern als höchste Autorität standen während der Schulzeit nie infrage. Ihren Erwartungen gerecht zu werden, das war zwar immer wichtig, wenn auch nicht immer möglich. Konnte ich diese mitunter nicht erfüllen, so war ich um kleine Ausreden, Unwahrheiten oder Beschönigungen durchaus nicht verlegen.

Bei aller Anerkennung der elterlichen Autorität: Ihr Lebensstil und ihre Lebensgestaltung war kein Vorbild mehr. Der Elterngeneration, der es gelungen war, die Nachkriegsmisere zu überwinden und sich einen bescheidenen Wohlstand aufzubauen, bedeuteten Ordnung, Sicherheit, Fleiß, Disziplin und Häuslichkeit viel mehr als den Jungen, die nach amerikanischem Vorbild ein freieres Leben anstrebten. Töchter und Söhne entsprachen immer weniger den damaligen Rollenbildern. Das brave, häusliche Mädchen, geschickt in der Handarbeit und den Kontakt mit jungen Männern meidend, gab es ebenso wenig wie den starken, beherrschten und strebsamen Buben. So entzündeten sich an den Erziehungsgrundsätzen immer heftigere Konflikte.

In so manch einer Familie hielt in der Folge die antiautoritäre Erziehung Einzug. Auch wenn sich diese nicht wirklich durchsetzen konnte, so änderte sich doch einiges. Kritikfähigkeit, Toleranz und offene Kommunikation erlangten als Erziehungsziele plötzlich größere Bedeutung. Auch die Anwendung körperlicher Strafen, wie sie für viele von uns noch spürbar waren, wurde von immer mehr Eltern und Pädagogen abgelehnt.

Mit der unaufhaltsam rollenden Aufklärungswelle wurden schließlich immer mehr Erziehungsgrundsätze über Bord geworfen. Die Aufrufe zur sexuellen Freiheit waren unüberhörbar. Ausgehend von der deutschen Studentenbewegung kehrten sich die bisher herrschenden Moralvorstellungen ins Gegenteil, die freie Liebe wurde von immer mehr Jugendlichen zum Prinzip erhoben: „Wer zweimal mit derselben pennt, gehört schon zum Establishment."

Wahrscheinlich zählte ich zu den letzten Schüler-Jahrgängen mit einem dermaßen komplizierten und verkrampften Verhältnis zu Autoritäten. Die sogenannte „68er-Bewegung" änderte diesbezüglich wohl so manches. Staatliche und schulische Obrigkeiten sowie gesellschaftliche Normen und Zwänge wurden zunehmend infrage gestellt.

Zahmer Protest

Das Aufbegehren gegen die konservative Aufbaugeneration fiel aber zunächst noch recht zahm aus. Dies zeigte sich zum Beispiel in der Mode. Wurden die Röcke der Mädchen immer kürzer, so ließen sich die Burschen die Haare immer länger wachsen. Seit Mary Quant 1963 den Minirock erfunden hatte, war dieser für viele Mädchen und Frauen ein Symbol des Widerstandes gegen die antiquierten Moralvorstellungen. Ebenso galt das lange Haar als Ausdruck von Eigenständigkeit und Persönlichkeit.

Und so verweigerte auch ich ab dem 16. Lebensjahr immer häufiger den Friseurbesuch. Um dieses Verhalten zu rechtfertigen, bemühte ich sogar meine bescheidenen Geschichtskenntnisse. „Schon im Mittelalter", ließ ich die beeindruckten Eltern wissen, „war das lange Haar Zeichen des freien Mannes. Im Gegensatz dazu standen Gefangene und leibeigene Bauern, denen das Haar geschoren wurde."

Daher stamme auch der Ausdruck die „G'scherten", wie er damals abwertend für die Landbevölkerung verwendet wurde, dozierte ich weiter. Und sie würden doch sicher keinen „g'scherten Buam" haben wollen, daher werde es auch keine Stoppelglatze mehr geben.

Die lieben Eltern waren sichtlich überrascht von so profunder Geschichtskenntnis. Sie verzichteten auf Gegenargumente und ich ein Jahr lang auf den Haarschnitt, bis beide Ohren und der Hemdkragen ausreichend bedeckt waren.

Als überaus fortschrittlich und lässig galt der ständige Gebrauch von Kaugummi. So war dieses von amerikanischen Besatzungssoldaten eingeführte Genussmittel in fast jeder Schultasche zu finden, auch wenn es in den meisten Schulen geächtet wurde. Sah man sich vom Lehrer beobachtet, ruhte er in der Backe oder unter der Zunge, war keine Obrigkeit in Sicht, setzten sofort die Kaubewegungen wieder ein. Der besonders beliebte Bubble-Gum forderte auch zum sportlichen Wettstreit heraus. Möglichst große Blasen zu produzieren und diese dann möglichst laut zerplatzen zu lassen war in der 10-Uhr-Pause oft wichtiger als der Verzehr des Jausenbrots.

Natürlich versuchte ich auch hier die Meinen mit rationalen Argumenten zu überzeugen. Die Stärkung der Kaumus-

kulatur sei förderlich für die verdauungsgerechte Nahrungsaufnahme, war der seriösen Jugendzeitschrift zu entnehmen.
Die beigegebene Minze sei überaus wichtig für die Zahnhy-
giene. Das ständige Kauen habe auf stressgeplagte Schüler
auch sedierende Wirkung.

Mit ähnlichen Vernunftargumenten trieb ich auch den mo-
demäßig nicht mehr aufschiebbaren Wechsel von der Stoff-
hose zur Bluejean voran, die als weiteres Symbol amerikanischen Lebensstils langsam, aber sicher die Klassenzimmer
eroberte. Strapazierfähigkeit und Pflegeleichtigkeit mussten
herhalten, um das Tragen des trendigen Beinkleides auch den
Unterhaltspflichtigen plausibel zu machen.

Schwerer hatten es da die Mädchen: Petticoats und Stöckelschuhe waren einfach sündiger Luxus, mit dem die jungen Damen nicht verwöhnt werden durften. Gleiches galt für
Nagellack und Lippenstift. Sie wurden meist nur heimlich
aufgetragen und nach kurzem Gebrauch sofort wieder entfernt.

Als Kultgetränk für Schüler hatte sich Coca Cola, das
Markensymbol für den „American way of life", etabliert.
Gleichfalls von amerikanischen Soldaten eingeführt, wurde es in Österreich erst Mitte der 50er-Jahre an Zivilperso-
nen abgegeben. Die bisher bevorzugten Jugendgetränke wie
Frucade und Sinalco waren sehr bald überholt und konnten
gegen die Übermacht von Coca Cola nichts mehr ausrichten. Ich selbst wurde nie wirklich ein Freund dieses Geträn-
kes. Auch wenn mir ein „Obi g'spritzt" mehr zusagte, konnte
ich mich im Freundeskreis damit nicht ins Abseits stellen.
Letztlich waren mir aber alle diese Getränke zu süß, und so
mutierte ich schon in frühen Jahren zum überzeugten Bier-
trinker.

Klarerweise barg auch die vom „American way of life" veränderte Esskultur einiges an Protestpotenzial. So sorgte nur der hörbare Genuss von Popcorn für ein gelungenes Kino-Erlebnis. Am Würstelstand orderte man immer öfter statt der „Haaßen mit an Schoafn" das vergleichsweise geschmacklose, aber trendige „Hotdog mit Ketchup". Selbst die traditionellen Beilagen zum Sonntagsbraten wurden hinterfragt. Der Semmelknödel war nicht mehr zeitgemäß und musste den Pommes weichen. Fritteusen und Pommes-Schneider sollten die Abkehr von der hoffnungslos veralteten Hausmannskost erleichtern.

Wohl gewann dieser anfangs zahme Widerstand in der zweiten Hälfte der 60er-Jahre, angetrieben von radikalen Studentenbewegungen, zunehmend an Schärfe. Auseinandersetzungen mit Eltern, Lehrern und anderen Autoritäten waren aber in meiner Erinnerung weiterhin von Respekt und Anstand getragen. Weder in der Schule noch in der Familie fanden Revolutionen statt, allfällige Proteste blieben recht maßvoll und jedenfalls völlig gewaltfrei.

Liest man Historisches über die 60er-Jahre, so gewinnt man häufig den Eindruck, als hätte es damals vor gewaltbereiten Revoluzzern und Anarchisten nur so gewimmelt, als wäre vor allem an den Hochschulen mehr randaliert und demonstriert als studiert worden. Fast könnte man zu der Vermutung kommen, die gesellschaftlichen Auseinandersetzungen dieser Zeit hätten zahlreiche Menschenleben gefordert. Tatsächlich wurde hin und wieder ein Institut besetzt, ein Hörsaal verunreinigt, eine Vorlesung gesprengt oder ein wenig mit der Polizei gerangelt. Die Gewalt der 60er-Jahre blieb aber meiner Einschätzung nach im Vergleich zu den Epochen, die unsere Eltern erlebt hatten, nahezu belanglos.

Einer für alle, alle für einen

„Schlechte Nachricht!", meldete Bruno Zoller kurz vor Beginn des Vormittagsunterrichts. „Ich muss ins Direktionsbüro." Das erwartete dicke Ende unseres etwas deftig ausgefallenen Streiches ließ nicht lange auf sich warten.

„Wir wissen von nichts!", versicherte ihm Alex sofort. „Du kannst dich auf uns verlassen." Auch die anderen Mitwirkenden an der Kondom-Attacke nickten bekräftigend und ließen keinen Zweifel an ihrer Solidarität. „Mach's gut! Und lass dir bloß nichts gefallen von der Alten", gab ihm Johnny noch mit auf den Weg.

Bruno Zoller wurde von der Internatsleitung als Schüler-Vertreter gesehen, obwohl es einen solchen offiziell nicht gab. Bei disziplinären Vorfällen erwartete man von ihm als dem Ältesten mäßigende oder auch mahnende Worte. Diesmal wurde die Erwartung allerdings nicht erfüllt.

Keineswegs verängstigt, eher sichtbar belustigt berichtete er von der Aussprache im Direktionszimmer. Madame sei mehr als schockiert über den „incident scandaleuse et dégoutant", ahmte er sie in ihrer hohen, schrillen Stimme nach. „Aber das Beste kommt noch", fügte er grinsend dazu. Es würde an ihm liegen, den Urheber des Streiches zu finden und ihn bis Mittag zu einer Entschuldigung zu bewegen. In diesem Fall könnte sie die Sache vergessen, andernfalls gäbe es – was sonst – „Lourdes conséquences".

Dieser versuchten Erpressung begegnete Bruno Zoller aber durchaus gelassen. Wenn sich jemand melde, werde er ihn bitten, sich zu entschuldigen …

Beifall und Gelächter begleiteten seinen anschaulichen Bericht, in dem er gekonnt die fassungslose Madame imitierte. Sie hatte mittlerweile viel von ihrem anfänglichen Schrecken verloren, kaum jemand fürchtete sich noch von ihr. Die immer wieder angedrohten Konsequenzen blieben meist wenig streng, auch Johnnys Ausgangssperre war früher als erwartet wieder aufgehoben worden.

Wenn es um Streiche gegen ungeliebte Lehrer ging, herrschte auch in unserem Wiener Gymnasium volle Solidarität. Ich kann mich an keinen Fall erinnern, in dem die Klassengemeinschaft nicht dichtgehalten hätte. Das Verpfeifen eines Mitschülers wäre als Tabubruch gewertet und mit beinhartem Mobbing bestraft worden. Intern gab es wohl so manche Diskussion, was man sich an Scherzen erlauben durfte und was nicht. Vor allem die Klassensprecher versuchten immer wieder mäßigend auf die Rädelsführer einzuwirken. Aber den Lehrern gegenüber traten wir geschlossen auf, ließen uns niemanden hinausschießen, nahmen lieber eine Gesamtstrafe in Kauf. Die hat uns dann auch nur noch enger zusammengeschweißt und verfehlte aus pädagogischer Sicht wohl immer die gewünschte Wirkung.

Diese in acht Jahren eng zusammengewachsene Gemeinschaft besteht übrigens noch bis heute, kein Einziger hat sie verlassen. Erst im Vorjahr traf sich die 8c des Bundesrealgymnasiums Wien 19 vollzählig zum 45-jährigen Matura-Treffen, und die reiferen Herren von heute konnten sich an den Streichen der bösen Knaben von damals wieder einmal delektieren, so als wären sie dem Lausbubenalter nie entwachsen.

Vorurteil und Toleranz

Die Wochen in Champéry waren in vielerlei Hinsicht prägend, ganz besonders aber für den Umgang mit Jugendlichen aus verschiedenen anderen Nationen. Bislang war ich ja über die Grenzen Österreich kaum hinausgekommen. Mein Wissen über fremde Länder und Völker stammte vorwiegend aus Geografiebüchern, Atlanten und Reiseführern. Mangels eigener Erfahrungen schloss ich mich den gängigen Vorurteilen an, wie sie im Freundeskreis und in der Schule verbreitet waren. Auch die Elterngeneration war in den durch Grenzbalken getrennten europäischen Ländern noch nicht sehr viel herumgekommen und schöpfte ihre Einstellung aus einer Zeit, in welcher der Nationalismus wenig Platz für Sachlichkeit und Objektivität gelassen hatte.

So galten etwa die Schweizer als ein verschlossenes, eigenbrötlerisches Volk, das die Grenzen vor den Flüchtenden und Verfolgten des Krieges dichtgemacht hatte. Ein Urteil, das wohl auch historisch nicht ganz unumstritten ist. Ich hingegen erlebte die Bevölkerung von Champéry als durchaus weltoffen und gastfreundlich. Und das war sicher nicht nur wirtschaftliches Kalkül, wie es oft unterstellt wurde.

Wahrlich keine Charme-Künstler, erschienen mir die meisten Dorfbewohner aufgeschlossen, hilfsbereit und vertrauenswürdig.

In eine ganz andere Richtung als die vorgefasste wendete sich meine Einstellung den Briten gegenüber. Irgendwo hatte ich das Bild vom korrekten und disziplinierten, wenn auch etwas schrulligen englischen Gentleman vor Augen, wie er in den damals so beliebten Kriminalromanen von Agatha Christie immer wieder auftauchte. Das wiederum hatte so gar nichts mit jenen Erfahrungen zu tun, die ich in der „École nouvelle" mit den britischen Mitschülern machen musste. Von der redensartlichen feinen englischen Art war da nichts zu merken.

Nicht ganz zu Unrecht wurde schon damals den deutschen Nachbarn ein gewisser Mangel an Humor unterstellt. Tatsäch-

lich wimmelte es in der Unterhaltungsszene der 60er-Jahre nicht
gerade von begnadeten Komödianten. Loriot mit seinen Knol-
lennasenmännchen und Heinz Ehrhardt mit seinen verdrehten
Wortspielen sind die Einzigen, die mir in Erinnerung blieben.
Doch auch hier fand ich in Champéry einen sehr liebenswer-
ten Gegenbeweis. Der mit Abstand fröhlichste Mensch, den
ich dort traf, war Judith aus Bremen. Ihr trockener, offener
Humor, ihre Schlagfertigkeit und ihre Fähigkeit, sich über
andere lustig zu machen, ohne dabei verletzend zu werden,
hatte ich bislang noch bei keinem anderen Mädchen erlebt.

Und dann war da noch Leslie aus Kanada, jenes unscheinbare Mädchen, dem ich meinen ersten Tanz zugemutet hatte. Sie wusste immerhin mit „Austria" etwas anzufangen, sie
hatte schon von Mozart gehört und sie konnte tatsächlich das
Hauptthema der „Kleinen Nachtmusik" pfeifen. Die Amerikaner als Kulturbanausen? War uns denn nicht in der Schule
zwischen lateinischen Vokabeln und griechischer Geschichte
vermittelt worden, wie weit wir mit unserer humanistischen
Bildung den Halbwilden über dem großen Teich voraus wären?

Für das offene und vorurteilsfreie Herangehen an Menschen aus anderen Ländern war Champéry, wie mir erst viel
später bewusst wurde, eine gute Schule. Natürlich gibt es so
etwas wie einen Nationalcharakter, der durch Geschichte,
Kultur und Sprache vorgegeben ist und in dem sich bestimmte Eigenschaften und Verhaltensweisen eben häufiger oder
seltener finden. Das zeigte sich auch in Champéry immer
wieder. Aber einige der mir bis dato vermittelten vorgefassten
Bewertungen und Klassifikationen erwiesen sich schlichtweg
als falsch. Fortan begegnete ich allen, die Menschen aufgrund
ihrer Nationalität in irgendwelche Schubladen steckten, mit
gebührender Skepsis.

Das Sportfest

Der 15. August ist im Kanton Wallis ein Feiertag und wurde in Champéry mit einem sogenannten Alphirtenfest begangen. Auch aus deutschsprachigen Kantonen hatten sich Musik- und Sportgruppen angesagt und zeigten auf der großen Dorfwiese ihr Können. Ziel der Sportvorführung war es offenbar, die französischsprachige Bevölkerung des Wallis zu missionieren, denn diese schien dem Gezeigten noch eher fremd gegenüberzustehen. In der Deutschschweiz gab es damals wie heute einige Sportarten, die man nur als archaisch bezeichnen kann.

Dazu zählt etwa das „Unspunnenstein-Werfen". Dabei wird ein exakt 83,5 Kilogramm schwerer Stein von etwa doppelt so schweren Männern mit Anlauf möglichst weit geschleudert.

Sehr beliebt ist auch das „Schwingen". Der „Schwinger" ist selbstverständlich nicht mit dem damals noch unbekannten „Swinger" zu verwechseln. Zwar versucht auch der „Schwinger", sein Gegenüber in die Horizontale zu befördern, aber auf ziemlich unerotische Weise. Für einen Außenstehenden hat das „Schwingen" etwa den sportlichen Wert einer Wirtshausrauferei. Um die Einrichtung zu schonen und Verletzungsfolgen zu mindern, wird allerdings im Freien und auf Sägespänen gerauft. Unter Eingeweihten gilt diese Rangelei als hohe Ringkampf-Kunst. Der Sieger darf sich „Schwingerkönig" nennen. Diese Auszeichnung entspricht in der Schweiz ungefähr dem Sozialprestige eines spanischen Star-Toreros. Demgemäß erhält der Sieger als Preis auch einen Stier.

Eine weitere populäre Sportdisziplin ist das „Baumstammziehen", das ähnlich funktioniert wie das Tauziehen, nur eben mit Baumstämmen. Voraussetzung für die Teilnahme an all diesen Wettkämpfen scheint die Zugehörigkeit zu bestimmten Berufen zu sein, wie etwa Alphirte, Holzknecht oder Schlächter.

Man würde den Schweizern aber unrecht tun, würde man ihnen unterstellen, nur für primitive, derbe Kraftmeierei Interesse zu haben. Es wird auch vornehm-anspruchsvoller Sport geboten: das Hornussen zum Beispiel. Dieses erinnert ein wenig an Baseball oder Cricket und wird gleichfalls nach völlig undurchschaubaren Regeln gespielt.

Auf der einer Seite des Feldes ist eine Mannschaft damit beschäftigt, mit biegsamen Stangen auf einen „Nousse" einzuschlagen und diesen möglichst weit in die gegenüberliegende Hälfte zu befördern. Dort warten die Gegenspieler. Sie halten gleichfalls Stangen in der Hand, auf denen Abwehrschilder befestigt sind, und versuchen, den „Nousse" abzufangen. Hin und wieder jubeln die einen, dann die anderen, dem ungeschulten Auge bleibt der Grund dafür verborgen.

In der Schweiz der 60er-Jahre waren Sportwettkämpfe wie diese natürlich noch ausschließlich den Männern vorbehalten. Auch in Champéry konnte man auf den Sportplätzen kaum weibliche Akteure oder Zuschauer entdecken, lediglich im Schulhof gab es zwei Basketballkörbe, unter denen sich gelegentlich auch Mädchen tummelten. Das passte gut ins Bild eines Landes, das erst 1971 (!) auf Bundesebene das allgemeine Frauenwahlrecht nach einer Volksabstimmung der männlichen Bevölkerung eingeführt hatte. Im Wallis geschah dies schon ein Jahr zuvor, in manchen Kantonen allerdings erst 20 Jahre danach.

Ende einer Fußball-Karriere

Absoluter Höhepunkt des Alphirtenfestes war dann aus unserer Sicht das abschließende Fußballspiel.

Ein „All-Star-Team" der „Ecole nouvelle" trat gegen eine Auswahl der Dorfjugend von Champéry an. Die sechs Bänke am Sportplatz waren bis auf den letzten Platz gefüllt, das Kuhglockengeläute ohrenbetäubend. Unter den Zuschauern auch Nichtfußballer Johnny und Judith. Schon beim Einlaufen der Mannschaften machte sich bei neutralen Beobachtern Verwunderung breit, wer sich da den Einheimischen entgegenstellte.

Das École-nouvelle-Team zeigte sich nach Alter, Größe und Nationalität bunt zusammengewürfelt und machte nicht gerade einen kraftvollen Eindruck. An den meisten schlotterten die geliehenen Dresse und auch die Stutzen hielten nur schlecht an den dünnen Waden. Bei den Gegnern hingegen sah man, dass den meisten von ihnen schwere körperliche Arbeit nicht fremd war. Jedenfalls füllten sie ihre Sportkleidung stramm aus.

Ob es uns gelingen würde, unsere körperliche Unterlegenheit mit ausgeklügelter Taktik auszugleichen, blieb ebenfalls zweifelhaft, zumal uns für derartige Absprachen das nötige Fußball-Französisch fehlte. Zwar hatte unser Coach Thimothé in der Vorbesprechung versucht, unseren Siegeswillen zu stärken: Das Publikum, versicherte er, sei ganz auf unserer Seite und vom Gegner dürften wir uns keinesfalls einschüchtern lassen, auch wenn dieser eine gewisse Härte zeige.

Letztlich aber beschränkte sich bei den meisten von uns die Taktik darauf, das Match ohne größere Schrammen zu überstehen. Und Thimothés Anweisungen konnten daran auch nicht viel ändern. Sein „Allez hopp!" oder „A l'attaque!" verhallte ungehört in der Arena. Auch die Zuschauer ließen den erhofften Fanatismus vermissen und in die von Glockengebimmel begleiteten Anfeuerungsrufe mischten sich bald erste Pfiffe.

Beim École-nouvelle-Team spielte Alex von Anfang an mit, er hatte sich für die undankbare Aufgabe des Torhüters gemeldet. Ich wurde erst in der 70. Minute beim Stand von 0:7 eingewechselt und konnte dem Spiel keine Wende mehr geben. Den ersten Ballkontakt hatte ich in der 80. Minute, als ich einen Outeinwurf durchführen durfte, der entscheidende Auftritt folgte dann in der 90. Minute.

Nach einem Freistoß kollerte der von der „Mauer" abgeprallte Ball in den Strafraum. Als Nächststehender erwog ich kurz, den Ball aufs Tor zu schießen, kam aber gleich davon ab. Ein bulliger, breitschultriger Gegenspieler stürmte herbei, wild entschlossen, die Kugel ohne Rücksicht auf hinderliche Beine aus dem Feld zu befördern.

Er schien mich überhaupt nicht zu sehen – ein Frontalzusammenstoß drohte. Im allerletzten Moment warf ich mich zur Seite, verhinderte dadurch einen Beinbruch und kam mit einem Bluterguss am Knöchel davon. Die Gegner unterstellten mir eine „Schwalbe" und forderten drohend, ich möge sofort wieder aufstehen. Der Schiedsrichter aber ließ sich nicht einschüchtern und gab Elfmeter. Den Jubel über den von mir eingeleiteten Ehrentreffer erlebte ich unbedankt hinter der Toroutlinie liegend.

Meine unerwartet mäßige Darbietung war wohl auch auf die ungewohnten Verhältnisse zurückzuführen. Vor so viel Publikum war ich noch nie aufgetreten und war daher auch entsprechend nervös. Nur sehr selten hatte ich bisher auf einem richtigen, großen Fußballplatz gespielt, sodass mir auch ein wenig die Orientierung fehlte.

Die bisherigen Schauplätze meiner fußballerischen Auftritte sahen ganz anders aus: die ziemlich schräge Wiese im Krapfenwaldbad, die unverbaute, staubige „G'stättn" unweit unserer Schule, auch „Sahara" genannt, oder der als Fußballfeld verwendete Schulhof eines benachbarten Gymnasiums mit den Ausmaßen eines Tennisplatzes.

Auch hatte das Team eine ganz andere Zusammensetzung, als ich das bis dato gewohnt war. Es waren alle Nationalitäten vertreten und man verständigte sich auf Französisch. Beim „Gickerl" in Wien gab es solche Handikaps natürlich nicht. Hier war eine wesentliche Voraussetzung die Beherrschung des Fußball-Wienerischen. Ein vornehmer Schnösel, der etwa den Zuruf „Kumm, schiab ma'n ins Loch!" als obszöne Aufforderung zurückwies, hatte am Platz nichts verloren. Die Spielteilneher verteilten sich nach Alter, Größe und Gewicht etwa gleich auf beide Teams. Wer neue Sportschuhe oder ein Rapid-Leiberl trug, wurde meist bevorzugt. Unabdingbar war auch die Kenntnis der Grundregeln des „G'stättn-Fußballs", wie zum Beispiel „Drei Corner – ein Elfer".

Ohne jede Diskussion durfte nur einer mitspielen: der Besitzer des Balles. Dieser Umstand wurde dann in späteren Jahren zum geflügelten Wort, das bei der Kommentierung von Darbietungen heimischer Fußballer nicht selten fiel: „Der spielt nur mit, weil ihm der Ball gehört!"

Richtige, genähte Lederfußbälle waren damals nahezu Luxusartikel und deren Besitzer daher hoch angesehen. Normalverbraucher hatten sich mit Plastikbällen zu begnügen. Doch schon bei leicht aufkommendem Wind war die Flugbahn des Balles unberechenbar. Landete er dann in einem der Dornbüsche, die häufig auf den „Fußball-G'stätten" wucherten, war das Match auch schon wieder beendet.

Wenn in seltenen Fällen Lederbälle zum Einsatz kamen, dann lediglich stark abgenutzte oder nicht mehr ganz dichte. Der allgemein gängige Fachausdruck „Fetzenlaberl" war für Bälle diese Art eine durchaus treffende Bezeichnung.

Einen halbwegs brauchbaren Lederfußball auf unsicherem Terrain einzusetzen galt als Vergeudung. Nur auf gepflegten Rasenplätzen rückten ihn die stolzen Besitzer heraus, doch solche Plätze gab es meist weit und breit nicht. Der Umgang mit richtigen Fußbällen blieb mir daher lange Zeit fremd.

Das Spiel in Champéry war jedenfalls eine Wende in meiner Fußballkarriere. Ich kam zu der Überzeugung, dass es mir für diesen Sport sowohl an Robustheit als auch an Härte fehlte und verlegte mich fortan auf die Leichtathletik. Nicht seine Knochen zu riskieren, ungestört auf einer Bahn zu laufen, ohne gefoult zu werden, einer guten Zeit statt einer Lederkugel nachzujagen, das alles schien mir mit einem Mal doch lohnender.

Naturentdeckung

Auch wenn sich die zweite Hälfte des Aufenthalts deutlich freier gestaltete, Zimmer- und Ausgangskontrollen weitgehend unterblieben und der Unterricht häufig nach Vorschlägen der Schüler und nicht streng nach Lehrplan ablief, ans Leben im Internat konnte ich mich nicht wirklich gewöhnen. Überall nur heranwachsende Männlichkeit, teils laut und dominant, teils unsicher und gehemmt. Derbe Späße und ordinäre Witze bei den einen, verlegenes Schweigen bei den andern. Imponiergehabe und Rangordnungsduelle neben serviler Gehorsamkeit. Die unterschiedlichsten Typen hatte ich bis jetzt kennengelernt, ohne aber neue Freundschaften geschlossen zu haben.

Weiterhin trieb ich mich meist nur mit Alex und Johnny herum, was von der Lehrerschaft nicht gern gesehen und auch offen als Kontaktschwäche angesprochen wurde.

Mein neuer Zimmerkollege, der sich als Felipe vorgestellt hatte, und aus Spanien kam, war zwar wesentlich freundlicher und umgänglicher als Howard, sprach aber auch kaum Französisch. All zu viel konnte er von mir auch nicht lernen, und so vertrauten wir mehr auf die Gestik als auf holprige Konversation. Felipe war überhaupt ein ernster, ruhiger Typ und verbrachte seine Freizeit hauptsächlich mit Lesen, als Ferienbeschäftigung für mich damals wie heute unverständlich.

Wenn sich Zeit und Möglichkeit ergab, konnte ich durchaus auch das Alleinsein genießen.

Unten am Fluss sitzen und die Forellen beobachten, irgendwo auf der Wiese liegen und vor mich hin träumen, die Luft und die Ruhe des Waldes in mich aufnehmen oder ausgedehnte Wanderungen bis hinauf in die Almregionen, das bedeutete mir mehr als an irgendwelchen organisierten Belustigungen im Internat teilzunehmen. Auch wenn sich Thimothé im Stil eines Ferienclub-Animateurs immer wieder Mühe gab, uns bei Laune zu halten und die Kommunikation zwischen den verschiedensprachigen Schülern zu fördern.

Eine dieser einsamen Wanderungen führte mich eines Nachmittags bis hinauf zum Planachaux, der großartigen Aussichtsterrasse hoch über Champéry. Diese war zwar auch mit einer Seilbahn erreichbar, doch die Preise der Schweizer Bergbahnen waren für einen Taschengeldempfänger schon damals unerschwinglich. So wählte ich den recht komfortablen und gut markierten Steig.

Wie überall in der Schweiz waren die Bergwege bestens gepflegt und mustergültig beschildert. Bei jeder Weggabelung oder sonstigen markanten Stelle fanden sich Hinweistafeln, auf denen die genaue Seehöhe und die nächstgelegenen alpinistischen Ziele samt Zeitangaben angeführt waren.

Für den Aufstieg zum Planachaux wurden genau zwei Stunden und zehn Minuten veranschlagt, eine Zeit, die ich dank sportlichem Ehrgeiz deutlich unterbot. Die den Ferien vorangegangenen Wochen hatte ich ja, von geringen schulischen Verpflichtungen abgesehen, hauptsächlich mit ausgedehnten Radtouren verbracht. Bis zu 150 Kilometer am Tag legte ich damals im Sattel meines Rennrades zurück.

Wege zum Gipfelglück

Dem Radfahren auf damals noch recht verkehrsarmen Straßen galt meine ganze Leidenschaft. Sogar eine französische Fachzeitschrift hatte ich abonniert, in der die damaligen großen Helden der Tour de France wie Jacques Anquetil und Raymond Poulidor verherrlicht wurden. So war ich mit sehr guter Kondition nach Champéry gekommen und suchte diese auch sportlich umzusetzen. Berganstiege im Eiltempo waren eine gute Gelegenheit dazu.

Es war einer der wenigen gewitterfreien Nachmittage, die Luft klar und kühl. Oben angekommen, empfing mich eine Bilderbuchlandschaft: ausgedehnte Hochalmen mit weidenden Schafen, dazwischen einige dunkle Bergseen, in denen sich eindrucksvolle Felsgipfel spiegelten. Ich tauschte das durchgeschwitzte Hemd gegen ein trockenes, nahm ein paar kräftige Schlucke aus der Wasserflasche, packte die Wanderkarte aus, setzte mich auf meinen Rucksack und blickte mich staunend um. Im Westen lag deutlich erkennbar der Genfer See. Selbst das Wahrzeichen der Stadt Genf, die riesige, rund 100 Meter hohe Wasserfontäne war zu sehen. Wie eine weiße

Kette erschienen weit im Osten die Viertausender der Walliser Alpen aneinandergereiht, und ich versuchte, jeden auf der Karte auszumachen. Den Vordergrund bildeten die steil aufragenden Spitzen der Dents du Midi, deren baldiger Besteigung ich entgegenfieberte. Dann schwenkte der Blick nach Süden. Ganz deutlich und überraschend nahe erschien aus dem Dunst der Täler die riesige weiße Kuppel des Mont Blanc. Keine 30 Kilometer weit, aber doch wie eine ferne Illusion lag er vor mir. Ein Bubentraum, der mich nicht mehr losließ. Als ich ihn mir fast 20 Jahre später erfüllte und auf dem höchsten Berg der Alpen stand, musste ich an diesen Moment zurückdenken.

Es war wohl in Champéry, wo ich das erste Mal meine Bergleidenschaft entdeckte, die mich dann mein ganzes weiteres Leben begleitete. Während der Schulzeit gab es kaum Gelegenheit dafür, die Ferien aber wollte ich fortan nur mehr in den Bergen verbringen. Erst war es die steirische Ramsau, wo ich mit meinen Eltern einige Urlaube verbrachte und das Dachsteinmassiv erkundete. Dann kamen in der Studentenzeit viele Touren in den österreichischen, italienischen und Schweizer Alpen dazu. Sobald die finanziellen Möglichkeiten dann geschaffen waren, gab es Reisen nach Nepal, Tibet und Bolivien. Mein Schlüsselerlebnis zu alldem war wohl jener Nachmittag auf der Bergwiese von Planachaux. Es war sozusagen die Einstiegsdroge. Danach ließ mich die herrliche, geheimnisvolle, drohende, aber immer lockende Welt der Berge gleich einer Sucht nie mehr los.

Weißt du noch?...

Zahlreiche Touren hatte ich inzwischen in den Alpen gemacht, mehrere Autoreisen quer durch Europa mit Alex und anderen Freunden. Die Schauplätze des Feriensommers 1964 zogen uns beide aber bald wieder an. Es waren mittlerweile fünf Jahre vergangen, seit wir das lieb gewonnene Schweizer Bergdorf verlassen hatten, bereits drei Jahre lag unsere Matura zurück. Was Französisch betrifft, endete sie übrigens triumphal: Nahezu mühelos hatten wir nach Champéry alle schulischen Anforderungen gemeistert. Stilsichere Aufsätze, gepflegte Konversation, einwandfreie Aussprache waren das Ergebnis des harten Sprachtrainings in der „École nouvelle". Im Reifezeugnis fand sich bei uns beiden schließlich ein grundsolides „Befriedigend",

womit alle Erwartungen deutlich übertroffen wurden.

Auf der Rückreise von einem Urlaub in Spanien dachten wir wieder einmal an die Zeit zurück und beschlossen spontan, den nicht unbeträchtlichen Umweg über Champéry zu nehmen.

Im Dorf angekommen,

Blick von Planachaux auf Champéry und Dents du Midi

nutzten wir das schöne Wetter und stiegen gleich in die inzwischen modernisierte Seilbahn, die wir uns nunmehr auch leisten konnten. Alex und ich saßen dann auf eben jener Bergwiese von Planachaux und blickten hinab ins Tal: das blaue Rechteck des Schwimmbades und das rote

233

des Tennisplatzes, die beiden großen Holzbauten der benachbarten Internate, der Sportplatz und die dahinter befindliche, allbekannte Scheune, der Bahnhof, in den gerade die Zahnradbahn einfuhr – alles war uns sofort wieder vertraut. Auch die gegenüberliegenden Felstürme der Dents du Midi hatten nichts von ihrer Mächtigkeit und Anziehungskraft eingebüßt.

Kaum etwas hatte sich verändert, nur die schmale, steile Straße durch das Val d'Illez war ausgebaut und das Schwimmbad erweitert worden. Unsere Blicke streiften über die fahnengeschmückte Dorfstraße, blieben an einem schmucken Haus hängen, in dem wir die Raclette-Stube vermuteten, und sofort war uns klar, wo wir den Abend verbringen würden.

„Weißt du noch?..."

Natürlich! Alles wussten wir noch, als wäre es gestern gewesen. Aufregende Abenteuer, langweilige Schulstunden, flegelhafte Streiche, sportliche Großtaten, romantische Begegnungen lebten wieder auf. Die Lehrer von damals, wir kannte sie alle noch mit Namen. Nur jener der Aufnahme-Madame war bis zuletzt ein Geheimnis geblieben. Ob sie immer noch an der „Ecole nouvelle" ihr Unwesen trieb? Wir wollten es eigentlich nicht wissen.

Da tauchte auch Johnny wieder in der Erinnerung auf. So viel Spaß hatten wir miteinander, aber dann, nach Wien zurückgekehrt, verloren wir uns aus den Augen.

Er soll mit seinen Eltern nach Graz übersiedelt sein, glaubte Alex gehört zu haben.

Ob aus Bruno Zoller inzwischen wohl ein erfolgreicher Schweizer Bankkaufmann geworden war?

Eine Frage durfte freilich auch nicht fehlen: „Hast du von Rosita noch einmal gehört?"

Ein kurzer verklärter Blick hinab ins Tal , aber dann zuckte Alex bedauernd die Schultern:

„Wir haben uns noch einige Male geschrieben. Aber eine Einladung zu den Olympischen Spielen in Mexico ist nicht gekommen."

„Hast du das ernsthaft geglaubt?"

„Ja, damals schon. Ich habe ihr alles geglaubt, war ja schließlich verliebt."

Und ungewohnt sentimental fuhr er nach einer gedankenschweren Pause fort: „So wie du …"

„Ja, das erste Mal", gab dann auch ich ganz offen zu.

Aber sosehr wir uns den Erinnerungen immer wieder hingaben, sie zu Legenden machten, zurückholen konnten wir die Zeit nicht. So beschlossen wir, auch nicht mehr die Internate aufzusuchen, auch nicht mehr zu sehen, ob es den Grillplatz noch gab, und verzichteten trotz schönen Sommerwetters auf den Besuch des Schwimmbades. Das einmal Erlebte ließ sich eben nicht mehr wiederholen, und so begleitete auch ein wenig Wehmut den Abstieg ins Tal. Die inzwischen erwachsenen Männer hatten wohl nach einem Stück Jugend gesucht, das aber, wie sie erkennen mussten, ganz einfach vorbei war.

Einzig der Abend in der Raclette-Stube sollte noch einmal Erinnerungen wachrufen, aber auch der war natürlich nicht mehr vergleichbar mit dem vor fünf Jahren. Ein Restaurantbesuch stellte längst kein Abenteuer mehr dar, Fondue und Raclette waren auch bei uns in Österreich inzwischen bekannt. Auch wenn der Gruyère und der Schnaps danach noch immer ausgezeichnet schmeckten, der Reiz des Neuen, des Verbotenen war verloren gegangen.

Auf der Alm

Als typisches Großstadtkind war für mich die Landwirtschaft eine Welt voller Rätsel. Meine diesbezüglichen Kenntnisse schöpfte ich aus Kindergeschichten, aus Erzählungen der Großmutter, die auf dem Land aufgewachsen war, und aus mehr oder weniger abstrakten Lehrbüchern der Naturkunde. So blickte ich der vom Direktor verordneten Pflicht-Exkursion zur Erkundung der Schweizer Almwirtschaft doch einigermaßen gespannt entgegen.

Die erste Alm mit dem Namen La Poyat war nach einem gut zweistündigen Fußmarsch erreicht und lag knapp an der Baumgrenze. Auf der sattgrünen, weitläufigen Wiese nahe der Sennhütte parkten zahlreiche Tiere, die größtenteils als Kühe auszumachen waren. Jedenfalls gingen die meisten von ihnen keiner sinnvollen Beschäftigung nach, lagen einfach nur mit ausdruckslosem Blick da und machten ohne irgendeinen erkennbaren Grund ständig Kaubewegungen. Um zur Sennhütte zu gelangen, mussten wir uns gefährlich knapp an den Tieren vorbeidrücken, gleichzeitig aber auch darauf achten, in keine der Fallen zu steigen, die deutlich riechbar auf der ganzen Wiese aufgebracht waren.

Der Alphirte, der ein überraschend verständliches Deutsch sprach, stellte die Rinder als Simmentaler vor. Thimothé, selbst Großstadtbewohner, sah die schwarz und braun gefleckten Tiere eine Weile an und stellte dann mit gespieltem Ernst die Frage, ob es hierzulande denn auch die von den Milka-Verpackungen bekannten lila Kühe gebe. Schweizer Alphirten sind offenbar nicht die humorvollsten Menschen, und so bekam er ebenso ernst zur Antwort, dass diese Rasse hier unbekannt sei.

Ob hier auch Stiere darunter wären, erkundigte sich anschließend der 14-Jährige aus Wanne-Eickel etwas beunruhigt.

Nein, nein, hier wären nur Kühe und Kälber unter sich, wurde er belehrt.

„Wo kommen dann aber die vielen Kälber her?" Der aufgeweckte Knabe besaß offenbar grundlegende Bio-Kenntnisse. Und so erklärte man ihm die damals als großer Fortschritt gefeierte künstliche Besamung, wofür sein Biologie-Verständnis letztlich aber doch nicht reichte.

Wesentlich gefahrvoller wurde es dann eine Alm höher. Die Alp Lapisa, auf 1900 Meter gelegen, war weithin für ihren handgefertigten Ziegenkäse berühmt. Hatten sich die Kühe als weitgehend ungefährlich herausgestellt, so wirkten die dortigen Bergziegen hinterhältig und unberechenbar. Urplötzlich sprangen sie hinter Felsen hervor, rotteten sich zusammen und stellten mit ihren kräftigen, gebogenen Hörnern eine sichtbare Bedrohung dar. Einige von uns, natürlich in Begleitung von Thimoté, wagten sich dennoch weiter, die meisten aber blieben zurück.

Die Herde wurde immer größer. Auf laute Zurufe wie „Macht endlich Platz, ihr blöden Ziegen!" reagierten sie nicht, wohl auch deshalb, weil sie nur Französisch verstanden. Sie ließen sich „Biquettes" nennen, was ja auch wesentlich vornehmer klingt als „Ziegen".

Ein paar der größeren „Biquettes" senkten unmissverständlich ihre Schädel und gaben dabei ein lautes Meckern von sich, das aber keineswegs fröhlich klang. Der schmale Weg zur Almhütte war nun endgültig versperrt. Ein Ausweichen ins felsige Gelände erschien uns zu gefährlich, und so standen wir einander eine Weile gegenüber. Auf der einen Seite die verschreckten Großstadtkinder, auf der anderen die kampfbereiten Ziegen, die uns mit großen, vorstehenden Glotzaugen fixierten.

Schon überlegten wir, aufzugeben und den Rückweg anzutreten, als von der Hütte her laute Rufe erschallten. Was die zu bedeuten hatten, war uns zwar unverständlich, den Ziegen aber gleich klar. Sie machten sofort kehrt, hüpften mit sehenswerten Luftsprüngen davon und verteilten sich im unwegsamen Gelände. Der vollbärtige, blau beschürzte Senner und sein Hund kamen uns entgegen und leiteten uns sicher in die rettende Hütte.

In der Almhütte wurde uns dann die Erzeugung von handgefertigtem Ziegenkäse anschaulich demonstriert und wie befürchtet das Endprodukt, Walliser Ziegenkäse, zum Verzehr angeboten. Der Käse verströmte den gleichen Geruch wie die Tiere selbst und mit seinem säuerlichen Geschmack begeisterte er wohl nur hartgesottene Käsefans. Einige der Exkursionsteilnehmer wagten sich auch über die bereitgestellte Ziegenmilch, deren strenges Aroma aber auch ohne Verkostung wahrnehmbar war.

Lapisa-Alm bei Champéry

Der Walliser Ziegenkäse, häufig mit Nüssli-Salat serviert, ist angeblich ein Star unter den überaus zahlreichen Schweizer Käsesorten.

Zu den bekanntesten Produkten der Rinderzucht wiederum zählt das dunkelrote Trockenfleisch. Es findet sich auf jedem Walliser Teller, wie er auf den Almhütten zusammen mit Speck, Alpkäse, Trockenwurst und dem typischen Roggenbrot als zünftige Jause angeboten wird. Auch das Walliser Berglamm gilt unter Gourmets als besonders zart und geschmackvoll.

Was auf den Almen am meisten beeindruckte, war die ungemein harte Arbeit der Bergbauern und ihrer Familien. Das Mähen der steilen Bergwiesen, auf denen unsereins kaum Halt gefunden hätte, das Zutalbringen der hoch beladenen Heuwagen, das mühsame Zusammentreiben des Weideviehs – das alles versetzte uns Kinder der Stadt in bewunderndes Staunen.

Die tägliche Butter aufs Brot, bislang selbstverständlicher Bestandteil des Frühstückstisches, erhielt nach diesem Erlebnis eine neue Wertigkeit, der bisher vom anmaßenden Großstädter eher gering geschätzte Beruf des Bauern besondere Anerkennung.

Ein aufregender Sommernachmittag

Einige der sonnenbadenden Mädchen kamen mir bekannt vor, als ich die große Badewiese betrat, Yvonne war allerdings nicht dabei. Noch ein Blick in die Runde, dann legte ich mein Handtuch auf die Holzpritsche und gab meinen weder gestählten noch sonnengebräunten 16-jährigen Körper der Öffentlichkeit preis.

Da lag ich nun schon eine Weile in der kräftigen Sommersonne der Schweizer Alpen und ließ mir die würzige Bergluft um die Nase wehen, als plötzlich ein Schatten über mein Gesicht huschte.

Unmittelbar vor mir bewegte sich jemand, doch erst als ich die Hand vor die Augen hielt, erkannte ich Yvonne. Sie war im wahrsten Sinne des Wortes aus heiterem Himmel aufgetaucht. Ohnehin schon von der Sonne erhitzt, beschleunigte sich mein Puls schlagartig – in einem aufregenden, roten Bikini stand sie da. Aufregend war natürlich nicht der Bikini, sondern alles andere. Mit meinen Blicken halbwegs den Anstand zu wahren, fiel mir schwer. Es dauerte einige Momente, bis ich mich zwang, ihr wieder in die Augen zu sehen und ihr zu sagen: „Es ist noch Platz auf meiner Pritsche."

Champéry, altes Schwimmbad
Foto ancienne

Zustimmend lächelnd legte sie ihr Badetuch neben das meine und kramte aus ihrer Badetasche Utensilien wie Sonnenbrille und -creme, Hut, Kamm, Zeitschrift und Trinkflasche hervor. Das ließ mich hoffen, dass sie vorhatte, länger zu bleiben. Tatsächlich verbrachten wir einen ganzen, wunderbaren, aufregenden, langen Sommernachmittag miteinander. Sie erzählte viel von sich und ich hörte zu, auch wenn ihre verführerische Nähe und ihre voll ausgeformte Weiblichkeit meine Aufmerksamkeit stark beeinträchtigten. Yvonne hatte eine angenehme, dunkle Stimme. Sie kam, wie sie schon erwähnt hatte, aus Hannover, einer Stadt, in der man offenbar ein sehr schönes Deutsch spricht. Da auch ich auf mein Burgtheater-Deutsch zurückgriff, stand zumindest in sprachlicher Hinsicht einer störungsfreien Kommunikation nichts im Wege. Nach dem mühsamen Zwangsfranzösisch genoss ich das ganz besonders.

Yvonne hatte als Kind viel Zeit bei ihrer Großmutter, einer Französin, verbracht und so war sie von klein auf mit dieser Sprache aufgewachsen. Im nächsten Jahr sollte sie Abitur machen und dann Französisch und Spanisch studieren. Schon das dritte Jahr war sie im Sommer in Champéry. Das erste Mal bei einer netten Gastfamilie und im Vorjahr mit Judith im

Internat. Sie kam eigentlich nur ihrer Freundin und der schönen Gegend wegen. An ihrem Französisch gab es nur noch wenig zu perfektionieren.

Ihre Liebe galt – ich hoffte, nicht nur – den Pferden. Die Eltern hatten in der Nähe von Hannover ein Gestüt, wo sie die Wochenenden verbrachte. Aufgrund ihrer Größe war sie schon sehr früh auf richtigen Sportpferden unterwegs und hatte mit fünfzehn schon an Turnieren teilgenommen. Da gegen nahmen sich meine Freizeitaktivitäten wie Fußballspielen und Radfahren natürlich ziemlich proletarisch aus. Was wir aber immerhin als Gemeinsamkeit entdeckten, war die Faszination für hohe Berge. Yvonne hatte bereits den Dent du Midi bestiegen und konnte mir einiges darüber erzählen.

Einige Fragen aber standen immer noch ungeklärt zwischen uns: Was war mit dem Zettel in der Kapuze geschehen? Hatte sie ihn denn nicht bemerkt und lesen können? Warum kamen Lucie und ihre Kollegin zur Scheune und nicht Yvonne und Judith?

„Nun, das ist ziemlich dumm gelaufen", begann Yvonne ihre Erzählung. Natürlich hatte uns Lucie am Dorfplatz genau beobachtet. Es war für sie auch nicht schwer zu erraten, was wir vorhatten. Auf dem Heimweg war sie zu Yvonne gegangen und hatte nur gesagt: „Du hast Post in deiner Kapuze." Weiter nichts.

Yvonne hatte darauf den zusammengefalteten, schon etwas nassen Zettel aus der Kapuze geholt und ihn gleich in ihre Tasche gesteckt, denn sie wollte nicht mit neugierigen Fragen der anderen konfrontiert werden. Ihr war auch sofort klar, von wem der Zettel stammte, schließlich hatten sich Johnny und ich lange genug um sie herumgedrückt. Im

Internat angekommen, entzifferten die beiden Freundinnen die Nachricht dann und waren sich sofort einig: Die beiden sehen wir uns Freitagabend doch etwas näher an, so unsympathisch waren die ja gar nicht.

Dummerweise war am gleichen Abend im Internat ein Dia-Abend angesetzt, bei dem ein örtlicher Bergführer die Schönheiten der Walliser Alpen zeigen sollte, und es wurde erwartet, dass alle daran teilnehmen. Yvonne und Judith fehlten jedoch, was Lucie sofort auffiel. Als sie nach oben ging, um nach den beiden zu sehen, kamen sie ihr auf der Treppe entgegen. Frisch geduscht, umgezogen, geschminkt und geduftet. Und dann folgte die befürchtete Frage, was die beiden denn vorhätten. Leugnen war zwecklos, denn Lucie hatte natürlich alles durchschaut.

Yvonne pflegte an sich ein gutes, fast freundschaftliches Verhältnis zu Lucie. Sie war ja schon das zweite Mal im Internat und kannte Lucie durchaus als sehr energisch. Aber sie konnte auch mitfühlend und humorvoll sein, was man ihr auf den ersten Blick sicher nicht ansah. An jenem Abend allerdings zeigte sie volle Strenge. Der besonnenen Yvonne hätte sie ja noch vertraut, aber bei Judith wusste man nie, ob sie sich nicht leichtfertig in ein Abenteuer stürzen würde.

„Ihr wollt abhauen mit den beiden Kerlen vom Dorfplatz? Das werdet ihr nicht tun, denn ich trage die Verantwortung für euch! Die Grünschnäbel sind doch noch viel zu jung!"

Judiths Einwand war nicht ganz glaubhaft:

„Wir wollten ja nur einmal Hallo sagen und die beiden Jungs zum Tanz am Sonntag einladen, mehr nicht."

„Das überlasst mal mir", kam Lucies drohende Ansage.

„… Tja, und den Rest kennst du", beendete Yvonne ihre Erzählung und es klang eigentlich recht glaubwürdig. Wie ich später von Johnny erfuhr, hatte ihm auch Judith eine sehr ähnliche Geschichte erzählt.

„Die Idee fand ich ja echt toll, superromantisch, wir waren total aufgeregt. Aber leider hatten wir dann auch einigen Ärger damit und waren eine Zeit lang stinksauer auf Lucie."

Der Redefluss erlahmte dann in der Sommerhitze und Yvonne drehte sich auf den Bauch, legte den Hut auf ihren Kopf und schloss die Augen.

Ein Clown geht schwimmen

„Wollen wir nicht schwimmen gehen?", schlug ich nach einer Weile vor.

„Nein, mir ist das Wasser zu kalt. Geh du nur, ich schau dir zu", sagte Yvonne etwas gelangweilt und setzte sich auf.

„Na schön", dachte ich, „vielleicht kann ich sie ein bisschen erheitern."

Ich erhob mich und steuerte das Trampolin an, das etwa drei Meter über dem Schwimmbecken angebracht war. In der elegantesten mir möglichen Haltung schritt ich über das Brett, stellte mich voll konzentriert an die äußerste Kante und sprang dann nach einigen Sekunden höchster Körperspannung – wie ein Frosch ins Wasser. Wieder aufgetaucht, hörte ich sofort Yvonnes Lachen, was mich natürlich zu einer weiteren Darbietung animierte. Diesmal wankte ich traumverloren übers Trampolin, übersah scheinbar das Ende des Brettes, stürzte vornüber hinab und schlug mit einem klassischen Bauchfleck am Wasser auf. Auch das fand sie scheinbar amüsant, denn sie klatschte, als wollte sie noch eine Draufgabe. Nun wollte ich aber nicht nur den Kasperl geben, sondern zum Abschluss auch sportlich Attraktives bieten. Ein stilvoll endeter Kopfsprung vom Dreimeterbrett sollte es werden.

Sprungbrett im Schwimmbad von Champéry (2011)

Ein gewisses Problem bestand darin, dass sich mein ohnehin nur mäßig gerundeter Bauch infolge der kargen Internatsküche weiter abgeflacht hatte. Dadurch hing die gerade in Mode gekommene, blau karierte Dreiecksbadehose wohl etwas schlapp an meinen nicht gerade ausladenden Hüften. Hin und wieder musste sie mit dem eingenähten Gummizug fixiert werden. Schon beim Hochklettern auf der Leiter war der Sitz nicht mehr ganz korrekt. Aber oben angekommen, wo sicher alle Augen auf mich gerichtet waren, gab es kein Zurück mehr.

Noch ein kurzer prüfender Blick, dann volle Konzentration auf den Absprung. Um diesem die nötige Höhe und Eleganz zu geben, musste das federnde Brett zuvor in Schwingung versetzt werden. Während ich mich mit weit ausholenden Armbewegungen nach oben katapultierte, setzte sich die Hose allerdings nach unten in Bewegung. Um es nicht zum Äußersten kommen zu lassen, verzichtete ich abrupt auf weitere Federsprünge und stürzte mich überhastet in die rettende Tiefe.

Es kam, wie es kommen musste. Kaum eingetaucht, hatte ich ein sehr befreites Gefühl um die Mitte.

Geistesgegenwärtig spreizte ich den rechten Fuß hoch und das Dreieckstuch verfing sich an der großen Zehe. Mit krampfendem Bein erreichte ich das Ufer. Die Hose wieder anzulegen, ohne dabei unterzugehen, war gar nicht so leicht und erforderte mehrere verzweifelte Versuche. Endlich gelang es, und ich hievte mich wieder aus dem Wasser. Dass ich das Ding verkehrt herum anhatte, war noch am wenigsten peinlich.

Yvonne lag flach auf der Pritsche, die Hände vor dem Gesicht und wurde von heftigem, zügellosem Lachen geschüttelt. Als ich mich näherte, hob sie kurz den Kopf, sah mich an, rang nach Luft und verfiel dann erneut in einen akuten Zwerchfellkrampf. War meine Vorstellung auch blamabel, die eher ruhige und ernste Yvonne so herzhaft lachen zu sehen war es allemal wert.

Yvonne schien sich überhaupt über meine kleinen Witzchen zu amüsieren. Sie hatte auch sichtlich Vergnügen daran, mit ihren weiblichen Reizen und meiner erwachenden Männlichkeit zu spielen. Neben mir auf der Pritsche liegend, zeigte sie sich in verschiedenen Posen, mal auf dem Rücken, mal auf dem Bauch. Was dann in Seitenlage aus den Körbchen drängte, war aber wohl am aufregendsten.

Ich meinerseits bevorzugte die Bauchlage, um mein sehr reges Interesse nicht sichtbar werden zu lassen.

Auch wenn wir, so wie an diesem Nachmittag, recht nahe beisammen waren, schien Yvonne, im Gegensatz zu mir, immer bei klarem Verstand. Während ich mich kühnen Fantasien hingab, hatte man bei ihr nie wirklich das Gefühl, sie könnte irgendwann ihre gute Erziehung vergessen und mehr zulassen als anregende Plauderei.

Unerwartete Sprachprüfung

Es war eine folgenschwere Entscheidung, vor die mich Yvonne an jenem verregneten Nachmittag stellte, als wir einander nicht ganz zufällig am Dorfplatz trafen:

„Ich gehe morgen zu den Guichards, du weißt schon, die nette Gastfamilie, bei der ich vor zwei Jahren untergebracht war. Hast du Lust mitzukommen?"

Nein, hatte ich eigentlich nicht. Aber Yvonne zu begleiten, ganz egal wohin, das wollte ich mir nun auch nicht entgehen lassen.

Die Guichards waren beide Lehrer, aber dennoch liebenswürdige Leute. Monsieur Guichard unterrichtete in einer Fachschule in Martigny, Madame an der örtlichen Kantonalschule. Sie bewohnten zusammen mit ihrer schon erwachsenen Tochter und irgendeiner Verwandten ein schmuckes Chalet unweit des Bahnhofs. Obwohl sie alle durchaus gebildet wirkten, sprachen sie ausschließlich Französisch.

Bald musste ich allerdings feststellen, dass sie diese Sprache an einer anderen Schule gelernt hatten als ich. Es war eine einfache Alltagssprache, ohne literarischen Anspruch und mir daher sehr ungewohnt. Ich konnte zwar den Text der „Marseillaise" rezitieren oder „Stille Nacht" auf Französisch singen, beherrschte den „Subjonctif" im „Présent" und im „Passé composé", bei der Unterhaltung mit den Guichards aber hatte ich das Gefühl völliger Leere im Kopf.

Yvonne parlierte locker und entspannt und ich gab zumindest den Anschein, den Gesprächen folgen zu können. Immer wieder aber tauchten auch Wörter und Sätze auf, die ich verstand. Das brachte ich dann sofort mit einem „Oui, c'est ça … Bien sur" oder „C'est vrai" zum Ausdruck. Fiel ein Scherz, versuchte ich zugleich mit den anderen an passender Stelle zu lachen, und die Guichards freuten sich sichtlich, wie gut ich mich bei ihnen amüsierte. Dann aber kam der Moment, den ich gefürchtet hatte. Madame Guichard sprach mich direkt an. Sofern ich sie richtig verstanden hatte, wollte sie wissen, wie ich nach Champéry gereist sei.

Ja, und da war sie wieder, die totale Leere. Die einfachsten Vokabeln völlig verschwunden, die schlichtesten Sätze verdreht, die Aussprache unverständlich. So kam es mir zumindest vor.

Doch die Guichards waren geschulte Pädagogen. Sie nickten wohlwollend zu meinem Gestammel und schienen darin einen Inhalt zu erkennen. So fasste ich immer mehr Mut, bis es mir schließlich gelang, zwei Sätze fließend herauszubringen. Das war irgendwie der Durchbruch. Es waren ja auch nicht so sehr die Guichards, vor denen ich mich genierte, nein, ich wollte mich vor Yvonne nicht blamieren. Nicht zuletzt war es ihr überlegenes Grinsen, das mich dermaßen anstachelte, dass ich ohne Rücksicht auf die Fehlerquote die Schilderung meiner Anreise zu Ende brachte.

Doch die Anstrengung, sich in einer Fremdsprache am Gespräch zu beteiligen, hält man eben nur eine bestimmte Zeit durch. Nach etwa einer Stunde riss der Film, die Unterhaltung wurde nur noch zur Geräuschkulisse. Ich ertappte mich dabei, wie ich das Teppichmuster studierte oder die Buchtitel im Regal zu entziffern suchte. Immerhin, der Anfang war gemacht und ich hatte das Gefühl, in den zwei Stunden mehr Französisch gelernt zu haben als in den vorangegangenen Wochen.

Mein sprachliches Selbstbewusstsein war ab diesem denkwürdigen Besuch jedenfalls so gehoben, dass ich danach auch mit englischen und spanischen Mitschülern hin und wieder Französisch sprach. Man verstand sie auch viel besser als die sogenannten Eingeborenen und freute sich darüber, dem Gesprächspartner manchmal mit einem fehlenden Wort aushelfen zu können. Und ganz hervorragend funktionierte das, wie sich kurz darauf zeigen sollte, mit gut gelockerter und befeuchteter Zunge.

Nicht im Mittelpunkt der Welt

Der Wetterbericht versprach einige störungsfreie Tage und ich sah meinen Traum, die Besteigung des Dent du Midi, näherkommen. Nochmals hatte ich mich bei Alex versichert, dass man kein Hermann Buhl oder Luis Trenker sein musste, um den Gipfel zu schaffen. Konditionell fühlte ich mich als ausdauernder Läufer und Radfahrer ohnehin gerüstet.

Also eilte ich erwartungsfroh zur Vorbesprechung ins Dorf-Café, zu der die beiden Bergführer eingeladen hatten. Auch Sportbeauftragter Thimothé war natürlich mit dabei. Nachdem wir genaue Instruktionen über Ablauf, Ausrüstung und Verhalten im Hochgebirge erhalten hatten, die mich eigentlich nicht wirklich überraschten, bildete sich anschließend eine sehr nette, unterhaltsame Gruppe. Sie bestand zu einem großen Teil aus US-Amerikanern, Kanadiern, Briten, Deutschen, einigen Spaniern und Holländern. Alle bemühten sich um ein verständliches Französisch, und so konnte auch ich der Unterhaltung einigermaßen gut folgen.

Da gab es doch tatsächlich Gleichaltrige, die sich nicht für Fußball, sondern für Sportarten wie Rugby und Baseball interessierten. Da sprachen Mädchen von sogenannten Musicals, die gerade am Broadway liefen, eine Unterhaltungsform, mit der ich überhaupt nichts anzufangen wusste. Ich erfuhr, dass in Amerika sogar schon 16-Jährige mit ihrem Cadillac ins Autokino fuhren und dass sich dort niemand für die mir bekannten Schlagerstars interessierte. Dazu trank man Coca Cola und aß Chips aus der Tüte, nachdem man zuvor den Bubblegum entsorgt hatte.

Für einen der Wiener Lebensart Anhängigen war das natürlich ein leichter Kulturschock, der zugleich eine wichtige Erkenntnis brachte: Österreich war ganz offensichtlich nicht der Mittelpunkt der Welt. Die US-Boys mit ihrer offenen und unkomplizierten Art ließen bei mir aber keine Außenseiter-Gedanken aufkommen. Im Gegenteil, sie erkundigten sich durchaus interessiert nach meiner Herkunft. Wie schon bei Leslie, meiner bedauernswerten ersten Tanzpartnerin, überraschte mich aber doch, dass Austria für Amerikaner kein ganz weißer Fleck auf der Landkarte war. Ein sportlich wirkender Typ fragte mich ernsthaft, ob ich auch so gut Skifahren könnte wie Toni Sailer, ein offenbar Musikinteressierter wollte wissen, ob es in Österreich mehrere so gute Bands gebe wie die Trapp-Family.

Beide Fragen musste ich leider verneinen, freute mich aber dennoch, nicht ganz unbeachtet geblieben zu sein. Im Gegenteil: Nach dem zweiten Glas „Feldschlössli" fand ich zunehmend Freude an der multikulturellen Konversation und auch die sprachliche Hemmschwelle war bald beseitigt. Ich würde sogar sagen, an jenem Abend im Dorf-Café erlebte ich eine einmalige Sternstunde in fließender Französisch-Konversation.

Der erste große Berg

Die Besteigung der Dents du Midi wird im Sommer vom „Office du tourisme" wöchentlich als Zweitagestour angeboten. Festes Schuhwerk und warme Kleidung, mehr Anforderungen werden zumindest im Prospekt nicht gestellt.

Es ist später Vormittag und schon sehr warm. Am Dorfplatz setzt sich ein Zug von 20 Personen in Bewegung. An der Spitze zwei Bergführer, am Ende zwei Lehrer der „École nouvelle". Dazwischen die hoffnungsfrohen Gipfelaspiranten. Einige Dorfbewohner nicken uns freundlich zu, klatschen sogar, als wir vorbeiziehen. „Bonne chance!", höre ich eine bekannte Stimme rufen. Die blonde Frau aus der Raclette-Stube hält kurz im Blumengießen inne, lächelt und winkt. Ich winke zurück und denke: „Ist das dein Schutzengel?" Schon während der aufregenden Bahnfahrt hat sie mir Mut gemacht, dann hat sie mich mit einem überreichlichen Raclette-Menu vor dem Verhungern gerettet, und jetzt begegnet sie mir wieder mit aufmunterndem Lächeln. Irgendetwas verbindet mich mit dieser Frau. Sie hat mit ihren blondgelockten Haaren und ihrem sanften Lächeln tatsächlich etwas Engelhaftes an sich, das ich nicht zu deuten weiß …

Als wir so aus dem Dorf ziehen, überkommt mich ein gewisser Anflug von Stolz. Ich komme mir fast vor, wie bei einer Expedition ins Ungewisse. In eine abweisende, geheimnisvolle, vielleicht auch gefährliche Welt aus Fels, Eis und Schnee, die nur wenigen Mutigen und Ausdauernden vorbehalten ist. Und die umstehende Bevölkerung hofft mit uns, dass die Pioniertat gelingen möge. So ähnlich muss sich Heinrich Harrer gefühlt haben, als er zur Erstbesteigung der Eiger-Nordwand aufbrach …

Wieder zurück in der Realität, begutachte ich die Weggefährten: fast nur junge Leute, zwei deutsche Internatsbewohner, etwas älter als ich, drei englischsprachige Mädchen, wahrscheinlich Amerikanerinnen, eine französische Touristengruppe und ein paar Einzelgänger, von wo auch immer. Insgesamt wirken alle Teilnehmenden recht sportlich und geben sich den Anschein der Bergerfahrenheit.

Höhenmesser, Kompasse, Kameras und Ferngläser baumeln um ihre Hälse, Wasserflaschen und Schlafunterlagen hängen an den Rucksäcken. Kniebundhosen aus dickem Schnürlsamt, rote Wollstutzen, karierte Baumwollhemden, Lodenhüte – man fügte sich dem Modediktat der 60er-Jahre.

Das tat ich natürlich auch, beschränkte mein Gepäck aber nur auf das, was ich für das Allernotwendigste hielt. Mein Rucksack war also vergleichsweise winzig und wurde aufgrund dessen etwas geringschätzig gemustert.

„Sag mal, haste 'nen eigenen Träger dabei?", scherzt plötzlich der deutsche Sportsfreund aus Paderborn.

„Was machste dann da oben im Schneesturm? ", versucht mir darauf sein Begleiter Angst zu machen.

„Na, wartet nur", denke ich. „Nach den ersten drei Stunden Steilanstieg wird euch der Neid fressen."

Wie auch immer: Die Vorliebe für nur ganz leichtes Gepäck habe ich beibehalten. Auch auf späteren Hochtouren war ich meist nur mit Mini-Rucksack unterwegs und habe so fast alle 4000er der Westalpen als Tagestouren bewältigt.

Der mühsame und steile Anstieg führt zuerst durch dichten, dunklen Nadelwald, der noch etwas Kühle spendet, bald aber über karge, von Schafen abgegraste Hochwiesen und schließlich über ein ausgedehntes Geröllfeld.

Die Nachmittagssonne verwandelt mein Baumwollhemd in einen nassen Umschlag. Doch ich fühle mich trotzdem erstaunlich frisch, bleibe immer in der Spitzengruppe. Irgendwann taucht am Bergrücken eine Hütte auf, zu der wir erwartungsvoll emporblicken. „Die 2100m hohe Cabane de Susanfe, unser Nachtquartier", klärt mich der ältere der beiden Bergführer auf. Klarerweise bin ich sehr aufgeregt, als Flachlandkind habe ich schließlich noch nie auf einer Berghütte geschlafen.

Wirklich geschlafen habe ich dann auch nicht. Auf dem beengten Matratzenlager spüre ich bei jeder Bewegung die Schulter eines Nachbarn, habe das strenge Aroma durchgeschwitzter Berghemden in der Nase, die Schlaf- und Verdauungsgeräusche der Umliegenden im Ohr und die muffige, kratzende Decke auf der Haut. Die aufgeregten Gedanken an den ersten 3000er, den ich am folgenden Tag besteigen soll, aber auch die ungewohnte Höhe lassen mich kaum zur Ruhe kommen. Im Grunde eine furchtbare Nacht.

Vielleicht bewirkte diese frühe Erfahrung, dass ich bei meinen zahlreichen späteren Bergtouren, wo auch immer möglich, auf Hüttennächte verzichtete. Das Schlafen im muffigen Matratzenlager, das „Bergsteiger-Latein" der Führer und Wirte, mit Alkohol herbeigeführte Bergkameradschaften und das frühmorgendliche Warten vor dem besetzten Freiluft-Klo waren Erlebnisse, die meinem Wunsch nach ungestörter, freier Bergnatur entgegenstanden.

Cabane de Susanfe 2102m, mit Dent du Midi 3258m

Draußen ist es noch stockfinster, als die Bergführer zur Tagwache rufen. Auch die Schlafstube ist dunkel, nur eine fahle Gangleuchte schimmert herein. Im Schein der mitgeführten Stirnlampen suchen alle nach ihren Habseligkeiten. Im allgemeinen Aufbruchschaos wird nach Rucksäcken getastet, werden Schuhe hin und her geschleudert, vertauschte Anoraks und unfreundliche Worte gewechselt. Die zum Frühstück gereichten Croissants sind nicht wirklich knusprig und der Tee nicht wirklich warm. Das interessiert aber kaum jemanden, jeder will nur so schnell wie möglich hinaus.

Die Luft ist kalt, der Himmel sternenklar, es ist völlig windstill. Die erste Stunde des vorerst sehr steinigen Weges verläuft noch in völliger Dunkelheit –beklemmend und faszinierend zugleich. Die Lichter der Stirnlampen ziehen wie eine Girlande den Berg hoch. Man hört kein Wort, nur das Geräusch der kleinen, losgetretenen Steine, die zu Tal kollern. Die Führer haben ein gemächliches Tempo angeschlagen, es wartet noch ein langer Weg mit über tausend Meter Höhenunterschied.

Bald sind keine Steine mehr unter den Schuhen zu spüren, der Tritt wird leiser, weicher – wir gehen auf Schnee. Und das im Sommer. Etwas bislang Unbekanntes, Unvorstellbares.

Die Spur ist gut ausgetreten, der Schnee griffig, wir kommen trotz Dunkelheit recht flott voran.

Ich gehe jetzt unmittelbar hinter unserem Bergführer, der die zweite Gruppe mit den jüngeren Teilnehmern leitet. Plötzlich bleibt er stehen und deutet nach oben: „Voilà, le sommet!"

Aus dem Morgengrauen zeichnen sich die imposanten Umrisse des Dent du Midi ab, noch völlig fern und unwirklich. Der Nachthimmel weicht langsam, ein Lichtbogen spannt sich über die bizarren Felszacken. Immer wieder blicke ich zum Gipfel hinauf. Bald ist es ganz hell, und den Moment, als sich die Morgensonne über den Grat erhebt, werde ich wohl nie vergessen. Sie taucht das Schneefeld in ein oranges Licht, die hellen Kalkfelsen schimmern rötlich und die wenigen Wolken am Himmel scheinen zu brennen.

Noch ganz fasziniert von diesem Naturschauspiel steige ich höher und höher und verspüre kaum Anstrengung. Nach einer Wegbiegung ist auf einmal das Gipfelkreuz zu sehen, fast zum Greifen nahe. Ein sehr steiler, ausgesetzter Grat führt zum höchsten Punkt. Die Bergführer seilen uns an. Ich bin bei der ersten Vierergruppe dabei, die hinaufgeht.

Die Kletterei ist nicht wirklich schwierig, es gibt auch einige Sicherungen durch Fixseile. Voll konzentriert, genau jeden Griff und Tritt prüfend, turne ich hoch. Nach wenigen Minuten stehe ich am Gipfel – mein erster 3000er! Das Abenteuer ist perfekt, der Ausblick grandios. Mont Blanc und Matterhorn sind ganz deutlich zu sehen und noch einige andere 4000er der Walliser Alpen, in der Ferne der Genfer See. Ein wirklich einmaliges Erlebnis. Es sind doch noch ganz tolle Ferien geworden!

Die Einladung

„Du solltest mehr essen, mein Junge!", zeigte sich Yvonne am nächsten Schwimmbad-Nachmittag besorgt, als sie mich wieder in der blau karierten Dreiecksbadehose bewundern durfte. „Weißt du was. In der Raclette-Stube ist morgen wieder die Acht-Franken-Aktion, da kannst du dich mal richtig satt essen."

Tatsächlich hatte die Internatskost meinem Körper einiges von seiner Athletik genommen. Allein der Gedanke aber, mich dermaßen wieder mit Käse vollzustopfen wie letztes Mal, erschien mir keineswegs reizvoll. Doch wenn Yvonne das vorschlug, war das natürlich etwas anderes. Also versuchte ich mein charmantestes Lächeln aufzusetzen und stellte Yvonne ganz mutig die Frage: „Aber du kommst doch mit? Ich lade dich ein."

„Oh là là, Monsieur will mich zum Diner ausführen. Vielleicht habe ich morgen ja Zeit – mal sehen."

„Wenn eine Dame vielleicht sagt, so meint sie ja", gebe ich mich lebenserfahren.

„Du musst es ja wissen, du kennst dich ja aus mit Frauen", bemerkt Yvonne sichtlich belustigt.

„Eigentlich nicht wirklich, aber wer kann das schon sagen mit sechzehn."

„Oh! Mein kleiner Junge spielt den Ahnungslosen."

„Du musst wissen, ich bin Jungfrau – im Sternbild."

Die nächste Frage lag zwar auf der Hand, aber Yvonne stellte sie nicht. Sie beließ es bei einem gespielt erstaunten Blick, um dann nach einer kurzen Pause die alle Frauen interessierende Frage zu stellen:

„Aber 'ne Freundin gab's doch schon?" Ihre großen dunklen Augen musterten mich prüfend, ehe sie mir mit einladendem Lächeln Mut machte.

„Bis jetzt nicht, aber vielleicht ab heute."

„Oh!"

Ein wenig mehr hatte ich mir schon erwartet, aber immerhin, es kam keine Abweisung.

„Ja, und wenn wir schon dabei sind, wie ist das bei dir?"

Die Frage brachte Yvonne keinesfalls in Verlegenheit. Offen antwortete sie: „Na ja, ein Exemplar wie du war noch nicht dabei. Von den smarten, lässigen Typen mit großer Klappe, wie sie eben in den Discos oder bei Partys rumhängen, haben sich schon so einige an mich rangemacht. Aber so ein ruhiger, schüchterner Typ wie du es bist, ist mir bis jetzt noch nicht untergekommen."

„Aha", wittere ich eine Chance. „Ich brauche vielleicht gar nicht zu überlegen, welche Masche bei ihr ankommt, ich gebe mich einfach so, wie ich bin. Möglicherweise gefällt ihr das wirklich." Ich bleibe auf der Linie und frage sie noch einmal: „Hast du also Lust, mit dem ruhigen, scheuen Typ essen zu gehen? Ich jedenfalls könnte mir nichts Schöneres vorstellen."

„Doch, könntest du schon …" Yvonne blickt mich vielsagend an und ich werde rot.

„Na, sehen wir mal, was der Abend so bringt", versuche ich ebenso vielsagend zu erwidern.

Eine Weile schäkern wir noch auf diese Weise, bis sie schließlich eine dienerhafte Verbeugung macht: „D'accord monsieur, madame est prête." Wie immer spricht sie französisch, wenn sie förmlich wird.

„Quel plaisir!", entgegne ich formvollendet, und freue mich über den unerwarteten Erfolg.

Der Ausgang

Was zieht man an, wenn man mit einem Mädchen essen geht? Johnny, der sich im Waschraum gerade seine Ausgehfrisur föhnt, weiß Rat: „Nur kein Overdress, sie muss die Schickere sein."

Lokal mit Jeans-Verbot

Also wurde es der Rollkragenpullover und die Bluejean. Diese war in den 60er-Jahren noch nicht überall als Alltagsbekleidung, geschweige denn als Abendgarderobe etabliert. Ein Teil der Jugendlichen nahm sie als Ausdruck des freien amerikanischen Lebensstils begeistert auf, andere wieder lehnten die blauen Hosen ohne Bügelfalten und mit groben Nähten ab. Sie galt noch als Kleidung von Hippies, Gammlern oder Wildwesthelden. In manchen Schulen, Lokalen und Büros war sie unerwünscht – ja sogar verboten.

Das Kuriose an der Bluejean der 60er-Jahre im Vergleich zu heute: Sie war das Kleidungsstück, mit dem die Jugend ihr „Nichtangepasstsein" zeigen wollte.

Natürlich trug ich, nach dem Vorbild Mike Jaggers, auch eine der damals angesagten, besonders körperbetonten Jeans, die zwar eine Gesundheitsgefährdung darstellten, aber eben ungemein sexy wirkten. Auch der Rollkragenpullover hatte erst seit Kurzem in der Herrenmode Einzug gehalten, zunächst in studentischen Kreisen. Dieser galt, vor allem schwarz getragen, als Kleidung von Künstlern und Intellektuellen. Also, oben denkender Mensch und unten brünftiger Stier – eine wohl unwiderstehliche Kombination …

Nicht minder anziehend war Yvonne, als wir einander wie vereinbart am Dorfplatz trafen.

Der lange Kaminrock und die hohen Schuhe machten sie noch größer. Über der romantischen Rüschenbluse trug sie eine elegante bordeauxfarbene Weste. Ihr dunkles Haar glänzte noch mehr als sonst, und ihr Lächeln war so einladend, dass ich sie am liebsten sofort geküsst hätte. Aber hier, mitten am Dorfplatz, traute ich mich dann doch nicht.

Sie fasste mich an der Hand und wir gingen langsam den kurzen Weg zur Raclette-Stube. Dort gab ich dann den gewandten Kavalier – schließlich war ich ja in der Tanzschule Ellmayer ausreichend geschult worden. Mit breiter Brust betrat ich vor ihr das Lokal, steuerte zielsicher den besten Tisch an, riss ihr die Weste von den Schultern und schob ihr den Sessel in die Kniekehlen.

„Voilà Madame, cela vous convient?", fischte ich um ein Kompliment.

„Chapeau Monsieur, tout comme il faut!"

Die geheimnisvolle, blonde Kellnerin kam an unseren Tisch und begrüßte uns mit auffallender Freundlichkeit.

Ihr Interesse schien diesmal ausschließlich Yvonne zu gelten. Die beiden unterhielten sich lange in so flott fließendem Französisch, dass ich nur die Hälfte verstand. Yvonne schien dabei auch einige persönliche Fragen nach Herkunft, Alter und Zweck ihres Aufenthalts zu beantworten. Wesentlich sto-

ckender wurde das Gespräch dann, als ich versuchte, die Be-
stellung aufzugeben. Die gute Fee unterbrach mich gleich und
teilte mit, dass die Acht-Franken-Aktion heute ausnahmsweise auch für Fondue Bourguignonne gelte. Nach der folgenden
kurzen Erklärung nickte Yvonne zustimmend, und so bestellte
ich eben dieses, nicht wissend, worauf ich mich eingelassen
hatte.

Der nachfolgenden Unterhaltung fehlte es dann etwas an
Leichtigkeit. Es war ja auch alles andere als einfach. Da saß
ich zum ersten Mal in meinem Leben mit einem Mädchen in
einem Lokal und hatte keine Ahnung, wie ich mich verhalten
sollte. Den Mann von Welt geben, der es gewohnt ist, Damen auszuführen, das nimmt sie mir ohnehin nicht ab. Es jetzt
schon mit irgendwelchen Blödeleien zu versuchen, wäre wohl
auch nicht angemessen. Yvonne wirkte an diesem Abend ganz
ladylike, als wollte sie nach allen Regeln der Konversations-
kunst unterhalten werden. Diese wiederum war mir weitgehend fremd, der Small Talk nie meine große Stärke.

Zu allem Überfluss saß am Nebentisch ein französisch
sprechendes, ausgesprochen elegantes älteres Paar. Der auffallend hagere Herr blickte immer wieder leicht pikiert zu uns
herüber. „Was wollen denn diese Kinder hier?", schien das zu
heißen. Albernes Gekicher war da wohl nicht erwünscht.

Yvonne schien das nicht zu bemerken, ihre großen, dunklen Augen waren nur auf mich gerichtet.

„Na, jetzt zeig mal, was du kannst", deutete ich ihr erwar-
tungsvolles Lächeln. „Ich habe mich von dir einladen lassen,
jetzt will ich von dir auch unterhalten werden."

Es war schwer, einen klaren Gedanken zu fassen. Wenn ich
sie so ansah, hätte ich sie am liebsten fest an mich gedrückt.
Doch das war es wohl nicht, worauf sie im Moment wartete.

Vielleicht ja danach, aber vorerst hieß es einmal, ein halbwegs niveauvolles Gespräch zu beginnen.nicht einfach über den Saufraß oder die verständnislose Lehrerschaft im Internat schimpfen, nein, es musste schon etwas anspruchsvoller sein.

Also fragte ich sie Dinge, die mich eigentlich überhaupt nicht interessierten. Welches Buch sie den gerade lese, wo sie ihre hübschen Kleider gekauft habe und welche Fächer sie fürs Abitur wählen würde.

Yvonne beantwortete all meine Fragen geduldig, bis sie mich dann endlich erlöste: „Nett mit dir zu plaudern, aber wann kommt denn endlich das Essen, mir kracht der Magen."

Das klang so gar nicht mehr nach Grande Dame, und auch ich wechselte sofort die Tonart.

„Sei nicht ungeduldig", erwiderte ich grinsend. „Schau dir mal unseren ausgezehrten Nachbarn an. Was glaubst du, wie lange der schon wartet …"

Erfolglos rang Yvonne um Haltung. Erst blickte sie auf den Ausgehöhlten am Nebentisch, dann auf mich, um schließlich von heftigem Lachen geschüttelt unter die Tischplatte abzutauchen. Es war eine dieser herzerfrischenden Lachattacken, die bei ihrer sonst eher ruhigen Art immer wieder überraschten. Wenigstens hatte sich damit jedes vornehme Getue erübrigt und ungezwungen dummen Gesprächen stand nichts mehr im Wege. Ohne jede Förmlichkeit ging es dann auch weiter, als das Essen kam.

Mit Entsetzen musste ich feststellen, dass uns ein Teller mit rohen Fleischstücken vorgesetzt wurde, die offenbar mittels eines Metallspießes zu verzehren waren. Yvonne sah meine Ratlosigkeit und amüsierte sich königlich. Sie ließ mich völlig unaufgeklärt, bis schließlich ein großer Metalltopf, gefüllt mit einer heißen Flüssigkeit, mitten auf den Tisch gestellt wurde. Das erinnerte mich sofort an die Abspeisung im Internat. „Aber immerhin", dachte ich, „eine heiße Suppe ist besser als kaltes, rohes Fleisch." Angespannt beobachtete ich dann Yvonne, die ein Stück Fleisch gekonnt auf den Spieß steckte und unter hörbarem Zischen in der Flüssigkeit versenkte. Kaum eine Minute später zog sie das Fleischstück wieder heraus, ließ es kurz abtropfen, steckte es dann in eine bereitgestellte gelbe Sauce und verschlang es, ohne mit der Wimper zu zucken. Ich sah zunächst fasziniert zu, dann verfuhr ich streng nach Yvonnes Anweisung genauso – und war völlig überrascht.

Das zarte, saftige Fleisch ließ sich mühelos zerbeißen und schmeckte zusammen mit den würzigen Soßen ausgezeichnet. Von da an hatten wir viel Spaß. Wir pickten uns gegenseitig die besten Happen weg, warfen die Stückchen voraus und fischten anschließend danach, tauschten die Spieße, fütterten einander. Meinem anfänglichen Kavaliersgehabe war bald wieder dumme Ausgelassenheit gefolgt.

„Es schmeckt einfach köstlich, das war eine großartige Idee von dir", war ich voll des Lobes. „Ist ja eigentlich ein ganz einfaches Essen, ein Suppentopf und ein paar Stück Fleisch reichen. Kann ja gar nicht so schwer sein."

„Sag bloß, du interessierst dich fürs Kochen!"

„Ach was! Ein Ranger-Typ wie ich kocht doch nicht. Er brät höchstens erlegtes Wild am Lagerfeuer", versuche ich zu witzeln.

„Was du nicht sagst. Das musst du mir aber mal vorführen."

„Na klar!", bluffe ich weiter. „Bei dem Essen im Internat muss man hin und wieder auch selbst fürs Überleben sorgen."

„Na dann los! Wann zeigst du's mir?", ließ Yvonne nicht locker.

„Wann immer du willst. Vielleicht Samstag am Grillplatz?", gebe ich mich verwegen und hoffe gleichzeitig, dass sie das wohl nicht ernst meint.

„Okay, ich werde da sein und Judith kommt sicher auch mit", höre ich erschreckt. „Das lassen wir uns nicht entgehen."

Im Moment war mir absolut nicht klar, worauf ich mich da eingelassen hatte, aber noch blieb ja Zeit. Jedenfalls suchte ich möglichst rasch das Gesprächsthema zu wechseln, vielleicht fand sich doch noch etwas Intimeres.

Gesichtsgedächtnis

„Sag mal", begann ich vorsichtig, „woher wusstest du damals im Tanzsaal eigentlich so genau, wer der Typ vom Dorfplatz ist, der dir den Brief zugesteckt hat. Wir haben uns ja nur ganz kurz gesehen?"

„Wie du siehst, hat das gereicht. Aber eigentlich habe ich dich an der Figur erkannt. Ziemlich groß, etwas unterernährt und leichte O-Beine."

„Das kannst du doch unmöglich mitbekommen haben", meinte ich leicht indigniert.

Da sollte ich mich allerdings täuschen. Gleich am darauf folgenden Nachmittag waren Yvonne und Judith ins Schwimmbad gegangen. Es gab schönes Wetter und sie vermuteten richtig, dass auch Johnny und ich dort sein würden. Vor dem abendlichen Rendezvous wollten sie sich die beiden Typen doch noch einmal genauer ansehen, die raffinierten Luder.

„Wir saßen oben auf der Terrasse und haben Kaffee getrunken, ihr konntet uns nicht sehen. Johnny haben wir an seiner langen, blonden Mähne sofort erkannt, und du warst eben der andere. Der mit der schicken, blau karierten Badehose."

Meine Verblüffung war mir wohl deutlich anzusehen.

„Also, eigentlich habe ich noch vor unserem Treffen alles von dir gesehen. Na ja, bis auf eine Kleinigkeit …", kicherte Yvonne schamlos. „… und das Gesicht habe ich mir natürlich auch gemerkt", fügte sie hinzu, und ihr Lachen wurde wieder einmal haltlos.

„Na, dann hatte ich aber ein Riesenglück, dass du mit dem O-beinigen Gerippe trotzdem getanzt hast", versuchte ich mich in Selbstironie. „Okay, dann werde ich halt versuchen, noch ein wenig Fleisch auf die Rippen zu bekommen."

Kleiner Junge, guter Freund

Nach dem dritten gehäuften Fleischteller traf mich dann allerdings Yvonnes prüfender Blick, und sie stellte eine Frage, die ich nach dem vergnüglich-romantischen Abend so nicht hören wollte: „Na, ist mein Junge jetzt satt geworden?"

„Sag nicht immer ‚mein Junge', ich bin nicht dein Junge, ich bin – hoffentlich – dein Freund."

„Ja klar bist du das. Aber irgendwie habe ich das Gefühl, dass man immer ein wenig auf dich aufpassen muss wie auf einen kleinen Jungen – damit du keinen Unsinn machst."

„War es etwa ein Unsinn, zusammen essen zu gehen? Ich habe mich vielleicht anfangs dumm angestellt, aber dann fand ich es wunderbar."

„Ich fand's auch wunderbar – du bist echt ein guter und lieber Freund."

Der kleine Junge, der immer Unsinn macht. Dieser Ruf haftete mir seit frühester Schulzeit an und anscheinend wurde ich ihn nicht mehr los. Noch vor meinem 6. Geburtstag war ich in die Volkschule geschickt worden. Die komödiantische Begabung übertraf die schulische deutlich, und so fand ich mich häufig abgesondert in einer Ecke der Klasse, wo ich die anderen nicht ablenken konnte.

Auf dem Gymnasium wurde ich dann von älteren und reiferen Mitschülern als Pausenclown engagiert, der Witze zu erzählen, Tricks vorzuführen oder Lehrer zu parodieren hatte. Während Schulkollegen schon Wert auf ein männliches Erscheinungsbild mit entsprechender Kleidung und Frisur legten, war ich noch am liebsten in kurzer Lederhose und kariertem Flanellhemd unterwegs.

Meine als „Stoppelglatze" belächelte Igelfrisur machte mich auch nicht gerade älter und trug mir den Spitznamen „Mecki" ein. Offenbar erinnerte mein Aussehen frappant an die gleichnamige Comicfigur, die dann später als Steiff-Igel zu einem beliebten Plüschtier wurde.

So war ich zwar in der Mädchenwelt gern gesehen, blieb aber noch lange so etwas, wie ein lustiges Spielzeug. Was sonst sollte man auch von jemandem erwarten, der als „Mecki" vorgestellt wurde.

Der Bubenstreich mit dem Brief in der Kapuze, die haltlosen Blödeleien mit der haltlosen Badehose im Schwimmbad, das komische Gefuchtel im Tanzsaal beim ersten Kennenlernen, das alles machte offenbar auch Yvonne unsicher, was bei mir aus Spaß und was aus Zuneigung geschah. Wenn sie mich jetzt einen „guten und lieben Freund" nannte, so war sie sich darüber wahrscheinlich selbst nicht im Klaren. Irgendwie war es mir bislang immer noch nicht gelungen, ihr ernsthaft zu zeigen, dass sie mir wirklich wichtig war.

Jetzt, ... aber wie?

Aber genau das sollte sich ab sofort ändern. Den Heimweg hatte ich zuvor ganz genau geplant. Die entscheidende Frage war: Wo sollte es passieren? Es durfte keineswegs vorbereitet wirken, nein, ganz spontan, ein plötzlicher, leidenschaftlicher Ausbruch. Wir waren doch schon ganz knapp dran, jetzt aber war es Zeit für den letzten Schritt. Die Scheune, so dachte ich, wäre natürlich ein guter Platz. Aber da müssten wir am Mädcheninternat vorbei, und da will sie ganz bestimmt nicht mit mir zusammen gesehen werden. Die Waldbank käme auch infrage, die ist um diese Zeit aber sicher besetzt. Der Grillplatz ist einfach zu weit weg, da merkt sie die Absicht schon lange vorher … Aber gleich hinter der Raclette-Stube liegt gibt es doch das kleine verschwiegene Gärtchen, da müssten wir nur den Hinterausgang nehmen.

Es war wirklich schwierig, den richtigen Platz für den ersten Kuss auszusuchen. Irgendwie fand ich die Scheune dann doch am romantischsten. Dort, wo es schon einmal fast und einmal gar nicht passiert war. Der Plan stand also fest, jetzt musste nur noch die Ausführung gelingen. Schwer genug, wenn man es noch nie getan hat.

Wie sollte ich es angehen? Liebevoll zart oder stürmisch? Sie ganz umfassen oder nur ihren Kopf? Die Nasen sollten jedenfalls nicht zusammenstoßen, das wirkt lächerlich. Die müssen gleich auf die richtige Seite. Und die Zunge, die darf auch nicht gleich raus, erst wenn sonst alles passt.

Bei den Kinohelden wie Clark Gable oder Humphrey Bogart sah das immer so perfekt aus. Da waren aber auch professionelle Herzensbrecher am Werk, die vorher sicher lange geübt haben. Diese Chance hatte ich wohl nicht. Es war das erste Mal und es musste beim ersten Versuch gelingen. Aber sie hat da sicher schon mehr Erfahrung, so schwer wird sie es mir hoffentlich nicht machen …

Ganz wichtig ist frischer Atem, denke ich, und greife zum Doublemint. Die unaufdringliche Duftnote „Sir" von 4711 hat sich bereits entfaltet, auch die Pomade hält noch im sorgfältig frisierten Haar.

Fest entschlossen und bestens vorbereitet trete ich also nach dem wunderbar verspielt-romantischen Abend in der Raclette-Stube den Heimweg mit Yvonne an. Wir schlendern die Dorfstraße entlang, kommen am Tennisplatz vorbei und nähern uns dann ganz langsam dem Mädcheninternat.

„Noch Lust auf einen kleinen Spaziergang?"

„Es ist spät geworden, wir sollten eigentlich schon zurück sein."

„Nur noch ein kleiner Umweg!"

„Was hast du vor?"

Ich antworte nicht, wir bleiben stehen und Yvonne blickt mich an. Und dieser Blick sagt ganz einfach mehr als „Tschüss, mein Junge!". So unerfahren konnte man gar nicht sein, um das nicht zu verstehen. Ich werfe alle Pläne über den Haufen und mitten auf der Straße küsse ich sie – mitten auf den Mund. Ganz einfach so. Wie ich halt glaube, dass man es macht.

Danach bin ich auf alles gefasst: auf eine Ohrfeige, auf gespielte oder echte Empörung. Sie hätte natürlich auch, wie eine Dame mit Stil, einfach bewusstlos werden können. Nichts von alldem geschieht. Sie erwidert den Kuss, kurz, aber mit Nachdruck, und diesmal glaube ich es ihr sogar, als sie flüstert:

„Du kannst einen wirklich, ganz schön nervös machen."

Der Umweg über die Scheune entfällt. Dafür erhalte ich als Draufgabe noch ein kurzes Küsschen auf die Wange. Dann setzt Yvonne zum Lauf an und winkt mir noch einmal zu, bevor sie hinter der mächtigen Holztür des Mädcheninternats verschwindet.

Mit völlig wirren Gedanken und Fantasien irre ich noch eine Weile durch die Gegend, bis auch ich den Weg zurück ins Internat finde.

Vor dem Schlafengehen, im Waschraum, blicke ich in den Spiegel und sehe einen routinierten Liebhaber. Einen, dem die jungen Mädchen einfach nicht widerstehen können – selbst auf der Straße nicht.

Einer, der weiß, was Frauen wollen, der nicht nur mit seinem Aussehen, sondern auch mit seinem Witz und Charme jede bekommen kann – oder vielleicht auch nur die eine, die ihn gerade geküsst hat. Ja, es ist wirklich wahr, auch im Spiegel ist er noch zu sehen, der Kuss auf die Wange. Natürlich entferne ich ihn nicht, und rasieren werde ich mich auch nicht. Alle sollen ihn sehen – morgen beim Frühstück …

Anbandln

An schönen Nachmittagen glich das Schwimmbad einem Massenlager von Sonne und Kontakt suchenden Jugendlichen. Die fehlende Aufsicht und die Aussicht, neue Bekanntschaften anzuknüpfen, trieb Internatsinsassen beiderlei Geschlechts in Scharen auf die große Liegewiese. So war auch ich an diesem Samstagnachmittag ziemlich sicher, Yvonne wiederzusehen.

Wir waren uns an diesem denkwürdigen Abend in der Raclette-Stube doch einen entscheidenden Schritt nähergekommen, und ich überlegte schon aufgeregt, wie wir uns diesmal begrüßen würden. Doch beendete ich derartige Überlegungen sofort, als ich die überfüllte Wiese betrat. Hier war es schon sichtbar zur Rudelbildung gekommen. Mehrere

Pritschen waren dicht mit Mädchen besetzt, die keinerlei Bereitschaft zeigten, Neuankömmlingen Platz zu machen. Eine davon hatte Yvonne mit einer Freundin belegt. Mehrere männliche Rudel hatten rundherum Stellung bezogen und warteten auf eine Gelegenheit, Beute zu machen. Die Frage, wie ich Yvonne begrüßen sollte, erübrigte sich daher vorläufig.

Irgendwie erinnerte mich das Bild an eine Schafherde, die ganz dicht beisammen bleibt, um den streunenden Wölfen keine Angriffsmöglichkeit zu bieten. Auf welcher Seite in Wirklichkeit die Schafe zu finden waren, sollte sich aber wohl erst zeigen. Ich ordnete mich vorerst in ein kleineres Rudel ein, das aus zwei gehemmt wirkenden Deutschschweizern und zwei auffällig Gitane rauchenden südländischen Typen bestand. Der Platz am oberen Ende der Wiese war günstig, man konnte die Mädchengruppe gut überblicken.

Die Umlagerten gaben sich vordergründig gelassen und uninteressiert. Sie widmeten sich, von wenigen Seitenblicken abgesehen, angeregter Unterhaltung oder aufmerksamer Lektüre, färbten sorgfältig ihre Fußnägel oder schrieben Briefe in die Heimat. Die Burschen hingegen hatten ihre Jagdstrategie darauf angelegt, die eine oder andere von der Herde abzusondern. So wurde zum Beispiel ein Kofferradio in Position gebracht, und mit heißen Songs versucht, Beute anzulocken.

Zeigte ein Mädchen Wirkung und ließ sich sichtbar vom Rhythmus anstecken, so war dies schon der halbe Erfolg. Der Knabe näherte sich samt Radio im gleichen Takt und schon saßen die beiden Rock-Begeisterten zuckend und swingend nebeneinander.

Mutige Typen wagten auch den direkten Beschuss. Dazu eignete sich zum Beispiel ein Ballspiel, das von zwei Jägern

Buben und Mädchen der École nouvelle im Schwimmbad (2011)

scheinbar zufällig immer näher zum Angriffsziel verlagert wurde.

Landete der Ball dann endlich auf dem auserwählten Opfer, verband man die charmante Entschuldigung gleich mit der Einladung, doch mitzuspielen. War das geschafft, hatte man bald viel Spaß miteinander – auch ohne Ball.

Dem Angreifer mit intellektuellem Anspruch waren solch plumpe Methoden natürlich fremd. Er jagte auf höherem Niveau. Nicht etwa jene Mädchen, die in Comic- oder Bravo-Heften blätterten, waren sein Ziel. Nein, es war die anspruchsvolle Zeitliteratur der 60er- Jahre, die ihn anzog. Fanden sich zum Beispiel Heinrich Bölls „Ansichten eines Clowns" auf dem Badetuch oder hielt sich die sonnenbebrillte Leserin deutlich sichtbar die „Blechtrommel" von Günter Grass über den Kopf, ließ sich mit Äußerungen wie „Ist ja großartig geschrieben, nicht? Hab ich auch schon gelesen!" mit hoher Wahrscheinlichkeit ein Treffer landen. Auch wenn dann die folgende Annäherung auf der Pritsche von einer geistigen immer mehr zu einer körperlichen wurde, die Beute war mit Stil gestellt worden.

Auch die bewährte Methode der Köderung mit Futter war zu beobachten. So hatte sich ein wohlgenährter junger

Jäger mit einer wohlgefüllten Tüte Pommes ins Mädchen-Revier begeben. Der intensive Frittier-Geruch, den er über die zwei mäßig schlanken Badenixen streichen ließ, sorgte auch bald für Unruhe. Beide setzten sich auf und schnupperten in Richtung Tüte. Dann fasste sich die eine mit einem leichten Seufzer an den Magen und zeigte deutlich ihre Bereitschaft zur Nahrungsaufnahme. Das war der Moment, in dem sich das Jagdglück entschied: „Wollt ihr mal kosten, ganz warm und frisch?" Die beiden griffen nach kurzem Zögern zu, und die Falle war zugeschnappt. Während des gemeinsamen Verzehrs dieser und einer weiteren Portion konnte man sich ganz entspannt näher kennenlernen.

Natürlich überlegte auch ich, wie ich näher an Yvonne herankommen könnte, und umrundete die Pritsche, die sie mit ihrer hellblonden Freundin teilte, mehrmals. Sie lag, scheinbar schlafend, auf dem Bauch, vollständig mit einem Badetuch bedeckt. Nach einiger Zeit bemerkte sie mich durch die halb geöffneten Augen, doch die Begrüßung fiel nicht ganz so aus, wie ich erhofft hatte.

„Salut Christian, comment ça va?"

„Allô, bienvenue!", fügte ihre Freundin hinzu.

„Ca va bien. Tout est en ordre", entgegnete ich ebenso förmlich.

„Voici Hélène, elle est Hollandaise", stellte mir Yvonne ihre Begleitung vor.

Ich versuchte, erfreut zu lächeln und abzuschätzen, ob ich mit meinem großen Badetuch neben der Pritsche noch Platz finden würde.

„Komm nur, Platz ist genug", hörte ich Yvonne. Zu meiner Freude folgte dazu noch eine einladende Handbewegung.

Spontan musste ich einen urigen, im Wiener Gänsehäufel aufgeschnappten Spruch loswerden:

„Plåtz wa gnua, åba d'Leid schåun zua."

Die folgende Übersetzung in verständliches Deutsch befremdete die Mädchen dann etwas.

„Was meinst du damit? Wer sieht uns zu?", gab sich Yvonne erstaunt.

Mein Wiener Schmäh war sichtlich nicht angekommen.

Natürlich wollte ich Yvonne für mich allein haben, aber Hélène machte keinerlei Anstalten, sich zurückzuziehen. Nach kurzer angestrengter Französisch-Konversation teilten mir die Mädchen mit, jetzt in Ruhe die Sonne genießen zu wollen – irgendwie schien das nicht mein Tag zu sein.

Doch dann streifte Yvonne das Badetuch zur Seite, saß da in ihrem knappen roten Bikini, und alles war wieder anders. Sie griff zur Sonnencreme und begann, diese langsam auf ihrem schon leicht gebräunten Körper zu verteilen. Arme, Beine, Bauch und Gesicht waren schon eingecremt, und ich witterte eine Chance. Der Rücken! Ein schöner Rücken kann auch entzücken ...

Ich frage sie jetzt, ob ich ihr…

„Hélène, mon dos, s'il te plait!", höre ich enttäuscht.

Verdammt, zu spät. Es ist die Freundin, der Yvonne die Creme reicht, die doch ich so gerne auf ihrem Rücken – oder wer weiß wo noch – verteilt hätte. Anscheinend zählte ich an diesem Nachmittag wirklich nicht zu den erfolgreichen Jägern auf der Badewiese von Champéry. Yvonne bemerkte meine Enttäuschung, schien sich darüber aber lediglich zu amüsieren.

Ich sinne nach Revanche. Die Chance dazu ergibt sich, als Yvonne nach ausgiebigem Sonnenbad den Pool ansteuert.

Vorsichtig nähert sie sich dem ziemlich kühlen Nass, taucht prüfend die Zehen ein und bleibt eine Zeit lang unentschlossen am Beckenrand stehen. Ich nähere mich unbemerkt, genieße kurz ihre Rückansicht und spreche sie dann unvermittelt von hinten an: „Kann ich dir vielleicht behilflich sein?", frage ich drohend.

Yvonne fährt erschrocken herum und macht eine abwehrende Handbewegung. „Wehe, ich warne dich!"

„Wir haben uns noch gar nicht richtig begrüßt", bemerke ich grinsend und hole zu einer Umarmung aus.

Bei dem Versuch, dieser zu entgehen, droht Yvonne das Gleichgewicht zu verlieren. Ich helfe mit einem kleinen Schubs nach und sehe sie mit ziemlich kaltem Lächeln im Wasser verschwinden. Als sie wieder auftaucht, bin ich wieder ganz Kavalier und strecke den Arm aus, um ihr aus dem Becken zu helfen. Sie ergreift ihn auch sofort, aber nicht, um sich hochzuziehen, sondern um mich ins Wasser zu befördern. Bereitwillig gebe ich nach und lasse mich klatschend neben sie fallen.

„Verdammter Bengel! Du weißt doch gar nicht, ob ich schwimmen kann!"

„Um dich zu retten, würde ich doch alles machen … sogar Mund-zu-Mund-Beatmung."

„Trau dich das ja nicht", sagt sie warnend, während sie sich die nassen Haare aus dem Gesicht streicht.

„Trau dich nur!", signalisieren mir aber ihre Lippen, und ich zögere nicht lange, mir endlich das Begrüßungsküsschen abzuholen. Mit ausgelassenem Plantschen und harmlosen Wasserspielchen vergnügen wir uns im Pool, bis Yvonne wieder zu ihrer etwas pikiert dreinblickenden Freundin Hélène zurückkehrt.

Es dauerte lange an diesem Nachmittag, bis sich die große Wiese wieder gelehrt und auch Hélène sich verabschiedet hatte. Wir blieben bis zum Badeschluss und konnten letztlich noch eine schöne, halbwegs ungestörte Zeit miteinander verbringen.

Imponiergehabe

Was den Aufenthalt in Champéry immer wieder interessant machte, war das Studium des Balzverhaltens der heranwachsenden jungen Männer. Dies war im Schwimmbad natürlich besonders gut zu beobachten. Sobald ein geschlechtsreif scheinendes weibliches Wesen in Sichtweite war, liefen je nach geistiger und körperlicher Reife die verschiedensten Rituale ab.

Wer meinte, über herausragende athletische Fähigkeiten zu verfügen, nahm nicht etwa die Leiter zum Sprungbrett, sondern schnellte aus dem Wasser, erfasste das Brett von unten, machte einige Klimmzüge und wuchtete sich dann mit kraftvollem Felgaufschwung empor.

Als besondere Mutprobe galt es, unter den bangen Blicken der Damenwelt das ungesicherte Gerüst des Sprungturms hochzuklettern, um sich dann kurz vor dem Pfiff des Bademeisters in halsbrecherischer Weise in die Tiefe zu stürzen. Weniger Wagemutige demonstrierten virile Stärke mit einem Kurzprogramm im Bodenturnen oder ein paar Längen Schmetterlingsschwimmen.

Seltener anzutreffen, aber umso interessanter war der Verbalkünstler. Je mehr weibliche Zuhörer an seinen Lippen hingen, umso länger wurden seine, in brillanter Rhetorik vorgetragenen Monologe, deren einziger Inhalt allerdings die Selbstdarstellung blieb. Er wusste alles, konnte alles, hatte schon alles erlebt. Wie beiläufig ließ er ständig neue, prominente Namen fallen, verblüffte mit Verbindungen zu einflussreichen Leuten und begegnete jedem Zweifel an seinen überzeugend vorgetragenen Ansichten mit bestechender Logik. Überraschenderweise war er aber doch nicht immer so erfolgreich, wie man annehmen sollte, und ließ oft mehr Skepsis als Bewunderung zurück.

Rednerisch weniger Begabte ließen betont männliches Auftreten und Statussymbole für sich sprechen. Das effektvoll abgestreifte und lässig zu Boden geworfene Fred-Perry-Poloshirt mit aufgenähtem Lorbeerkranz sprach für Sportlichkeit und maskuline Selbstsicherheit. Die in der Badehose eingeklemmte Schachtel Marlboro stand, der damaligen Werbung entsprechend, für das männlich-harte Cowboy-Image ihres Trägers. Im Gegensatz dazu wies der mitgeführte Kamm seinen Besitzer als zivilisierten und gepflegten Menschen aus, der auch im Bad auf sein Äußeres achtet.

Wer von alldem nichts zu bieten hatte, suchte durch nicht normgerechtes Verhalten auf sich aufmerksam zu machen. Die achtlos auf die Wiese geworfene Bierdose oder brennende Zigarette, der mutwillig umgestoßene Abfalleimer, die grölend laute Unterhaltung mit Gleichgesinnten und die konsequente Missachtung aller Baderegeln sollte auf eigenwillige und unangepasste Typen neugierig machen.

Weniger leicht zu interpretieren schienen die Signale, die von den Mädchen ausgingen. Wenn manche von ihnen in schalbreiten Miniröcken, fast durchsichtigen Blusen und hohen Riemchenschuhen ins Bad wippten, bedurfte es nicht viel Fantasie, die damit verbundene Absicht auszumachen. Doch die wenigsten machten es dem Betrachter so leicht. Die meisten wählten subtilere und raffiniertere Methoden der Aufmerksamkeitserregung.

Der wiederholte, kurze Augenaufschlag in Richtung des anvisierten Bewerbers, das kecke Zurückwerfen der Haare oder die Strähne, die immer wieder um den Finger gewickelt wird, sollten die Bereitschaft zur Kontaktaufnahme zeigen. Auch das leicht nervöse Gefummel am Badeanzug diente wohl nicht nur dazu, den einwandfreien Sitz zu überprüfen. Wenn dann noch ein reizvoll wippendes Bein auf das gewünschte Ziel zeigte, war dies auch für den wenig erfahrenen Anbandler ein ermutigendes Signal.

Reichte dies alles nicht aus, wurden mitunter auch aggressivere Methoden angewandt, wie zum Beispiel das sinnliche Befeuchten der Lippen oder die leicht laszive Selbstberührung an Armen und Beinen.

Wie auch immer, das Schwimmbad in Champéry war eine hervorragende Schule, um die vielfältigen, oft auch unergründlichen Formen weiblicher Verlockung besser kennen- und deuten zu lernen.

Feuer und Flamme

„Jetzt passt mal auf, wie man in der Wildnis überlebt", posaunte Johnny, der vom Grillen ebenso wenig Ahnung hatte wie ich. Der abgelegene Platz am Fluss, rundherum von Wald umgeben, und das Felsgebirge im Hintergrund vermitteln tatsächlich Wildwest-Romantik pur. Durchaus stilgemäß auch unsere Kleidung. In engen Jeans, karierten Flanellhemden und Cowboy-Tüchern um den Hals steuern wir den mit rußigen Steinen eingefassten Grillplatz an. Lediglich die Lederstiefel mit Fransen hatten wir durch Sportschuhe mit drei Streifen ersetzen müssen.

Meine großspurige Ansage in der Raclette-Stube war nicht ohne Folgen geblieben. Niemals hätte ich gedacht, dass

Yvonne und Judith tatsächlich bereit wären, mit uns gemeinsam der Internatsküche zu entfliehen, um draußen in der wilden Natur des Val d'Illez selbst für Nahrung zu sorgen. Aber jetzt blieb nichts anderes übrig, als die Sache durchzuziehen.

Glücklicherweise hatte sich Johnny gleich bereit erklärt, mitzumachen. Er sah offenbar wieder einmal eine Chance, sein großes Show-Talent zu zeigen.

Nur kleine Zugeständnisse an Technik und Zivilisation waren dabei. Ein Feuerzeug, das Metallgitter eines ausrangierten Grillers aus dem Internatskeller, ein paar alte Zeitungen und eine Packung Papierteller. Zugegeben, das Grillgut hatten wir auch nicht mit der Flinte, sondern mit einem 5-Franken-Schein in der Boucherie beschafft. Auch Senf, Ketchup, Baguette und Bier wurden zugekauft.

Aber sonst hätte die Szene durchaus auch am „Rio Bravo" spielen können, an dem John Wayne gerade so erfolgreich auf Gangsterjagd war. Yvonnes Sorge galt eher der Waldbrandgefahr. Sie füllte die mitgebrachte Trinkflasche mit Flusswasser und stellte sie vorsorglich neben die Feuerstelle.

„Okay", übernahm Johnny sofort das Kommando, „dann sammelt mal Äste, aber trocken und nicht zu groß." Eine Aufgabe, die am umliegenden, eher feuchten Waldboden nicht ganz einfach war. Dann entdeckten wir aber einen Stapel mit handlichen Holzscheiten am Rande einer Forststraße und im Nu war das nötige Brennmaterial herbeigeschafft.

Naturnah zu leben hatte damals noch eine andere Bedeutung. Nicht der Umwelt, über die man sich noch wenig Gedanken machte, galt das Interesse, sondern neuen Erfahrungen und Erlebnissen, wie man sie als Stadtkind eben noch nicht kannte. Im Pfandfinderlager zu zelten, vom Ruderboot aus zu fischen oder im Wald Räuber und Gendarm zu spielen war auch ohne großen Geld- und Energieaufwand Erlebnisurlaub genug.

Trotz perfekter Vorbereitung wurde das Naturerlebnis am Grillplatz allerdings von kleinen Pannen beeinträchtigt, vor denen Großstadt-Rangers wie wir nun einmal nicht gefeit waren. Die Frage der Zubereitung der berühmten Schweizer Kalbsbratwürste erübrigte sich vorläufig. Das Unglück nahm seinen Lauf, als ich versuchte, die Bierflaschen mit einem spitzen Stein zu öffnen. Das Fehlen des Schweizer Messers, auf dessen Kauf ich verzichtet hatte, sollte sich wieder einmal rächen. Beim dritten Versuch entglitt mir die Flasche, zerbrach und ihr Inhalt ergoss sich über das bereitliegende Feuerzeug.

„Ooaaeujeeh", lautete Johnnys treffender Kommentar.

„Kann man die Dinger auch kalt essen?", stichelte Judith.

„Unsere Cowboys wollen uns verhungern lassen", fügte Yvonne dann noch neckisch hinzu.

Um meinen blutenden linken Zeigefinger kümmerte sich keiner, aber gerade der brachte mich noch rechtzeitig auf den rettenden Gedanken. In der Seitentasche meines Rucksackes waren nicht nur Verbandstoff und Pflaster, die das Überleben in der Wildnis sichern sollten, auch eine winzige Schachtel Zünder fand sich im Notfallpäckchen. Es war das Werbegeschenk einer Friedhofsgärtnerei, was aber der aufkommenden Jubelstimmung keinen Abbruch tat.

Nun hieß es, voll konzentriert zu bleiben und mit den wenigen Streichhölzern sorgsam umzugehen.

Nach Prüfung der Windrichtung stellten wir uns alle schützend um den Feuerplatz und starrten gebannt auf das kleine Flämmchen, das am Zeitungspapier hochzüngelte, um schließlich den ersten dünnen Holzscheit zu erreichen. Wir wagten kaum zu atmen, bis sich das Holz unter immer lauterem Knistern zuerst schwarz und dann rot färbte, um sich schließlich voll zu entzünden. Danach tanzten wir um das Feuer herum, als wären wir die ersten Menschen, die es sich nutzbar gemacht hatten.

Nun legte Johnny vorsichtig das Grillgitter auf die den Feuerplatz kreisförmig umgebenden Steine und ich packte unverzüglich die Kalbsbratwürste aus.

Die Flammen schlugen mittlerweile immer höher. Alle hielten schon ihre mit Senf und Ketchup dekorierten Papierteller bereit, als wir die weißen Würste in gebotener Eile aufs Gitter fallen ließen. Doch diese verfärbten sich in kürzester Zeit als Folge eines kapitalen Grillfehlers zuerst dunkelbraun und dann schwarz. Woher sollten wir auch wissen, dass Würste nicht über der offenen Flamme, sondern nur über der glimmenden Glut zu braten sind?

Schüler der École nouvelle beim Grill-wettbewerb 2011

Yvonne war schon im Begriff, die nebenstehende Trinkflasche über die Feuerstelle zu leeren, doch konnte ich sie davon gerade noch abhalten.

„Jetzt seid mal nicht so ungeduldig, wir machen das auch nicht jeden Tag. Wenn wir die verbrannte Haut abziehen, kann man die sicher noch essen."

Mein Vorschlag fand keine Zustimmung. Judith bohrte ein Loch ins Baguette und füllte es mit Ketchup.

„He, was machst du da?", wollte Johnny wissen.

„Siehst du doch: ein Hot-dog. Nur halt nicht hot und ohne dog …"

Als Yvonne ihrem Beispiel folgte, mussten wir uns eingestehen: Der erste Grill-Versuch war wohl endgültig gescheitert.

Nun war der Abend damit aber keinesfalls gelaufen. Die Grill-Panne sorgte noch lange Zeit für fröhliche Ausgelassenheit, wenn auch die Romantik ein wenig auf der Strecke blieb. Mit liebenswerter Boshaftigkeit machten sich die Mädchen immer wieder über uns lustig. Immerhin hatten wir eine Art Western-Parodie geliefert, wie es Lucky Luke wohl kaum besser gekonnt hätte.

Späte Erkenntnisse

Die fünfte Woche in Champéry neigte sich dem Ende zu, und das bedeutete, dass die Abreise von Alex und Johnny bevorstand, die ja schon früher gekommen waren. Längst war Johnnys Ausgangssperre wieder aufgehoben worden, die spitzen und kritischen Töne wegen seiner ständigen Nähe zu Judith wieder verstummt. Die Aufnahme-Madame mischte sich kaum mehr ein.

Auch Lucie sah man immer wieder freundlich mit den beiden plaudern. Sie war von uns nach dem Nebel-Rendezvous sicher falsch eingeschätzt worden. Weder war sie eine Spielverderberin noch ein Moralapostel, sondern einfach für die Sicherheit der Mädchen verantwortlich.

Und natürlich missfiel es ihr, wenn sich einige wenige der ihr Anvertrauten mit den Nachbar-Knaben herumtrieben und denen ein schlechtes Beispiel gaben, die sich sittsam an die Internatsgebräuche hielten. Die Konflikte, die sich daraus ergaben, suchte sie aber immer mit Verständnis, manchmal sogar mit Humor zu lösen. So fand ich rückblickend unser erstes völlig unerwartetes Zusammentreffen an jenem Abend vor der Scheune keineswegs mehr so erschreckend oder peinlich wie damals. Inzwischen konnte wohl nicht nur Lucie, sondern auch Johnny und ich herzlich darüber lachen. Das leicht grimmige Gesicht, die energische, laute Sprache und die wallkürenhafte Figur ließen sie hart, unnachgiebig und gebieterisch erscheinen, lernte man sie jedoch näher kennen, merkte man, dass sie durchaus auch Spaß verstand. Und schließlich war es ja auch eine spaßige Idee, wie sie uns die Grenzen unseres romantischen Liebeswerbens damals aufgezeigt hat.

Eine lebhafte Schar 12- bis 18-jähriger Mädchen zusammenzuhalten, die das erste Mal Ferien ohne Eltern machten, war sicher eine mühe- und verantwortungsvolle Aufgabe. Nicht auszudenken, wäre mit den Mädchen wirklich „etwas passiert". Die Möglichkeiten, ungewollte Schwangerschaften zu verhindern, waren Anfang der 60er-Jahre noch gering, die Aufklärung darüber mangelhaft. Selbstverständlich war Schwangerschaftsabbruch verboten, ja sogar mit Haftstrafe bedroht. Somit erfolgte dieser meist heimlich und unter lebensgefährlichen Bedingungen.

Es soll auch vorgekommen sein, dass schwangere Mädchen der Schule verwiesen wurden.

War ein Kind unterwegs, verlangte die gesellschaftliche Moral die rechtzeitige Heirat. Die Zahl der Frühehen, bei denen noch die Eltern das Einverständnis zur Heirat geben mussten, lag in den 60er-Jahren noch sehr hoch. Glaubwürdigen Schätzungen nach war fast die Hälfte dieser jungen Bräute „in anderen Umständen", wie man die Schwangerschaft damals nannte.

So gesehen waren die Aufseherinnen im Mädcheninternat sicher nicht zu beneiden und erwarteten natürlich auch von ihren männlichen Kollegen, bei den Burschen gleiche Strenge walten zu lassen. Die vorsichtige, besorgte Lucie und der freizügige, eher unbekümmerte Thimoté hatten trotz persönlicher Freundschaft in dieser Hinsicht sicher so manche heftige Diskussion.

Ein verhängnisvoller Fehler

Thimothé war es auch, der bei jedem zu Ende gehenden Kurs die Abschiedsfeier organisierte.

Meist fanden diese am frühen Freitagabend in der Raclette-Stube satt. Obwohl ich noch nicht „dran" war, wollte ich zusammen mit Alex und Johnny daran teilnehmen.

„Eine wirklich heiße Party wird das nicht", schränkte Alex beim Frühstück ein, der solch eine ja schon einmal erlebt hatte. „Vielleicht lässt der Direktor ein Bier durchgehen und dazu gibt's dann ein Stück Quiche. Dann kommt seine stinkfade Ansprache und die Verteilung der Erinnerungsurkunden und Sportpokale. Geehrt werden die Sieger des Tennisturniers, des Schachwettkampfes und der Minigolf-Trophy. Danach darf jeder sagen, was ihm in Champéry gefallen hat und was nicht. Die Sau rauszulassen würd' ich aber nicht empfehlen", warnte Alex. „Das dicke Ende kommt ja noch. Über jeden Schüler hatte der Direktor noch eine abschließende Beurteilung verfasst. Die allerdings erhielt man nicht ausgehändigt wie ein Schulzeugnis, nein, die ging als Brief an die Eltern. Jedenfalls war das im Vorjahr so …", erinnerte sich Alex, hielt dann plötzlich erschreckt inne und griff sich mit beiden Händen an den Kopf: „Verdammter Mist!"

„Was ist los, was ist passiert?", fragte ich beunruhigt.

„Das Foto, das verdammte Foto mit allen Schülern drauf! Das war ja auch dabei bei dem Brief, den alle Eltern erhalten haben. Heuer wird das sicher nicht anders sein, die Erinnerungsfotos werden mitgeschickt. Wie konnten wir nur so saublöd sein!"

Wir starrten einander an, wussten nicht, ob wir lachen oder heulen sollten. Daran hatte nun wirklich keiner gedacht. Erst waren wir sorgsam bemüht, die gemeinsamen Ferien hier in Champéry zu verheimlichen, um uns dann zusammen auf ein Foto zu stellen, das den Eltern geschickt wird.

Doch daran ließ sich jetzt wohl nichts mehr ändern. Für alle, die den Kurs beendet hatten, waren Briefe und Fotos schon unterwegs, wie unsere Nachfrage bei Thimothé ergeben hatte.

Irgendwie hatte ich die ganze Zeit ein flaues Gefühl. Aber jetzt, so knapp vor dem Ende, wo alles schon gut gegangen schien, müssen wir auf so einen blöden Fehler draufkommen – ich hätte mich in den Hintern beißen können.

Aber gleich wurde mir auch klar: Du musst sofort alles den Eltern beichten, noch bevor sie Brief und Foto erhalten. Ein schweres Telefonat stand mir also bevor, aber ich wollte es so schnell wie möglich hinter mich bringen.

Die liebe Mutter war zunächst nur an meinem Befinden und meiner guten, gesunden Rückkehr interessiert. Die Frohbotschaft, dass ich hier letztlich doch sehr schöne Wochen verbracht hatte, nahm sie dann aber sehr verhalten entgegen.

„Du hättest uns sagen müssen, dass Alex auch da ist."

„Wollte ich ja gerade, aber ..." Mehr brachte ich vor Schreck nicht hervor.

„Das war nicht ehrlich, auch dein Vater ist ziemlich erbost."

„Klar, kann ich verstehen, aber woher wisst ihr ..."

„Statt Sprachreise Vergnügungsreise, so war das nicht ausgemacht."

Angestrengt versuchte ich das zu widerlegen. Wir wären doch getrennt untergebracht gewesen, hätten unterschiedliche Kurse besucht und uns nur hin und wieder zum Sport getroffen. Dem Sprachstudium hätte das in keiner Weise geschadet. Überzeugen konnte ich damit natürlich nicht, meine Glaubwürdigkeit war dahin.

„Jetzt versuch halt, wenigstens in der letzten Woche das Beste draus zu machen", kam es zum Schluss dann doch etwas versöhnlicher.

Irgendwie schien sich die Mutter trotz allem zu freuen, dass ich hier eine so schöne Zeit verbracht hatte. Der erfolgs- und leistungsorientierte Vater sah Champéry aber wohl als eine glatte Fehlinvestition.

Da hatte ich wohl noch so einiges gutzumachen.

Die Frage, vom wem meine Eltern bereits vor Erhalt des Erinnerungsfotos von Alex' Anwesenheit hier in Champéry erfahren hatten, blieb vorerst unbeantwortet. Das Rätsel klärte sich erst Wochen nach meiner Rückkehr auf, als Mutters Freundin Ilse zu Besuch kam. Es war keine andere als die liebevoll bemühte, blonde Kellnerin der Raclette-Stube, deren Verhalten mich die ganze Zeit über so beschäftigt hatte. Sie war Sprachstudentin aus Wien und dort mehrere Sommer hindurch in einem Ferienjob tätig, sprach daher auch perfekt Französisch. Sie war auch die Nachhilfelehrerin von Ilses

Tochter Sylvia und offenbar Gegenstand der geheimnisvollen Telefongespräche der beiden Freundinnen kurz vor meiner Abreise nach Champéry.

Nur in mütterlichem Auftrag hatte sie ein Auge auf mich geworfen, alles andere, was ich zu ahnen glaubte, war reine Einbildung. Natürlich wusste sie einiges über meinen Aufenthalt zu berichten.

Bereits in Aigle hatte sie mich erwartet und mich nach Champéry begleitet, sich nach meiner Unterbringung im Internat erkundigt und in der Raclette-Stube meine Freunde kennengelernt. Dass Alex aber in Wirklichkeit mein bester Schulfreund war, erfuhr sie erst an einem Abend kurz vor seiner Abreise. Diesen hatte er bei Fondue mit Rosita verbracht und der freundlich nachfragenden Kellnerin ahnungslos mitgeteilt, woher wir uns eigentlich kannten.

Was sie über mich erfahren hatte, schien die Mutter aber eher zu freuen, ihr Ärger war bald verflogen. Nach Lektüre meiner abschließenden Beurteilung durch „Monsieur le directeur" hatte dann auch der Unwillen des Herrn Papa nachgelassen. Rechtzeitig war mir in der letzten Woche noch eine schulische Steigerung gelungen, und so fanden sich in der Beschreibung überraschende Worte wie „sérieux", „discipliné" und „intéressé". In der Sprache von Pädagogen hieß das vielleicht so viel wie „recht ordentlich, aber stinkfaul", auf Französisch klang es aber doch ganz passabel.

Die Wette

Noch aber wollten wir uns nicht mit den unangenehmen Fragen bei unserer Rückkehr befassen, zuvor sollte noch richtig schön Abschied gefeiert werden. Per Handschlag hatten wir am vorletzten Nachmittag im Schwimmbad mit einigen Mädchen, darunter Yvonne und Judith, eine große Fête ausgemacht. Sie sollte am Grillplatz unten am Fluss steigen.

Dabei ging es auch um eine Wette. Die Mädchen, die am selben Abend im Internat ihren offiziellen Abschiedsabend hatten, sollten sich danach davonmachen und mit uns weiterfeiern.

„Das traut ihr euch doch nie", versuchte Johnny zu provozieren.

„Um was wetten wir?", hielt Judith entgegen, die ja vor kaum einem Abenteuer zurückschreckte.

„Na, wünscht euch was …"

„Okay, du springst nackt ins Wasser, wenn wir kommen."

Johnny blickte mich hilfesuchend an, doch auch ich fand die Wette durchaus amüsant.

„Da wird es ohnehin schon finster sein", machte ich ihm Mut.

„Ja, aber die Fische, Wasserschlangen, Krebse und was weiß ich ..."

„Sind ja nur Forellen, keine Piranhas. Die beißen dir nichts ab….", legte Judith schamlos grinsend nach.

„Außerdem ist es auch viel zu kalt", versuchte Johnny eine letzte Ausflucht.

„Keine Angst, mein Junge!", entgegnete Yvonne belustigt. „Das wird 'ne flotte Sause, danach verträgst du schon 'ne Abkühlung."

In sichtbarer Vorfreude begannen die Mädchen aufmunternd zu klatschen, bis sich Johnny schließlich in sein Schicksal ergab und in die Wette einschlug: „Okay, ihr solltet hier ja auch mal 'nen richtigen Mann sehen", versuchte er das Ganze mit Galgenhumor zu sehen.

„Das macht er nie", war sich Yvonne sicher, als wir uns gemeinsam auf den Heimweg machten. Ich aber, besonders nach seiner perfekten Schminkshow im Waschraum, traute Johnny alles zu.

„Du wirst schon sehen, er macht das", versuchte ich Yvonne zu überzeugen. „Du musst unbedingt kommen. Ich hoffe aber, du kommst dann nicht nur, um Johnny nackt zu sehen, sondern auch …"

„… Na klar! Ich will natürlich auch mit dir Abschied feiern, mein Lieber. Ich werde da sein."

„Versprochen?"

„Versprochen!"

Der Blick zurück

Irgendwie fürchtete ich mich vor der letzten Woche. Nach all den Abenteuern hatte ich wenig Lust, allein ins Schwimmbad, ins Dorf-Café oder in die Raclette-Stube zu gehen. Auch den Sonntagstanz hatte ich ausgelassen. Eine wie Yvonne würde ich ja ohnehin nicht mehr finden. Es gab keinen interessanten Ausflug mehr, keine Tennispartner, keine Spaßmacher vergleichbar mit Johnny oder Judith.

Immerhin sprach ich in der letzten Woche in Ermangelung meiner Freunde ausschließlich Französisch und stellte mit Freude fest, dass dies schon recht gut gelang. Auch der letzte schriftliche Test ließ mich auf eine annehmbare Schlussbeurteilung hoffen.

Ein Erlebnis aber wollte ich unbedingt doch noch einmal wiederholen: den einmaligen Blick von Planachaux auf Champéry und die umliegende Bergwelt. Und so nutzte ich den nächsten schönen Nachmittag und stieg, wie schon zwei

Wochen zuvor, hinauf zu den weitläufigen Berghängen mit ihrer großartigen Umrahmung.

Die Wiesen waren warm und trocken. Ich setzte mich also ins duftende Gras, blickte ins Tal und konnte deutlich den Verlauf der Vièze erkennen. Von den Gletschern des Mont Ruan kommend, stürzte sie über mehrere Felsstufen zu Tal, schlängelte sich durch ein Geröllfeld, durchzog weite Almwiesen und verschwand dann in einer Schlucht.

Erst knapp unterhalb des Ortes war sie wieder zu sehen und führte deutlich erkennbar an jenem idyllischen Platz vorbei, wo ich zwei Tage zuvor einen Abend verbracht hatte, den ich wohl nie vergessen werde.

Trotz strahlenden Sonnenscheins sah ich die nächtlichen Szenen wieder vor mir, erinnerte mich an den dunklen Badesteg, das flackernde Licht am Flussufer, die letzten Stunden mit Yvonne und den anderen Freunden, verspürte noch einmal die zwischen Ausgelassenheit und Melancholie schwankende Stimmung. Ich legte mich auf den Rücken, schloss die Augen, und ließ der Erinnerung ihren Lauf …

Schwankende Stimmung

Unruhig flackerte das Feuer am Flussufer, das Bruno Zoller immer wieder mit Vorsicht und Geschick schürte. Ein US-Boy mit großem Hut hatte auf seiner Mundharmonika ganz leise einen Country-Song angestimmt, zwei weitere Amerikaner, die sich gleichfalls schon vorzeitig vor der offiziellen Abschiedsfeier gedrückt hatten, summten mit. Ins Plätschern des Wassers mischte sich der Klang aneinanderschlagender Getränkedosen, die als kühler Abschiedstrunk vorbereitet waren. Die Sichel des Mondes spendete nur wenig Licht, dafür umso mehr Lagerfeuerromantik. Der Abend war nicht gerade lau, einige vom Internat „ausgeborgte" Decken lagen bereit. Von ausgelassener Feier noch keine Spur, die Stimmung eher schwermütig.

Die Szene erinnerte mich unvermittelt an das berühmte Gedicht von August von Platen, das Generationen von Schülern im Deutschunterricht als Beispiel meisterhafter Versrhythmik auswendig zu lernen hatten: „Das Grab im Busento". Es berichtet vom Fluss-Begräbnis des Gotenkönigs Allarich, der als erster germanischer Herrscher Rom eingenommen hatte:

Nächtlich am Busento lispeln, bei Cosenza, dumpfe Lieder,
Aus den Wassern schallt es Antwort, und in Wirbeln klingt
es wieder!

Das dumpfe Rauschen des Flusses, das Dunkel des Waldes, die nächtliche Kühle legten sich irgendwie aufs Gemüt, es fiel schwer, sich auf das bevorstehende Abschiedstreffen zu freuen, zumal ja noch unsicher war, wann und ob es überhaupt stattfinden würde.

Alex war noch nicht da. Er hatte beim Tennisturnier irgendeinen Preis gewonnen und musste auf dessen Übergabe warten. Auch von den Mädchen hatte es noch keines gewagt, die Abschiedsfeier im Internat zu verlassen. Wird die ordentliche und disziplinierte Yvonne sich tatsächlich davonschleichen? Bei der flatterhaften Judith hatte ich da weniger Zweifel.

Doch wer kam überraschend als Erste? Es war Rosita. Sie hatte die längste Heimreise, war daher frühzeitig entschuldigt worden. Mitgebracht hatte sie zwei Freundinnen und ebenso viele Flaschen Tequilla. Schlagartig kam Bewegung in die ums Feuer lungernden Gestalten.

Selbst in der herrschenden Dunkelheit zog sie alle Aufmerksamkeit auf sich, die beiden Amerikaner sprangen bei ihrem Anblick sogleich auf und boten ihr Platz auf einem

Holzbrett an. Diesen wechselte sie aber sofort, als Alex kurz darauf mit einer Decke erschien und sie ihr mit einladender Geste zu Füßen legte. Wie die beiden dann im Schein des Feuers am Fluss saßen und Rosita sich an Alex' breite Schulter lehnte, meinte man wirklich, Winnetous Schwester sei gerade dabei, Old Shatterhand zu verführen.

Doch wann endlich würden die beiden kommen, auf die wir warteten? Johnny und ich wurden langsam ungeduldig. Von der Gruppe, die bei der Schwimmbad-Wette dabei war, fehlten nur noch Judith und Yvonne. Die Stimmung war inzwischen dank der kreisenden Tequilla-Flaschen fern jeglicher Melancholie, die Gesänge gewannen an Lautstärke und verloren an Romantik. Die reichliche Flüssigkeitszufuhr brachte auch die Gespräche in Fluss, und so startete auch ich mit einer von Rositas Freundinnen einen ziemlich lockeren Französisch-Dialog. Nach kurzer Zeit wurden wir aber unterbrochen.

„Alle mal hergehört – Attention mes amies!"

Es war Yvonnes Stimme. Unbemerkt war sie zusammen mit Judith aufgetaucht und stand nun im flackernden Licht am Flussufer. Was sie uns mitteilte, versetzte uns doch alle in Erstaunen.

Nach Ende des offiziellen Abschiedsfestes war sie zu Lucie gegangen und hatte ihr ganz offen gesagt, dass unten am Fluss weitergefeiert wird. Schon bald hatte Lucie das Fehlen einiger Mädchen bemerkt und war beunruhigt. Dann aber gab sie überraschend ihre Zustimmung, sofern alle bis Mitternacht wieder zurückkehren würden. Yvonne, die sie als besonnen und verlässlich schätzte, sollte darüber wachen, dass sich niemand sinnlos betrinke oder ins Wasser fiele, und notfalls Hilfe holen. Auch Thimothé wüsste Bescheid.

Die Mutprobe

Nach Yvonnes Mitteilung wurde es für kurze Zeit sehr ruhig, bis schließlich einer aus der Runde wieder zur Mundharmonika griff und passenderweise die Melodie von „Moon River" spielte. Der Song war besonders bei romantischen Naturen sehr beliebt. Audrey Hepburn hatte ihn Oskar-reif gesungen, an jenem Abend, bevor sie bei Tiffany frühstückte.

„Ich hielt das einfach für fair", erklärte Yvonne, als wir uns mit Judith und Johnny auf einer Decke zusammendrängten. „Sie hätte sich große Sorgen gemacht. Ihr helft mir doch, falls einer ausflippen sollte?"

Wir nickten zustimmend. Mir hatte der Tequilla ohnehin nicht besonders geschmeckt, ich fühlte mich noch recht klar im Kopf, und mehr als zwei Dosen Bier sollten es auch nicht werden.

„Na klar helfen wir dir", beeilte sich Johnny zu sagen. „Vor allem dürfen wir keinesfalls erlauben, dass einer ins Wasser geht."

„Außer du!", kam Judiths eiskalte Entgegnung. „Glaubst du etwa, dass wir die Wette vergessen haben?"

„So war das aber nicht ausgemacht. Ihr habt euch nicht getraut, heimlich abzuhauen", versuchte sich Johnny doch noch zu retten.

„Von ‚heimlich' war keine Rede", protestierte Yvonne. „Wir sind da, und das allein zählt."

Auch ich konnte und wollte Johnny nicht helfen, und so gab es für ihn kein Zurück mehr.

Judith hatte sich bereits erhoben, in die Hände geklatscht und verkündete nun im Stil eines Conférenciers: „Mesdames et Messieurs, Ladies and Gentlemen …"

Auch in der Dunkelheit konnte man erahnen, dass Johnny blass wurde.

„… now the greatest show, ever seen in Champéry.

Jonnny is about to perform a strip and to jump into the water – nude!"

Rhythmisches Klatschen, „Come-on"- und „Hopp-hopp"-Rufe erklangen. Bruno Zoller legte Holz nach und fachte das Feuer stärker an. Johnny ließ sich lange Zeit, schien mit sich zu kämpfen. Dann erhob er sich ganz langsam und erklomm im aufflackernden Licht vorsichtig den schmalen Steg, der zum Badeplatz führte. Das Wasser war hier ruhig und etwa hüfthoch. Und dann zog er, wie ich nicht anders erwartet hatte, seine Show ab. Wie ein Model am Catwalk bewegte er sich wiegend hin und her, „strickte" dabei mit den Beinen und ließ bei jeder Wende unter dem Gekreische der Mädchen ein Kleidungsstück nach dem anderen fallen.

Zuletzt war dann am äußersten Ende des Steges nur noch undeutlich seine entblößte, recht knabenhafte Rückansicht zu erkennen, ehe er mit einem lauten „Uuaahh" ins offenbar sehr frische Nass tauchte.

Erstaunlich lange blieb er dann im Wasser, sodass schon Sorgen über sein Wohlergehen laut wurden. Endlich zog er sich heftig atmend wieder am Steg hoch. Er war offenbar unverletzt davongekommen, kein Raubfisch hatte ihn attackiert, kein Flusskrebs an ihm Geschmack gefunden. Judith riss eine Decke an sich und eilte ihm entgegen. Ohne Scheu ließ er sich von ihr einhüllen und unter jubelndem Applaus, sichtlich zufrieden mit seiner mutigen Vorstellung, zurück zum Feuer führen. Dort hob die freche Judith dann ganz leicht die Decke hoch, als wollte sie einen prüfenden Blick darunter werfen.

„Alles noch dran!", ließ sie das johlende Publikum wissen. Johnny grinste eher verlegen, während Judith von heftigem Lachen zu Boden gezwungen wurde.

Ganz nahe am Wasser …

Nach diesem fulminanten Auftritt verlief der weitere Abend dann deutlich ruhiger. Hauptdarsteller blieb weiter Johnny. Mit noch etwas klammen Fingern griff er zur Gitarre und spielte Langsames von Simon & Garfunkel und den Beach Boys. Bruno Zoller holte die restlichen Getränkedosen aus dem Wasser und warf die letzten trockenen Äste ins Feuer. Judiths helles Lachen war immer seltener zu vernehmen, Alex und Rosita flüsterten Unverständliches, von den US-Boys hörte man nur noch sanftes Trällern und Pfeifen.

Yvonne saß neben mir und hielt meine Hand. Es war alles gut gegangen, wir mussten keine Wasser- oder Alkohol-„Leichen" nach Hause schleppen, niemand hatte übertrieben.

Im erlöschenden Schein des Feuers blickten wir uns noch einmal an. In der Dunkelheit konnte ich es nicht genau sehen, aber ich glaubte, sie hatte feuchte Augen. War es die Erleichterung, war es einfach die melancholische Stimmung? In jedem Fall war es für Yvonne ein besonderer Abschied. Ein Abschied von Champéry, wo sie drei schöne Sommer verbracht hatte, einen davon auch mit mir.

Ich fragte sie nicht weiter danach. Fröstelnd drückte sie sich näher an mich, und ich legte die Decke um ihre Schulter. So wie ich es damals nach dem Tanzabend mit meinem Blazer getan hatte oder mit meinem Anorak auf dem Heimweg vom Schwimmbad, als wir ins Gewitter kamen. Viele Erinnerungen flogen mir durch den Kopf und mündeten schließlich nur in einem einfachen Satz:

„Es war schön mit dir."

Yvonne nickte schweigend und wischte sich über die Wange. Der letzte Abend endete auch stimmungsmäßig ganz nah am Wasser …

Wir haben einander nie mehr wieder gesehen.

Yvonne war am nächsten Morgen früher als erwartet von ihren Eltern abgeholt worden.

Zum geplanten Austausch von Adressen und Telefonnummern kam es nicht mehr.

Sie war das erste Mädchen in meinem Leben und ich bildete mir mächtig etwas darauf ein, ohne wirklich zu wissen, was das eigentlich war: eine nette Sommerfreundschaft, eine schwärmerische Träumerei oder gar der ganz große Glücksfall gegenseitiger Zuneigung. Doch diese Frage hätte nur Yvonne beantworten können, und ihr ging es vielleicht so wie mir – sie wusste es auch nicht. Vielleicht war das auch gut so, vielleicht konnten wir so, neben den schönen Erinnerungen, auch die ganz großen Illusionen und heimlichen Fantasien mit nach Hause nehmen …

Anhang

Fotonachweis:

Archive Romandie; www.notrehistoire.ch

Bayrischer Rundfunk/ Kultur. Joan Baez. www,br.de

Champéry office du tourisme; www.champery.ch

Drehscheibe Online-Foren; www.drehscheibe-foren.de

Ecole nouvelle de la Suisse romande; www.ensr.ch

Summer Camp 2011, Album photos 1–3.

Film-Autos; www.film-autos.com

Fotalia; www.fotalia.com

Imagedirect; www.imagedirect.com

Gilbert Ernest Chapuis. Cartes postales anciennes; www.gech.ch

Lorenz, Christian; Fotos Juli 2011.

OÖ Landesarchiv. Picture Tour. Das Wirtschaftswunder; www.landesarchiv-ooe.at

Palladium de Champéry; www.palladiumdechampery.ch

Régis Ecoueur; www.fotosanciennechampery.net

The Beatles virtual Museum; www.beatlesite.blogspot.com

Val d'Illez. Office du tourisme; www.valdillez.ch

www.wandersite.ch

Wikimedia Commons: Aigle-Ollon-Monthey-Champéry Railway; www.commons.wikimedia.org

Anhang

Fremdsprachliche Ausdrücke (falls nicht anders angegeben, in französischer Sprache) **und mundartliche Text-Stellen in deutscher Wiedergabe.**

10 *Make love, not war* – (engl.) Mach Liebe, nicht Krieg. In den 60er-Jahren entstandener Slogan von Hippies und einer Antivietnamkriegsbewegung aus Protest gegen den Kalten Krieg und den Vietnamkrieg.

14 *Owezara* – (wienerisch) Herunterzieher

14 *Eh bien, mon cher, désormais nous allons parler français ensemble* – Na gut, mein Lieber, dann werden wir in Zukunft französisch sprechen.

24 *Wien– 's isch en wiiter Wäg* – (schwyzerdütsch) Wien– das ist ein weiter Weg.

26 *peut être* – vielleicht.

27 *aventures et éxperiences exceptionelles* – außergewöhnliche Erlebnisse und Erfahrungen.

27 *C'est mon ami Christian* – Das ist mein Freund Christian.

27 *Enchanté* – Sehr erfreut.

31 *Madame, c'est certainement un erreur* – Das ist sicher ein Irrtum, Madame.

32 *Tout compris?* – Alles verstanden? *J'espère* – Ich hoffe.

33 *Ah, les autres chiens* – Ah, die anderen Hunde

36 *Lourdes conséquences* – Strenge Konsequenzen.

37 *Okay, welcome* – (engl.) O.K, willkommen.

39 *Welcome, welcome* – (engl.) Willkommen, willkommen.

40 *Don't mind, just a little welcome-joke* – (engl.) Mach dir nichts draus, nur ein kleiner Begrüßungsscherz.

42 *feuille de présence* – Anwesenheitsliste.

50 *Happy Hour* – (engl.) Glückliche Stunde (in Bars gebräuchlich).

52 *Sex sells* – (engl.) Sex verkauft (sich).

54 *Strawanzer* – (wienerisch) Herumtreiber.

56 *Bienvenue, mes amis* – Willkommen, meine Freunde; *offre exceptionelle* – Sonderangebot.

57 *Bon appétit* – Guten Appetit.

63 *A Hard Day's Night* – Titel des dritten Albums der Beatles. *Roll Over Beethoven* – von Chuck Berry komponierter und von den Beatles übernommener Song, in dem der Wunsch geäußert wird, die klassische Musik durch Rock 'n' Roll zu ersetzen

64 *terrible* – schrecklich; *scandaleux* – skandalös.

72 *Monsieur le directeur* – Herr Direktor; *passé composé* – Vergangenheit; *plus-que-parfait* – Vorvergangenheit.

83 *Allô mes chéris, les deux jeunes filles pour vous* – Hallo, meine Lieben, da sind die zwei Mädchen für euch.

83 *C'est une surprise, pas vrai?* – Das ist doch eine Überraschung, oder?" *Pas d'amour? Nous sommes prêtes!* – Na, nichts mit Liebe? Wir sind bereit!" *Oh là là, c'est chaud* – Oh, wie ist das heiß.
Je suis Lucie – Ich heiße Lucie.

84 *Très romantique* – Sehr romantisch. *C'est la vie!* – So ist das Leben!
Dimanche soir on va danser chez nous, vous êtes les bienvenus – Sonntagabend ist Tanz bei uns, da seid ihr willkommen

89 *Au revoir, mon chéri* – Auf Wiedersehen, mein Liebling.

93 *Okay guys … You can have your show!* – (engl.) Einverstanden, Jungs … Ihr könnt eure Show haben!

94 *Johnny became a girl …Are you happy now?* – (engl.) Johnny wurde zum Mädchen … Seid ihr jetzt zufrieden?

99 *C'est un garçon, il n'y a pas de doute* – Er ist ein Junge, ganz sicher.

102 *Bonsoir, Monsieur …* – Guten Abend, mein Herr.

104 *Hey Jude* – Meistverkaufte Single der Beatles, 1968 von Paul Mc Cartney komponiert.

105 *Amusez-vous bien, les jeunes* – Viel Spaß, meine jungen Freunde.

106 *Where are the girls?* – (engl.) Wo sind die Mädchen? *En français s'il vous plaît* – Wir sprechen französisch.

108 *Messieurs, c'est votre tour!* – Ihre Wahl, meine Herren!

109 *Oh lovely, I like Mozart* – Oh, schön, ich liebe Mozart.

111 *C'est au tour des dames de choisir leurs cavaliers* – Wählen Sie Ihre Tanzpartner, meine Damen.

111 *Vous permettez, mademoiselle?* – Gestatten Sie, mein Fräulein? *Salut, Christian. Je m'appelle Yvonne* – Hallo, Christian. Ich heiße Yvonne.

117 *Do you want to go just now? What about one more dance?* – (engl.) Du willst jetzt schon gehen? Wie wäre es mit noch einem Tanz?

118 *Alors, bien amusé?* – Also, habt ihr euch gut amüsiert?

120 *Chäsküchli* – (schwyzerdütsch) Käsekuchen.

120 *I want to hold your hand* –Als fünfte Single der Beatles 1963 erschienen und millionenfach verkauft.

127 *Merde* – Vulgärausdruck. *Shit* – (engl.) Vulgärausdruck.

130 *Quel âge?* – Wie alt? Dix-huit, Madame ... *Nous avons tous dix-huit* – Achtzehn, Madame ... Wir sind alle achtzehn.

137 *bloody ... fucking ... shithead ... arse-hole* – (engl.) Vulgärausdrücke.

139 *Okay boys, it's our turn now!* – (engl.) Okay, Jungs, jetzt sind wir dran! *Stop your damned washing, immediately!* – (engl.) Hört sofort mit eurer verdammten Wascherei auf! *Fuck off* – (engl.) Vulgärausdruck. *Last chance* – (engl.) Letzte Chance. *Come on, Bruce!* – (engl.) So komm doch, Bruce!

142 *Moperl* – (wienerisch) Moped. *Pupperlhutsch'n* – (wienerisch) Beifahrersitz.

145 *C'est fini, au revoir messieursdames* – Schluss für heute, meine Herrschaften, auf Wiedersehen.

149 *Bye, bye ... Cheers ... See you ...* – (engl.) Abschiedsgrüße. *To hell with you!* – Zur Hölle mit euch!

152 *L'affaire est close* – Die Angelegenheit ist erledigt.

153 *Un médecin, faites venir un médecin!* – Ein Arzt, ruft einen Arzt!

159 *entretien individuel* – Einzelgespräch.

160 *Eh bien, ça suffit* – Na gut, das reicht.

161 *Oh, quelle surprise* – Oh, welch eine Überraschung.

Apprenons le français sans livres – Wir lernen Französisch ohne Bücher.

163 *Johnny loves you all!* – (engl.) Johnny liebt euch alle!

166 *Parisien* – Pariser. *Trois parisiens, s'il vous plaît* – Drei Pariser, bitte. *Grüezi, ig häd gärn drü Verhüterli* – (schwyzerdütsch) Guten Tag, ich hätte gerne drei Kondome.

169 *Would you like dinner first?* – (engl.) Möchtest du zuerst zu Abend essen?

175 *Femme fatale* – verhängnisvolle Frau.

179 *Dachtel* – (wienerisch) leichte Ohrfeige. *Flåsch'n* – (wienerisch) festere Ohrfeige. *g'sunde Watsch'n* – (wienerisch) handfeste, schallende Ohrfeige. *Pracker* – (wienerisch) Teppichklopfer.

180 *Hearst Hinniga , steck' um, Ans-Nui steht's !* – (wienerisch) Hör mal, du Beschädigter, steck um, es steht Eins zu Null!

181 *Emploi du temps de la semaine* – Wochenplan. *Taisez vous!* – Schweigt! *Avis postale* – Post-Benachrichtigung.

189 *What about my legs?* – (engl.) Was ist mit meinen Beinen? *Oh nothing, they are lovely* – (engl.) Oh, gar nichts, sie sind sehr hübsch.

191 *… et mes trois amis* – … und meine drei Freunde. *You stay here with me!* – (engl.) Du bleibst bei mir!

191 *Yes, of course* – (engl.) Ja, natürlich.

200 *Et le vainqueur est …* – Und der Sieger heißt …

203 *Ready?* – (engl.) Bereit?

205 *Pardon messieurs, que désirez vous?* – Pardon, meine Herren, was wünschen Sie? *Manger* – Speisen. *Est-ce que vous avez réservé?* – Haben Sie reserviert? *Non* – Nein. *Un moment* – Einen Moment. *Cuisse de caille farcie aux cèpes garnie de salade de choux rouges* – Keule von der Wachtel an Steinpilzen, garniert mit rotem Krautsalat.

206 *Avez vous des spaghetti bolognese?* – Haben Sie Spaghetti bolognese? *Naturellement, Monsieur* – Natürlich, mein Herr.

209 *Amusez-vous bien, les amies!* – Viel Spaß, meine Freunde!

211 *Nous avons fait une collecte – pour vous, madame!* – Wir haben gesammelt – für Sie Madame!

216 *Obi, g'spritzt* – (wienerisch) Apfelsaft, aufgespritzt. *Haaße mit an Schoafn* – (wienerisch) Heiße Wurst, meist Burenwurst, mit scharfem Senf.

220 *incident scandaleux et dégoutant* – der skandalöse und unappetitliche Vorfall.

226 *Allez hopp!* – Hopp auf! *A l'attaque!* – Angriff!

227 *G'stättn* – (wienerisch) Unbebaute, ungepflegte Fläche. *Gickerl* – (wienerisch) Fussballspiel. *Kumm, schiab ma'n ins Loch!* – (wienerisch) Komm, spiel mir den Ball in die Lücke!

246 *Subjonctif* – Modus der französischen Sprache, ähnlich dem deutschen Konjunktiv, der in der Gegenwartsform (présent) und in der Vergangenheitsform (passé composé) gebildet wird. *Oui, c'est ça … Bien sur … C'est vrai* – Ja, so ist es … Ganz bestimmt … Das ist wahr.

246 *Marseillaise* – französische Nationalhymne.

249 *Office du tourisme* – Tourismusbüro. *Bonne chance!* – Viel Glück! *Feldschlössli* – Schweizer Qualitätsbier.

253 *Voilà, le sommet!* – Da, der Gipfel!

256 *D'accord monsieur, madame est prête* – Einverstanden, mein Herr, die Dame ist bereit. *Quel plaisir!* – Welch Vergnügen!

257 *Voilà Madame, cela vous convient?* – Bitte sehr, meine Dame, alles in Ordnung?" *Chapeau Monsieur, tout comme il faut!* – Hochachtung, mein Herr, alles wie es sich gehört."

269 *Salut Christian, comment ça va?* – Hallo Christian, wie geht es? *Allô, bienvenu!* – Hallo, willkommen! *Ca va bien. Tout est en ordre* – Es geht gut. Alles in Ordnung. *Voici Hélène, elle est Hollandaise* – Das ist Helene, sie ist Holländerin. *Plåtz wa gnua, åba d' Leid schåun zua* – (wienerisch) Platz wäre ja genug, aber die Leute sehen zu.

270 *Hélène, mon dos, s'il te plaît!* – Helene, mein Rücken bitte!

283 *sérieux, discipliné … intéressé* – ernsthaft, diszipliniert … interessiert.

288 *Attention mes amis!* – Freunde, aufgepasst!

289 „*… now the greatest show, ever seen in Champéry. Jonnny is about to perform a strip and jump into the water – nude!*" – (engl.) … nun die größte Show, die jemals in Champéry zu sehen war. Johnny wird einen Strip hinlegen und dann ins Wasser springen – nackt.

Impressum:

1. Auflage, April 2012

© 2012 Verlag Lorenz, 1190 Wien, Scheibengasse 22

cl@verlag-lorenz.at

Herstellung und Druck: Robitschek & Co Ges.m.b.H., 1050 Wien

Grafik und Umschlaggestaltung: atelier 3000

Lektorat (deutsch/englisch): Mag. Ursula Buchheister

Lektorat (französisch): Sylvia Part, akad. Übersetzerin

Printed in Austria

ISBN 978-3-200-02607-0